beck'sche reihe

b sr

Das politische System Frankreichs, unseres wichtigsten Nachbarn, ist vom deutschen sehr verschieden. Es baut auf anderen Traditionen und Erfahrungen auf und entwickelte in den vergangenen zweihundert Jahren eine uns manchmal fremde, aber auch faszinierende politische Kultur. Mit dieser Einführung soll ein besseres Verständnis für die Politik Frankreichs geschaffen werden. Nach einem historischen Rückblick auf die Verfassungsgeschichte, auf der das heutige politische System aufbaut, erläutert der Autor die politischen Institutionen und ihre Beziehungen untereinander. Er beschreibt sodann die Akteure des politischen Entscheidungsprozesses, wie Parteien und Verbände, und zeigt den Einfluss des Schul- und Hochschulwesens auf die Bildung der Eliten des Landes auf. Schließlich werden das Gerichtswesens und die Massenmedien kurz beschrieben, wobei auch hier durch Vergleiche mit Deutschland das Verständnis für Frankreich gefördert werden soll.

Hans J. Tümmers, geboren 1944, studierte Betriebswirtschaft sowie Politikwissenschaft und promovierte an der Universität Augsburg mit einer Arbeit über den Gaullismus unter der IV. Republik zum Dr. phil. Er ist Professor für Europa-Studien an der European School of Business (ESB) in Reutlingen, die er als Gründungsdekan ab 1979 acht Jahre leitete. Von 1990 bis 1995 war er Europabeauftragter des Wirtschaftsministers von Baden-Württemberg, lehrte danach Politikwissenschaft an der Université Robert Schuman Strasbourg und war gleichzeitig Direktor der dortigen Wirtschaftshochschule IECS, einer *Grande école de management*. Von 2000 bis 2003 war er Präsident der Stuttgarter Business School SIMT. Heute lehrt er wieder in Reutlingen und als Gastprofessor an der HEC Paris. Er ist Mitautor des Buches Frankreich. Politik, Gesellschaft, Wirtschaft, München: Beck 1998 (3. Aufl.).

Hans J. Tümmers

Das politische System Frankreichs

Eine Einführung

Verlag C. H. Beck

Mit 6 Schaubildern und 7 Tabellen

Originalausgabe

© Verlag C. H. Beck oHG, München 2006
Satz: Fotosatz Reinhard Amann, Aichstetten
Druck und Bindung: Druckerei C. H. Beck, Nördlingen
Umschlaggestaltung: +malsy, Willich
Umschlagabbildung: Herbert M. Debes, München
Printed in Germany
ISBN-10: 3 406 52839 2
ISBN-13: 978 3 406 52839 2

www.beck.de

Inhalt

I. Vom monarchischen zum republikanischen Frankreich

1. Vom Ancien Régime zur Republik

«*La France vient du fond des âges. Elle vit.*» «Frankreich kommt aus der Tiefe der Zeiten. Es lebt.» So beginnt Charles de Gaulle seine «Memoiren der Hoffnung», veröffentlicht ein Jahr nach seinem Rücktritt im Jahre 1969.

Im Unterschied zu Deutschland, das sich erst 1871 in einem Nationalstaat vereinigte, wurzelt das politische Bewusstsein Frankreichs in einer langen geschichtlichen Tradition, die bis in die Zeit des «Ancien Régime» zurückreicht. Diese Geschichte verlief keinesfalls kontinuierlich. So gab es in Frankreich seit der Zeit der Großen Revolution fünf verschiedene Republiken, zwei unterschiedliche Königreiche und zwei Kaiserreiche mit insgesamt nicht weniger als 15 verschiedenen Verfassungen, ohne diejenigen mitzuzählen, die nie in Kraft waren oder die Grundlage provisorischer Regierungssysteme waren (siehe hierzu: Jacques Godechot, Les Constitutions de la France, Paris 1995).

Diese wechselvolle Geschichte liefert die Bausteine des heutigen politischen Systems, das ohne die Kenntnis dieser Vorgeschichte kaum verständlich ist. In keinem anderen Lande Europas gab es innerhalb einer solch kurzen Zeit so viele verschiedene Staats- und Regierungsformen, wurde solchermaßen um die staatliche Ordnung gerungen wie in Frankreich. Von diesem Ringen zeugen große Reden und bedeutende Schriften – aber auch Bürgerkriege und Revolutionen, deren Spuren bis in die heutige Zeit hinein erkennbar sind.

Als die Nationalversammlung am 21. September 1792 die Monarchie abschaffte und am 21. Januar 1793 den König hinrichten ließ, vollzog sie mit dem früheren politischen System einen tiefen Bruch, der allerdings verfassungsrechtlich schon 1789 erfolgt war. Die königliche Macht hatte im *«Ancien Régime»* nicht auf einer Verfassung beruht, sondern ihre Legitimation allein von Gott bezogen. Zu einer Zeit, als in England der König längst nicht mehr ohne das Parlament regieren konnte (*King in Parliament*), besaß Frankreich nur ein parlamentsähnliches Gebilde: die Generalstände (*Etats généraux*). Sie waren seit 175 Jahren nicht mehr einberufen worden und hatten lediglich eine beratende Funktion, und nicht einmal der Abstimmungsmodus ihrer drei Stände (*Ordres*) war festgelegt. Die Philosophen der Aufklärung wie Montesquieu, Voltaire und Rousseau verlangten deshalb nachdrücklich eine Verfassung auch für Frankreich. Aber alle Versuche in den Jahrzehnten vor der Revolution, eine solche Verfassung zu formulieren und zu erlassen, stießen auf den entschiedenen Widerstand des Adels und des Klerus, die um ihre Privilegien fürchteten.

Es sind letztlich die Ungeschicklichkeiten des Hofes und die Unfähigkeit des Adels, die Zeichen der Zeit zu erkennen, sowie die Bedrohung des revolutionären Frankreich durch die alten europäischen Mächte, die unter den Vertretern des Bürgertums eine Stimmung aufkommen ließ, die auf den Bruch mit der königlichen Macht hinsteuerte und schließlich unter dem Druck eines erregten Volkes zum Ausbruch der Gewalt führte, an deren Ende die Hinrichtung des Königs und die Schreckensherrschaft eines Robespierre standen.

Zunächst war an die Abschaffung der Monarchie gar nicht gedacht worden. Ziel war lediglich, den König in eine Verfassung einzubinden und die Privilegien von Adel und Klerus abzuschaffen. Die Grundfrage der Vertreter des Bürgertums bzw. dritten Standes (*Tiers Etat*) war also nicht die der Staatsform, sondern die der Definition der Nation und ihrer Stellung gegenüber dem König.

Die Nation, das waren nicht länger die Stände, sondern die vor dem Gesetze gleichen Individuen, also die *Citoyens*, vertreten im *Tiers Etat*. «*Qu'est-ce que le Tiers Etat? Tout! Qu'a-t-il été jusqu'à présent dans l'ordre politique? Rien!*», so der Abbé Sieyès im Januar 1789 «Was ist der dritte Stand? Alles! Was war er bislang im politischen System? Nichts!» Als sich der *Tiers Etat* am 17. Juni 1789 zur Nationalversammlung (*Assemblée nationale*) erklärte, war der erste Schritt der Revolution vollzogen. Der König sanktionierte ihn wenige Tage später, als er die beiden anderen Stände aufforderte, dem dritten Stand beizutreten.

Die Nation verstand sich nunmehr als souverän und nicht länger dem König untergeordnet. Sie stand über ihm und erließ durch ihre

Vertreter in der Nationalversammlung die Verfassung, höchster Ausdruck des Gemeinwillens, der *Volonté générale*. Aufgabe des Königs war es dabei lediglich noch, die Anwendung und Einhaltung der Verfassung zu überwachen. Diese definierte die verfassungsmäßigen Institutionen und ihre Beziehungen untereinander. Nach Montesquieu sollten die drei Gewalten des Staates voneinander unabhängig sein: die Legislative, die Exekutive und die Judikative.

Die Verfassung sollte aber auch die Rechte und Pflichten der Bürger definieren, unter ihnen vor allen anderen die Menschen- und Bürgerrechte, die auch nicht durch Gesetze in Frage gestellt werden können. Die *Volonté générale* musste hier also ihre Grenzen finden. Am 26. August 1789 proklamierte deshalb die Nationalversammlung die Erklärung der Menschen- und Bürgerrechte *(Déclaration des droits de l'homme et du citoyen)*.

Mit dieser Erklärung verabschiedeten die Abgeordneten ein Dokument von fundamentalem und universellem Charakter, auf das sich fast alle späteren Verfassungen Frankreichs beriefen. Der König kommt in dieser Erklärung nicht mehr vor; er ist ein Bürger, der wie jeder andere dem Recht untergeordnet ist. Stärker noch als die Abschaffung der feudalen Privilegien am 4. August durch die Nationalversammlung markiert die Erklärung der Menschen- und Bürgerrechte den Bruch mit dem *Ancien Régime*.

Die erste Verfassung Frankreichs, verabschiedet am 3. September 1791, errichtete eine konstitutionelle Monarchie mit einer einzigen gesetzgebenden Kammer. Der König übte die Exekutivgewalt aus; er berief und entließ die Minister, für seine Verordnungen bedurfte er jedoch der Gegenzeichnung durch die Nationalversammlung. Gegen Beschlüsse der Versammlung besaß er ein aufschiebendes Vetorecht, das die Gesetzgebung stark verzögern konnte.

Zwei Neuerungen dieser Verfassung sind die bis heute gültige Einteilung Frankreichs in *Départements*, die allein nach geographischen und nicht historischen Gesichtspunkten erfolgte, und die Einführung der blau-weiß-roten Trikolore als Fahne Frankreichs.

Diese Verfassung blieb gerade ein Jahr in Kraft. Der Krieg gegen Österreich und Preußen war mit der jetzigen Verfassung nicht zu führen, zumal der König Entscheidungen der Versammlung mit seinem Veto blockierte. Außerdem diskreditierte das Manifest des Herzogs von Braunschweig, der am 25. Juli 1792 Frankreich massive Vergeltung androhte, falls dem König Leid zugefügt würde, in höchstem Maße die Autorität des Königs. Diese hatte bereits durch seine versuchte Flucht im Jahr zuvor schwer gelitten. Die Massen stürmten am 10. August 1792 die Tuilerien, woraufhin der König in der Versammlung Schutz suchte. Damit war das Schicksal der Monarchie besiegelt. Der König wurde seines Amtes enthoben und mit seiner Familie im Turm des *Temple* festgesetzt, einem Festungsgebäude, das im 13. Jahrhundert vom Orden der Templer gebaut worden war. Die revolutionären Ausbrüche der folgenden Wochen in den Septembermorden, denen tausende von Menschen zum Opfer fielen, deuteten die spätere Schreckensherrschaft an.

Die Revolution wurde nunmehr von den Jakobinern beherrscht, die den Namen von ihrem Tagungsort erhielten, einem ehemaligen Jakobinerkloster. Ihre bedeutendsten Führer waren Jean-Paul Marat, Georges Jacques Danton, Maximilien de Robespierre, Louis Antoine Saint-Just und Camille Desmoulins; ihr politisches Programm waren die Souveränität des republikanischen Staates, die Verherrlichung von Patriotismus und Nation und daraus abgeleitet die umfassende Zuständigkeit des republikanischen Staates zur Verwirklichung von Freiheit, Gleichheit und Brüderlichkeit. Dieses jakobinische Erbe hat die Zeiten überdauert und ist auch heute noch Grundlage des französischen Staatsverständnisses.

Die Neuwahl des Parlaments, das nach amerikanischem Vorbild nunmehr *Convention nationale* genannt wurde, erfolgte im September 1792 erstmalig nach dem allgemeinen Wahlrecht, allerdings noch unter Ausschluss der Frauen, auch wenn die Theaterautorin Olympe de Gouge in einer *Déclaration des droits de la femme et de la citoyenne* dieses auch für die Frauen einforderte. Mit der Wahl erhielt der Nationalkonvent den Auftrag, eine neue Verfassung auszuarbeiten. Gleich am ersten Tag ihres Zusammentretens, am 21. September 1792, fasste sie den Beschluss, die Monarchie abzuschaffen. Frankreich wurde eine unteilbare Republik (*«République une et indivisible»*). Und um den Bruch mit dem *Ancien Régime* vollkommen zu machen, beschloss sie, dem König den Prozess zu machen, und verurteilte ihn zum Tode.

Der Beginn der Republik wurde auch zum Beginn einer neuen Zeitrechnung, dem republikanischen Kalender, der am 5. Oktober 1793 eingeführt wurde und bis 1806 in Kraft blieb. Das Jahr wurde in 12 Monate mit jeweils drei Dekaden eingeteilt. Am Ende des Jahres wurden dann fünf bzw. sechs Ergänzungstage eingefügt. Die

Monate erhielten andere Namen, die sich auf die Jahreszeit bezogen wie *Brumaire* (Nebelmonat), *Pluviôse* (Regenmonat), *Thermidor* (Hitzemonat) etc. Die neue Zeitrechnung begann damit am 22. September 1792 und das Jahr II am 22. September 1793, dem 1. *Vendémiaire* (Weinlesemonat). Der letzte Tag des republikanischen Kalenders war dann der 11. *Nivôse* (Schneemonat) des Jahres XIV, also der 31. Dezember 1805.

Die Abschaffung des gregorianischen Kalenders dokumentierte auch einen Bruch mit der Kirche, die sich natürlich dem revolutionären und republikanischen Frankreich widersetzte. Ihr Besitz war schon im November 1789 von der Nationalversammlung konfisziert und dem Klerus im Juli 1790 der Beamtenstatus zuerkannt worden. Damit verbunden waren aber die Vereidigung auf die Verfassung und die Beseitigung der Rechte der Kirche bzw. des Papstes, was zu einer Spaltung des Klerus führte. Die überwiegende Mehrheit der Priester verweigerte den Eid auf die Verfassung, was zu einem tiefen Konflikt zwischen Staat und Kirche führte. Kurz nach Einführung des neuen Kalenders, im November 1793, wurde das Christentum dann als Staatsreligion abgeschafft, durch den Kult des höchsten Wesens ersetzt und die Kathedrale von Notre-Dame in einen Tempel des neuen Kults umgewidmet. Dieser Konflikt zwischen Staat und Kirche sollte sich noch über fast 150 Jahre wie eine Konstante durch die französische Geschichte ziehen.

Die Ausarbeitung der neuen Verfassung erfolgte unter schwierigsten Umständen. Frankreich befand sich im Krieg mit einer großen Koalition europäischer Mächte, einschließlich Englands, Österreichs und Preußens. Und im Inneren befand sich Frankreich mit dem Aufstand in der Vendée am Rande eines Bürgerkriegs.

Die neue Verfassung wurde vom Nationalkonvent schließlich am 24. Juni 1793 verabschiedet. Sie basierte auf dem Prinzip der Volkssouveränität, das durch die große Bedeutung des Volksentscheids (*Référendum*) zum Ausdruck kommt. Die Legislative bestand aus einer einzigen Kammer, der *Assemblée nationale*, deren Abgeordnete direkt in ihren Wahlkreisen (und nicht über Listen) gewählt werden sollten. Im ersten Wahlgang war die absolute Mehrheit erforderlich, im zweiten, dem *Ballotage*, die einfache. Die Stellung der Exekutive war sehr schwach. Sie bestand aus 24 von der Nationalversammlung gewählten Ministern, die ihr nicht angehören durften und die von den Départements vorgeschlagen wurden.

Die Verfassung wurde im Sommer 1793 vom Volk in einem Referendum angenommen – sie trat jedoch nie in Kraft. Frankreich befand sich im Krieg, und so blieb der Konvent bestehen, während die exekutive Gewalt weiterhin von dem bereits am 6. April 1793 geschaffenen Wohlfahrtsausschuss (*Comité de salut public*) ausgeübt wurde. Unter Führung von Danton und Robespierre wurde er in den folgenden Monaten zur Machtzentrale des Terrors.

Diese Verfassung, obwohl nie in Kraft, bedeutete einen wichtigen Schritt hin auf einen demokratischen Staat. Sie basierte auf dem allgemeinen Wahlrecht, das sogar den in Frankreich seit mehr als einem Jahr lebenden Ausländern zugestanden wurde, und stärkte die Rolle des Wählers darüber hinaus durch die Einführung des Referendums. Sie erklärte Frankreich zum «Freund und natürlichen Verbündeten der freien Völker» *(ami et allié naturel des peuples libres)* und verankerte das Asylrecht in der Verfassung.

Und zwei weitere Bestimmungen dokumentieren ein neues Verfassungsverständnis: In die überarbeitete Erklärung der Menschen- und Bürgerrechte wurden auch soziale Rechte aufgenommen. So heißt es in Artikel 21 des erweiterten Menschenrechtskatalogs, der der Verfassung vorangestellt wurde: «Die Gesellschaft schuldet den unglücklichen Bürgern den Lebensunterhalt, entweder indem sie ihnen Arbeit verschafft oder denen die Mittel zum Leben sichert, die nicht arbeitsfähig sind.» *(La société doit la subsistance aux citoyens malheureux, soit en leur procurant du travail, soit en assurant les moyens d'exister à ceux qui sont hors d'état de travailler.)* Das Recht auf Arbeit und die Sozialhilfe erhielten damit Verfassungsrang. Und in seinem letzten Artikel gibt die Erklärung dem Volk ein Recht zum Widerstand gegen die Regierung, wenn diese die Rechte des Volkes verletzte. Er ist für das Volk oder Teile des Volks «das heiligste Recht und die unerlässlichste Pflicht» *(le plus sacré des droits et le plus indispensable des devoirs)*. Auf dieses Recht sollte in der späteren Geschichte mehrfach zurückgegriffen werden.

Auch nach dem Sturz der Schreckensherrschaft Robespierres am 9. *Thermidor* des Jahres II (27. Juli 1794) wurde Frankreich weiterhin nach der Verfassung von 1791 und den seither erlassenen Gesetzen mit Verfassungsrang regiert. Die 1793 verabschiedete Verfassung sollte seinerzeit nach Auffassung des Konvents erst nach Ende des Krieges und der Revolution in Kraft treten. Nach dem Sturz Robespierres verfügte der Konvent jedoch über eine gemäßigte

Mehrheit, die es nicht für sinnvoll hielt, diese Verfassung auch in Kraft treten zu lassen. Er beschloss deshalb, eine neue auszuarbeiten.

Diese, die nunmehr dritte Verfassung Frankreichs, wurde am 22. August 1795 (5. *Fructidor* des Jahres III) vom Konvent verabschiedet. Sie bestätigte die republikanische Staatsform, bedeutete in mehrfacher Hinsicht jedoch einen Rückschritt: Das allgemeine Wahlrecht wird durch ein Zensuswahlrecht ersetzt, aus dem Menschenrechtskatalog wird der Satz, die Menschen würden frei und mit gleichen Rechten geboren, gestrichen, und es gibt auch keinen Verweis mehr auf soziale Rechte, ja nicht einmal mehr auf das Recht auf Bildung. Auch vom Recht auf Widerstand gegen die Regierung ist nicht mehr die Rede. Dafür werden die Pflichten der Bürger aufgelistet, unter denen zwei von besonderer Bedeutung sind: die Pflicht, das Eigentum anderer zu respektieren, und die Wehrpflicht. Die Souveränität wird auch nicht mehr von der «Nation» verkörpert, sondern von der Gesamtheit der «Citoyens», also denjenigen, die direkte Steuern bezahlen.

Die gesetzgebende Gewalt wurde erstmals von zwei Kammern ausgeübt: dem «Rat der 500» (*Conseil des 500*), der das alleinige Recht der Gesetzesinitiative besaß, und dem 250 Mitglieder umfassenden «Rat der Alten» (*Conseil des anciens*), der die Gesetze annahm oder sie verwarf. Die Mitglieder des Rates der Alten mussten mindestens 40 Jahre alt, verheiratet oder verwitwet sein. Das Mindestalter der Mitglieder des Rates der 500 war 30. Beide Kammern wurden jedes Jahr zu einem Drittel durch Wahlen erneuert.

Die Exekutivgewalt wurde einem Direktorium (*Directoire*) übertragen, das vom Rat der Alten aus einer Vorschlagsliste des Rates der 500 gewählt wurde. Die Bekanntesten unter ihnen waren Paul de Barras und Lazare Carnot. Es herrschte strenge Gewaltenteilung. Die Mitglieder des Direktoriums durften keiner Kammer des Parlaments angehören, ja nicht einmal an deren Sitzungen teilnehmen. Jedes Jahr wurde das Direktorium um ein Mitglied erneuert. In den ersten vier Jahren entschied das Los, wer ausscheiden musste. Alle drei Monate wechselte der Vorsitz im Direktorium, um eine zu große Machtfülle in der Hand eines Einzelnen zu vermeiden. Das Direktorium selbst verfügte über umfangreiche Befugnisse. Es hatte den Oberbefehl über die Armee, konnte die Generäle ernennen und abberufen und setzte die Minister und hohen Beamten ein. Keine

Zuständigkeit hatte es allerdings in Finanzfragen, für die von den beiden Kammern eigene Kommissare eingesetzt wurden.

Diese Verfassung war von den «*Thermidoriens*», also denjenigen, die die Schreckensherrschaft Robespierres am 19. *Thermidor* (27. Juli 1794) beendet hatten, ausgearbeitet worden. Sie war aber nicht unumstritten. So waren die Jakobinerclubs zwar im November 1794 geschlossen worden, ihr Ideengut blieb jedoch bei den Massen immer noch lebendig. Ihnen erschien die neue Verfassung als ein Verrat an der Revolution. Die konservativen Kräfte ihrerseits sahen eine Möglichkeit, die Revolution wieder rückgängig zu machen, und versuchten, das neue System zu beseitigen, noch ehe es sich etablieren konnte. Am 13. *Vendémiaire* des Jahres IV (5. Oktober 1795) versuchten bewaffnete Bürger, den Konvent zu stürmen. Ein junger General der Artillerie, Napoléon Bonaparte, schützte die Versammlung, indem er mit seinen Kanonen in die Menge schießen ließ.

Auch in der Folgezeit kam Frankreich nicht zur Ruhe. Während es mit den europäischen Mächten Krieg führte, gingen die innenpolitischen Auseinandersetzungen weiter. Insbesondere die Kirchenfeindlichkeit des Staates führte zu einer Verbindung von Gegnern der Republik, wie sie ebenfalls über mehr als hundert Jahre wirksam werden sollte. Hier verbanden sich Konservative, Royalisten und Klerikale zu einem antirepublikanischen Bündnis, dessen Gegner durch ihre laizistischen, demokratischen und republikanischen Überzeugungen verbunden waren.

Der Konflikt zwischen «rechts» und «links» führte nicht nur zu einer Gegnerschaft zwischen Parlament und Direktorium, sondern spaltete auch das Direktorium selbst, in dem drei entschieden republikanische Mitglieder einen Putsch gegen ihre beiden anderen Kollegen, unter ihnen Lazare Carnot, durchführten. Diese wurden royalistischer Sympathien verdächtigt und am 18. *Fructidor* des Jahres V (4. September 1797) mit Unterstützung der Armee aus ihren Ämtern verdrängt. Gleichzeitig wurden die beiden Kammern des Parlaments gezwungen, Wahlen für ungültig zu erklären, in denen royalistische Abgeordnete gewählt worden waren.

In der Folge regierte das Direktorium in diktatorischem Stil, indem die Wahlen zu den beiden Kammern massiv beeinflusst und deren Ergebnisse manipuliert wurden. Dann wiederum musste es sich, nach den Wahlen vom 30. *Prairial* des Jahres VI (18. Juni 1799), einem radikalisierten Parlament beugen, das drei Mitglieder des Direktoriums zum Rücktritt zwang.

So wurde es offensichtlich, dass auch auf der Grundlage dieser Verfassung Frankreich nicht regiert werden konnte. Hinzu kam die Furcht des Bürgertums vor einer erneuten Radikalisierung der Politik, verstärkt durch die militärische Bedrohung von außen. Die Lösung der Krise, die Rettung der Republik, konnte nach Auffassung von drei Mitgliedern des Direktoriums nur vom Militär kommen. So dachte auch der frühere Abbé Sieyès (er hatte im November 1793 sein Priesteramt aufgegeben), der seit Mai 1799 Mitglied des Direktoriums war und den erst 30-jährigen General Napoléon Bonaparte für die Rolle des Putschisten vorgesehen hatte. Dieser war in den zwei Jahre zuvor nach seinen Siegen in Italien und seinem wenn auch unglücklich verlaufenen Feldzug in Ägypten zum Volkshelden aufgestiegen.

Der Staatsstreich fand am 18. *Brumaire* des Jahres VIII (9. November 1799) statt. Hierzu waren die beiden Kammern unter dem Vorwand eines drohenden anarchistischen Komplotts an einen Ort außerhalb von Paris, nach St. Cloud, einberufen worden. Mit einigen Mühen und Dank der Unterstützung durch Lucien Bonaparte, Präsident des Rates der 500, war der Putsch erfolgreich. Am Tag darauf beschlossen einige eilends zusammengerufene Abgeordnete die Auflösung des Direktoriums und die Einsetzung eines exekutiven Konsulatsausschusses *(Commission consulaire exécutive)*, der den Auftrag erhielt, eine neue Verfassung auszuarbeiten. Zu einem der drei Konsuln ernannten sie General Napoléon Bonaparte.

Die unter seiner Federführung ausgearbeitete und bereits am 13. Dezember fertig gestellte Konsulatsverfassung trat am 25. Dezember 1799 in Kraft. Sie wurde einige Wochen danach mit einer Mehrheit von 99,95 % in einem Referendum vom Volk angenommen; allerdings war die Wahl nicht geheim, und über die Hälfte der Wähler nahmen an ihr gar nicht teil. Bei der Verkündung der Verfassung erklärten die Konsuln die Revolution für beendet, da ihre Prinzipien nunmehr bindend seien. «*La Révolution est fixée aux principes qui l'ont commencée: elle est finie.*»

Diese vierte Verfassung Frankreichs brachte ein autokratisches System, das ganz auf die Person Bonapartes zugeschnitten war. Es ging ihm darum, eine starke Exekutive zu schaffen, die die Legislative kontrollieren konnte – und nicht umgekehrt. Die Verfassung begann auch nicht mit der Erklärung der Menschenrechte, und es fehlte jeder Bezug zu den Prinzipien der Revolution: Freiheit, Gleichheit, Brüderlichkeit.

Das allgemeine Wahlrecht wurde dadurch relativiert, dass das Volk nicht mehr seine Vertreter wählte, sondern nur noch Kandidaten, die dann von der höheren Ebene ausgewählt wurden. Die gesetzgebende Gewalt wurde zwei Kammern übertragen: dem Tribunat mit 100 für fünf Jahre gewählten Abgeordneten und der Gesetzgebenden Körperschaft *(Corps législatif)* mit 300 für fünf Jahre gewählten Abgeordneten. Während das Tribunat die Gesetzesvorschläge diskutierte, durfte die Gesetzgebende Körperschaft diese ohne Aussprache nur annehmen oder ablehnen. Das alleinige Recht der Gesetzesinitiative lag beim Konsulat.

Daneben wurde ein Senat *(Sénat conservateur)* geschaffen, der 80 auf Lebenszeit ernannte Mitglieder umfasste. Er wachte über die Einhaltung der Verfassung und konnte Verfassungsänderungen *(Sénatus consultes)* beschließen. Auf dieser Grundlage wurde Napoléon Bonaparte 1802 zum Konsul auf Lebenszeit und 1804 zum Kaiser der Franzosen ernannt. Beide Entscheidungen wurden dann mit «überwältigenden Mehrheiten» von den Wählern in Volksabstimmungen bestätigt. Für wichtige Entscheidungen bevorzugte Bonaparte den direkten Dialog mit dem Volk. In dieser plebiszitären Form der Demokratie konnte das Parlament nur eine nachrangige Rolle spielen. Das Regieren mittels Plebisziten bzw. Referenden fand so unter Napoleon Eingang in die französische Regierungstradition.

Die Exekutive lag in den Händen der drei Konsuln, an deren Spitze der Erste Konsul stand – Napoléon Bonaparte. Die beiden anderen Konsuln hatten nur beratende Funktion, so dass praktisch alle Macht in den Händen des Ersten Konsuls lag. Dieser verfügte über das alleinige Recht der Gesetzesinitiative und war für die innere Sicherheit, die Finanzen und die Außenpolitik zuständig. Er ernannte die hohen Beamten und Militärs und, mit einigen Ausnahmen, sogar die Richter. So ist es auch nicht verwunderlich, dass der Erste Konsul seinen Sitz in den Tuilerien, dem Schloss der französischen Könige, nahm.

Den Konsuln zur Seite standen der Staatsrat *(Conseil d'Etat)* und die Minister, die vom Ersten Konsul ernannt wurden. Der *Conseil d'Etat* hatte eine Doppelfunktion: Er gab Stellungnahmen zu Gesetzesvorhaben ab, und er war das höchste Verwaltungsgericht. Beide Funktionen nimmt er auch heute noch wahr. Die Minister waren nur dem Ersten Konsul verantwortlich und konnten ohne ihn nicht als Ministerrat zusammentreten.

Die wichtigsten Neuerungen des Konsulats finden sich auf dem Gebiet der Staatsverwaltung mit der Schaffung der Ämter von Präfekten, Unterpräfekten und Bürgermeistern, die alle vom Ersten Konsul ernannt wurden. Paris erhielt jedoch keinen Bürgermeister, sondern wurde vom Polizeipräfekten regiert. Dies blieb so bis zum Jahre 1977. Auch das Rechtswesen (mit dem *Code Napoléon*) und das Schul- und Hochschulwesen sowie das Finanzwesen (Gründung der *Banque de France* 1800) reformierte Bonaparte von Grund auf. Und ein weiteres Problem aus der Revolutionszeit wurde gelöst: die Beziehungen zwischen der katholischen Kirche und dem Staat. In dem 1801 unterzeichneten Konkordat wurde der Kirchenkampf beigelegt. Die katholische Religion wurde zwar nicht wieder Staatsreligion, ihre freie Ausübung aber wurde zugesichert und eine Neueinteilung der Kirchenverwaltung in Absprache mit dem Heiligen Stuhl vereinbart.

Mit der Ernennung Bonapartes zum Konsul auf Lebenszeit am 16. *Thermidor* des Jahres X (4. August 1802) wurde auch eine neue Verfassung erlassen, nunmehr die fünfte innerhalb von elf Jahren. Sie stärkte noch zusätzlich die Macht des Ersten Konsuls, der nunmehr im monarchischen Stile seinen eigenen Nachfolger bestimmen konnte. Er schuf sich wie ein Monarch mit dem «Privaten Rat» *(Conseil privé)* ein eigenes Beratergremium, das die Aufgabe hatte, die Stellungnahmen zu Verfassungsänderungen *(Sénatus consultes)*, zu Friedens- und Bündnisverträgen abzugeben. Er war Vorsitzender des Senats, konnte die gesetzgebende Körperschaft einberufen und vertagen und sie, wie auch das Tribunat, mit Zustimmung des Senats auflösen. Die gesetzgebende Körperschaft tagte auch nicht mehr von Amts wegen, sondern nur noch nach Einberufung durch die Regierung.

Das allgemeine Wahlrecht wurde durch ein Zensuswahlrecht abgelöst. Die Mitgliedschaft in den Wahlgremien auf Ebene der Departements blieb den 600 Bürgern vorbehalten, die die meisten Steuern bezahlten. So entwickelte sich die für Frankreich typische Herrschaft der Notablen.

Bonaparte hatte nun mehr Macht als früher der König. Seine

Hofhaltung nahm monarchische Züge an, und zwei Jahre später sollte er auch formell zum Monarchen werden. Durch *Sénatus-consulte* vom 28. *Floréal* des Jahres XII (18. Mai 1804) wurde er zum Kaiser der Franzosen ausgerufen.

Damit erhielt Frankreich seine sechste Verfassung, nur zwei Jahre nachdem die vorherige in Kraft getreten war. Auch die Einführung des erblichen Kaisertums wurde vom Volke bei nur wenigen Neinstimmen gebilligt. Damit erhielt Napoléon eine noch stärkere Stellung, als er sie bereits als Erster Konsul hatte. Obwohl grundsätzlich die salische Erbfolge beschlossen wurde, hatte er die Möglichkeit, durch Adoption seinen Nachfolger zu bestimmen, sollte er keine eigenen männlichen Nachkommen haben. Es wurde ein Hof mit verschiedenen imperialen Ehrenämtern eingerichtet, seine eigenen Familienmitglieder erhielten Adelstitel. Napoléon selbst legte Wert auf höchste imperiale Weihen und beschloss eine Krönungszeremonie in Anwesenheit des Papstes, die am 2. Dezember 1804 in der Kathedrale von Notre-Dame de Paris (nicht in Reims!) vollzogen wurde. Hierbei legte er sich und seiner Frau Joséphine die Krone selbst auf das Haupt.

Jede demokratische Kontrolle der Macht verschwand. Das Tribunat wurde bald abgeschafft, so dass nur noch der Senat und die Gesetzgebende Körperschaft verblieben. Die Mitglieder des Senats wurden vom Kaiser selbst bestimmt; die Prinzen aus dem Hause Bonaparte waren kraft ihres Amtes Mitglied. Die Gesetzgebende Körperschaft hatte praktisch nur noch beratende Funktion, dem Kaiser wurde sogar das Recht eingeräumt, die Gesetze zu interpretieren. Damit hatte Napoléon mehr Macht, als sie ein König je besessen hatte, mit Ausnahme vielleicht des Sonnenkönigs Ludwig XIV.

Man mag sich fragen, wieso die Bürger diese Machtkonzentration, ja diese Diktatur akzeptieren konnten, nachdem sie doch wenige Jahre zuvor noch in einer blutigen Revolution für die Freiheit gekämpft hatten und jeden der Despotie Verdächtigen unter die Guillotine schickten. Die Gründe hierfür sind vielschichtig. Nach den Gewaltexzessen der Revolution sehnten sich die Franzosen nach Frieden im Inneren. Gleichzeitig konnten in den beiden Friedensschlüssen von Lunéville (1801) und Amiens (1802) die jahrelangen kriegerischen Auseinandersetzungen mit den europäischen Mächten, insbesondere mit Österreich und England, beendet werden. Es bestand also ein starker Wunsch nach Rückkehr zur «Ordnung».

Dieser wurde zusätzlich durch das administrative Reformwerk von Bonaparte befriedigt. Er gab dem Lande eine effizient arbeitende Staatsverwaltung und Stabilität.

Es gibt aber einen weiteren Grund für die Zustimmung zum autokratischen Regime Napoléon Bonapartes: den Ruhm, die «*Gloire et Grandeur*», die er an Frankreichs Fahnen heftete. Geschickt setzte er sich als Heilsbringer nicht nur Frankreichs, sondern ganz Europas in Szene und vermittelte dem Volk das Gefühl von Größe. Vielleicht ist dieses auch erforderlich, um die zentrifugalen Kräfte der französischen Nation zu bändigen. Hierauf verwies auch Charles de Gaulle später in seinen Kriegsmemoiren, als er aus der französischen Geschichte den Schluss zog, Frankreich könne nicht Frankreich sein ohne «Grandeur»: «*La France ne peut être la France sans la grandeur.*»

Ferner muss hier angemerkt werden, dass in der französischen Verfassungsgeschichte durch Napoléon eine autokratisch-plebiszitäre Traditionslinie geschaffen wurde, so dass in der Folgezeit auch dieses Modell, vor allem in Krisenzeiten, als denkbare Alternative zur Demokratie angesehen wurde.

Nach dem verheerenden Russlandfeldzug des Jahres 1812 und der Niederlage in der Schlacht bei Leipzig im Oktober 1813 wurde der Krieg nach Frankreich getragen. Im März 1814 wurde Paris von den alliierten Truppen besetzt; am 2. April erklärten der Senat und die Gesetzgebende Kammer den Kaiser für abgesetzt und riefen den Bruder Ludwig XVI. als Ludwig XVIII. auf den Thron. (Der im Alter von 10 Jahren gestorbene Sohn von Ludwig XVI. war nach royalistischer Auffassung Ludwig XVII.) Am 6. April dankte Napoléon in Fontainebleau ab und ging als Fürst von Elba ins Exil.

Mit der Rückkehr der Bourbonen auf den Thron wurde am 4. Juni 1814 die siebte Verfassung erlassen. Nach langen Auseinandersetzungen zwischen den Ultraroyalisten und den Gemäßigten erließ Ludwig XVIII. schließlich «in Ausübung seiner königlichen Autorität» eine *Charte constitutionnelle*. Sie wurde nicht Verfassung genannt, da dies zu sehr an die Revolution erinnert hätte. Ausgearbeitet worden war sie von einer Kommission aus neun vom König ernannten Mitgliedern.

Mit der *Charte* wurde ein Kompromiss gefunden, in dem die seit der Revolution geschaffenen Tatsachen weitgehend respektiert wurden. So behielt das Königreich das Prinzip der Gleichheit vor dem

Gesetz bei. Dies betraf die Steuergesetzgebung und auch die öffentlichen Ämter und Offiziersstellen, die nicht mehr dem Adel vorbehalten waren. Die neuen Eigentumsverhältnisse nach dem Verkauf der Nationalgüter, also des Kirchenbesitzes und größtenteils auch des Adelsbesitzes, wurden nicht rückgängig gemacht. (Man vergleiche dies mit der Situation in Deutschland nach der Wiedervereinigung!) Der Code civil blieb in Kraft, die von Napoléon geschaffene Staatsverwaltung blieb im Amt, und sogar die *Légion d'Honneur*, von Napoléon Bonaparte 1802 geschaffen, blieb bestehen. Selbst die unter dem Kaiserreich geschaffenen Adelstitel durften weiter geführt werden. Der Katholizismus war wieder Staatsreligion, die freie Ausübung anderer Religionen wurde jedoch garantiert. Der König war also um Aussöhnung bemüht. Nur in einem Punkt gab er nicht nach: Die Trikolore, die Fahne der Revolution, wollte er nicht akzeptieren; er bestand auf dem weißen Lilienbanner, was sich als gravierender Fehler herausstellen sollte, da dies von der großen Mehrheit des Volkes als Provokation empfunden wurde.

Das mit der *Restauration* geschaffene politische System orientierte sich am englischen Modell. Der König ist der Chef der Exekutive und die Monarchie damit konstitutionell. Der König ist dem Parlament gegenüber zwar nicht verantwortlich, seine von ihm ernannten Minister sind es jedoch. Neu ist auch, dass die Minister aus dem Kreis der Abgeordneten gewählt werden konnten, was dem englischen System entlehnt wurde (wobei dort die Minister sogar Mitglied des Parlaments sein müssen). Im Konfliktfalle konnte der König das Parlament auflösen. Das Recht der Gesetzesinitiative lag beim König, das Parlament konnte den König jedoch «demütig bitten» (*supplier*), einen Gesetzesvorschlag zu unterbreiten. Die Legislative wurde von zwei Kammern gebildet, der *Chambre des pairs* und der *Chambre des députés*. Ähnlich wie in England kannte die *Chambre des pairs* erbliche und auf Lebenszeit ernannte *Pairs*, die alle vom König ernannt wurden. Für die Wahl zur *Chambre des députés* bestand ein Zensuswahlrecht, das an die Höhe der direkten Steuern gebunden war. Um wählbar zu sein, war ein gewisser Reichtum erforderlich, den im damaligen Frankreich insgesamt nur 16.000 Menschen vorweisen konnten.

Die Rückkehr der Bourbonen auf den Thron wurde bereits im März 1815 durch Napoléon Bonaparte unterbrochen. Durch die von den Ultraroyalisten ausgelösten innenpolitischen Konflikte ermutigt, landete er mit einer kleinen Gruppe von Getreuen im Golf von Juan bei Cannes und zog am 20. März in die Tuilerien ein. Er beauftragte Benjamin Constant mit der Ausarbeitung einer Verfassung, die als Zeichen der Kontinuität des imperialen Frankreich als «Ergänzung der Verfassungen des Kaiserreichs» (Acte additionnel aux constitutions de l'empire) bezeichnet und bereits am 22. April erlassen wurde. De facto handelte es sich um eine neue Verfassung, die achte seit 1791. Sie basierte weitgehend auf der Charte und rief große Enttäuschung hervor, da sie das allgemeine Wahlrecht nicht wieder einführte, sondern zum früheren System der Collèges électoraux aus der Verfassung von 1802 zurückkehrte, die nunmehr die Abgeordneten wählten. Dennoch wurde die Verfassung – wieder mit großer Mehrheit, aber bei geringer Wahlbeteiligung – in einem Plebiszit von den Wählern angenommen. Sie blieb gerade zwei Monate in Kraft. Nach der Niederlage Napoléons bei Waterloo kehrte Ludwig XVIII. auf den Thron zurück und setzte die Charte wieder in Kraft.

Bislang hatten die Verfassungen jeweils nur eine sehr kurze Lebensdauer. Die Charte sollte nunmehr bis 1830, also 16 Jahre lang, in Kraft bleiben. Sie endete durch eine Revolution, die vom jüngeren Bruder Ludwig XVIII., der als Karl X. 1824 den Thron bestiegen hatte, provoziert wurde. Als führender Vertreter der «Ultras» versuchte er einen Staatsstreich von oben, indem er die Pressefreiheit abschaffte, die Mehrheiten in der Abgeordnetenkammer ignorierte, eine Regierung gegen diese Mehrheit einsetzte und eine neu gewählte Kammer sofort wieder auflöste, da die Wahlen keine ihm genehme Mehrheit brachten.

In der dreitägigen Revolution Ende Juli 1830, den «trois glorieuses», wurde das Regime gestürzt. Die Abgeordneten wollten nun weder eine Fortsetzung der Bourbonenherrschaft noch eine Republik, wie sie bei Demonstrationen in Paris schon gefordert wurde. Die Liberalen, jetzt in der Mehrheit, strebten vielmehr eine Art monarchischer Republik an. Hierfür sahen sie in Louis-Philippe Herzog von Orléans den geeigneten Kandidaten. Er war Nachkomme des Bruders von Ludwig XIV. und Sohn jenes «Philippe Egalité», der im Nationalkonvent für den Tod seines Cousins Ludwig XVI. gestimmt hatte – was ihn selbst nicht vor der Guillotine bewahren sollte. Am 30. Juli wurde er von den Abgeordneten zum Generalstatthalter (Lieutenant général du Royaume) berufen, bildete eine Regierung und sicherte die Achtung der Verfassung zu. Karl X. dankte daraufhin am 2. August zusammen mit seinem ältesten Sohn, dem Herzog von Angoulême, zu Gunsten seines Enkels, des zehnjährigen Grafen von Chambord, ab und ging ins Exil nach England.

Die Liberalen forderten nunmehr eine neue, demokratische Verfassung. Diese, die neunte seit 1791, wurde bereits am 6. August mit großer Mehrheit von den beiden Kammern des Parlaments verabschiedet. Am Tag danach wurde der Herzog von Orléans zum «König der Franzosen» (*Rois des Français*, nicht *Roi de France!*) ausgerufen und die Verfassung am 14. August verkündet. Innerhalb von nur zwei Wochen erhielt Frankreich so ein neues politisches System, einschließlich einer vom Parlament verabschiedeten Verfassung.

Diese Verfassung, ebenfalls *Charte* genannt, war nun nicht mehr oktroyiert (*octroyée*), sondern von der Nation, vertreten durch das Parlament, beschlossen worden. Deshalb musste sie auch nicht mehr durch ein Plebiszit bestätigt werden.

Die *Charte* wies eine Reihe von wichtigen Veränderungen gegenüber der vorherigen auf: Die katholische Religion war nicht mehr Staatsreligion. Auch die beiden Kammern erhielten, neben dem König, die Gesetzesinitiative. Die Rechte des Königs, mittels Verordnungen (*ordonnances*) zu regieren, wurde beschnitten. Der Zensus konnte durch Parlamentsbeschluss geändert bzw. abgeschafft werden, er blieb jedoch noch in Kraft, wodurch allein das Bürgertum über politischen Einfluss verfügte. Die Verfassung wurde «dem Patriotismus und Mut der Nationalgarden und aller französischen Bürger» anvertraut, wodurch die Souveränität des Volkes unterstrichen wurde. Louis-Philippe gab sich auch äußerlich gern als «Bürgerkönig» (*Roi-Citoyen*) und akzeptierte eines der Symbole der Revolution, die Trikolore, die offiziell zur Nationalfahne erklärt wurde.

Auch dieser Verfassung sollte keine lange Dauer beschieden sein. Politisch getragen war das System vom Besitz- und vom Bildungsbürgertum sowie teilweise von der Aristokratie. Sie fanden sich in zwei politischen Gruppierungen im Parlament, dem «*Mouvement*», das das politische System demokratisch weiterentwickeln wollte und dessen herausragender Vertreter Adolphe Thiers war, und der «*Résistance*», die das System in dieser Form bewahren wollten. Ihr bedeutendster Vertreter war der calvinistische Ministerpräsident

François Guizot. Er lehnte jede Forderung nach Einführung des allgemeinen Wahlrechts bzw. einer Senkung des Zensus mit den berühmten Worten ab: *«Enrichissez-vous par le travail, et vous deviendrez électeur!»* «Bereichert Euch durch Arbeit, und Ihr werdet Wähler.» In Erinnerung geblieben ist vor allem der erste Teil des Satzes: «Bereichert Euch!»

Die Monarchie Louis-Philippes war sehr umstritten und wurde von einer Reihe von Gegnern bekämpft: den Legitimisten, die den Grafen von Chambord auf dem Thron wünschten, den Republikanern, die sich fortwährend nach links orientierten und bald mit den Sozialisten der verschiedensten Orientierungen eine Allianz eingingen, um die Monarchie abzuschaffen, und schließlich den Bonapartisten, die mit Louis-Napoléon Bonaparte, dem Neffen des Kaisers, einen Thronprätendenten aufbieten konnten.

Die Monarchie Louis-Philippes zerbrach schließlich an der Frage des Wahlrechts. Je stärker das Engagement der Linken für das allgemeine Wahlrecht wurde, umso mehr erschien dessen Durchsetzung als eine Abkehr von der Monarchie. Hinzu kam ein Machtfaktor, der einer der Hauptakteure der Revolution von 1789 gewesen war: die Massen, die sich durch eine allgemeine Wirtschaftskrise immer stärker radikalisierten und proletarisierten. Der Jakobinismus der Revolution und die neue Ideologie des Sozialismus gingen so eine Verbindung ein, die zu einer weiteren Konstante der politischen Geschichte Frankreichs werden sollten.

Es genügte jetzt ein Funken, der die Gewalt ausbrechen ließ. Dies geschah in einer Demonstration am 23. Februar 1848, als Soldaten auf die Demonstranten schossen und 16 von ihnen töteten. Am Tag danach wurden überall Barrikaden errichtet und die Tuilerien gestürmt. Der König dankte ab und ging ins englische Exil. Am 25. Februar wurden vom Balkon des Rathauses aus die Republik proklamiert und der Dichter Alphonse de Lamartine zum Präsident der provisorischen Regierung ernannt. Es ist die zweite Republik in der Geschichte Frankreichs.

Die Ausarbeitung der neuen Verfassung wurde der verfassunggebenden Nationalversammlung übertragen, die nach dem allgemeinen Wahlrecht am 23. April gewählt worden war. Im Vergleich zum Zensussystem der Juli-Monarchie war die Zahl der Wahlberechtigten so von 250.000 auf 9,4 Millionen gestiegen.

Das Wahlergebnis war für die Demokraten und Sozialisten enttäuschend. Sie stellten nur etwa 100 der 880 Abgeordneten, die gemäßigten Republikaner kamen auf etwa 500, die Orléanisten auf 200 und die Legitimisten auf weniger als 100. Hier zeigte sich, dass Frankreich auf dem Lande konservativ geblieben war und jeden Radikalismus ablehnte. Die hochfliegenden Gedankengebäude verschiedener sozialistischer Glaubensrichtungen fanden im Wesentlichen ihre Anhänger in Paris – und daran hat sich bis heute nur wenig geändert.

Es dauerte bis zum 4. November 1848, bis die Verfassung, die nunmehr zehnte, verkündet werden konnte. Behindert wurden die Arbeiten daran auch durch Arbeiteraufstände im Juni, die nach der Schließung der vom Staat zur Beschäftigung der Arbeitslosen eingerichteten Nationalwerkstätten *(ateliers nationaux)* ausgebrochen waren. Mit diesen sollte das Recht auf Arbeit verwirklicht werden; sie erwiesen sich aber sehr schnell als eine für den Staat ruinöse Einrichtung. Die Aufstände wurden unter Führung von General Cavaignac militärisch niedergeschlagen und forderten mehrere Tausend Tote.

Die Verfassung brachte vor allem zwei bedeutende Neuerungen. Die Exekutive wurde einem vom Volk direkt für vier Jahre gewählten Präsidenten der Republik übertragen, und die Legislative bestand nur noch aus einer Kammer, der *Assemblée nationale*. Die Beziehungen zwischen beiden waren allerdings nicht klar definiert. So waren der Präsident und die von ihm ernannten Minister vor der Nationalversammlung zwar verantwortlich, es war jedoch nicht ersichtlich, ob dies nur eine rechtliche oder auch eine politische Verantwortung war. Der Präsident konnte das Parlament nicht auflösen. Sollte er es dennoch versuchen, war er automatisch abgesetzt und stand unter Anklage. Die Entscheidungen des Präsidenten bedurften der Gegenzeichnung des zuständigen Ministers.

Die Wahlen zum Präsidenten der Republik fanden am 10. Dezember 1848 statt. Als ihr Sieger ging der Neffe des Kaiser, Louis-Napoléon Bonaparte, hervor, der fast 5,5 Millionen Stimmen erhielt, während die anderen Kandidaten, unter ihnen General Cavaignac und Alphonse de Lamartine, zusammen nur auf 1,9 Millionen kamen. Diese Wahl bedeutete einen Rechtsruck, der sich in den folgenden Parlamentswahlen am 13. Mai 1849 noch bestätigte. Dort errangen die verschiedenen monarchistischen Gruppierungen, also die Orléanisten, Legitimisten und Bonapartisten, über die Hälfte aller Sitze. Eine konstruktive Mehrheit zur Restauration der Monarchie war jedoch nicht gegeben; dafür waren sie zu sehr unter sich zerstritten.

Vier Jahre nach ihrer Verabschiedung fand diese Verfassung durch einen Putsch des «Prince-Président» ein Ende. Nach den Bestimmungen der Verfassung wäre eine Wiederwahl des Präsidenten der Republik nicht möglich gewesen. Der hierfür vorgesehene Termin war der 2. Sonntag im Mai. Louis-Napoléon Bonaparte initiierte deshalb ein Jahr zuvor eine Kampagne, mit der die Bürger eine Petition an die Nationalversammlung richten konnten, um eine Verfassungsänderung zu verlangen. Die Versammlung stimmte dieser auch mit großer, aber leider nicht ausreichender Mehrheit zu. Am 2. Dezember 1851, dem Jahrestag der Krönung von Kaiser Napoléon und der Schlacht von Austerlitz, putschte der *Prince-Président*. Er ließ zahlreiche Abgeordnete verhaften und die Nationalversammlung auflösen. Gleichzeitig bat er das Volk um Unterstützung, da sonst die Anarchie drohe. Am 21. und 22. Dezember fand das Plebiszit statt, mit dem Napoléon den Staatsstreich sanktionieren und sich den Auftrag geben ließ, eine neue Verfassung auszuarbeiten. Die Abstimmung brachte mit 91,6 % der Stimmen ein noch besseres Ergebnis als bei seiner Wahl zum Präsidenten der Republik drei Jahre zuvor.

Die neue Verfassung – die nunmehr elfte – wurde am 14. Januar 1852 verkündet und war praktisch eine Kopie der Verfassung des Jahres VIII. (1799), mit der Napoléon Bonaparte Erster Konsul wurde. Danach wurde der Präsident der Republik auf zehn Jahre gewählt, er war Oberbefehlshaber der Armee, hatte die alleinige Gesetzesinitiative und konnte den Notstand ausrufen. Er war allein dem Volk gegenüber verantwortlich und konnte sich direkt an dieses mittels eines Plebiszits wenden. Die Gesetzgebende Körperschaft *(Corps législatif)* und der Senat spielten nur eine untergeordnete Rolle. Frankreich wurde nun autoritär, ja diktatorisch regiert, so dass der Verweis auf die Prinzipien von 1789 in der Präambel der Verfassung der Wirklichkeit hohnsprach.

Bereits wenige Monate danach, am 7. November 1852, wurde die Republik durch einen *Sénatus-consulte* zum Kaiserreich umgewandelt. Der Präsident nahm als Napoléon III. den Kaisertitel an. Dies wurde in einem Plebiszit bereits zwei Wochen später mit 96 % der abgegebenen Stimmen vom Volk gebilligt. Eine neue Verfassung musste hierfür nicht ausgearbeitet werden. Die notwendigen Verfassungsänderungen wurden vom Senat durch *sénatus-consultes* bzw. durch kaiserliche Dekrete *(décrets impériaux)* beschlossen.

Auf diese Weise erfolgte in den späteren Jahren auch eine Liberalisierung des politischen Systems. Ab 1860 konnten die beiden Kammern an den Kaiser eine Denkschrift als Antwort auf die Thronrede richten; ferner wurde ein Ministeramt für die Beziehungen mit den Kammern eingerichtet. Dieses gibt es auch heute noch.

Ab 1866 konnte die Gesetzgebende Körperschaft Gesetzesänderungen vorschlagen, während gleichzeitig die Sitzungsperioden verlängert wurden. Bis dahin waren sie auf drei Monate begrenzt. Ein Jahr später wurde dem Senat die Möglichkeit eingeräumt, ein verabschiedetes Gesetz zur erneuten Beratung wieder an die Gesetzgebende Körperschaft zurückzuverweisen. 1869 erfolgte dann erneut eine tief greifende Verfassungsänderung: Die Gesetzgebende Körperschaft durfte ihren eigenen Präsidenten wählen, sie erhielt das Recht der Gesetzesinitiative, konnte ihre eigene Tagesordnung erstellen, und die Minister konnten aus den beiden Kammern gewählt werden.

Am 20. April 1870 erhielt Frankreich schließlich durch *sénatus-consulte* eine neue Verfassung – die zwölfte –, mit der ein parlamentarisches System eingerichtet wurde. Danach erhielt der Senat als zweite Kammer die gleichen Rechte wie die Gesetzgebende Körperschaft. Beide erhielten das Recht der Gesetzesinitiative, und die Regierung war vom Vertrauen beider Kammern abhängig. Der Kaiser behielt noch eine Reihe wichtiger Befugnisse, so konnte er sich jederzeit mittels eines Plebiszits direkt an das Volk wenden, auch um Verfassungsänderungen zu beschließen, und er behielt das Recht der Kriegserklärung. Auch diese Verfassung wurde vom Volke gebilligt. Diesmal stimmten 73 % der Wahlberechtigten zu. Frankreich war nunmehr ein parlamentarisches Kaiserreich. Und obwohl es damit auf der Höhe der Zeit war, sollte es bereits nach einem halben Jahr zusammenbrechen.

2. Die Durchsetzung der republikanischen Staatsform

Das Ende des Kaiserreichs kam nach der Niederlage von Sedan im Deutsch-Französischen Krieg. Am 2. September 1870 kapitulierte die Hauptarmee Frankreichs, bei der sich auch der Kaiser befand. Auf diese Nachricht hin proklamierte am 4. September der Republikaner Léon Gambetta vom Balkon des Pariser Rathauses aus die Republik. Eine provisorische Regierung – *Gouvernement provisoire de la défense nationale* – wurde gebildet, die den Kampf gegen die Deutschen fortsetzen wollte. Sie musste jedoch am 28. Januar 1871 einen Waffenstillstand schließen. Dieser sah auch Wahlen zur Nationalversammlung vor, die am 8. Februar durchgeführt wurden, wobei 43 Departements von deutschen Truppen besetzt waren. Gewählt wurde nach dem allgemeinen Wahlrecht mittels Listen in den Departements. Das Ergebnis war für die Republikaner allerdings sehr enttäuschend. Sie errangen nur knapp 30 % der 768 Sitze, was auch daran lag, dass sie die Fortsetzung des Krieges befürworteten; das ländliche Frankreich wünschte jedoch den Frieden und war konservativ. Vereinbarungsgemäß trat die Nationalversammlung in Bordeaux zusammen. Dort wurde der damals 74-jährige Orléanist Adolphe Thiers zum Leiter der Exekutive der französischen Republik *(Chef du pouvoir exécutif de la République française)* gewählt.

Der Präliminarfrieden mit dem zwischenzeitlich proklamierten deutschen Kaiserreich wurde am 26. Februar in Versailles unterzeichnet. Frankreich musste das Elsass und Teile Lothringens an das Deutsche Reich abtreten und Reparationen in Höhe von 5 Milliarden Francs bezahlen. Diese Summe galt damals zwar als riesig, sie konnte mittels Anleihen jedoch bereits im September 1873 bezahlt werden.

Am 20. März nahm die Nationalversammlung ihren Sitz in Versailles, nicht in Paris, das sich bereits in Aufruhr befand. Dieser Aufstand der *Commune*, der am 28. Mai mit der Rückeroberung von Paris durch die Truppen der Regierung endete, gehörte zu den blutigsten Ereignissen der französischen Revolutionsgeschichte. Er war eine Abfolge von Gräueltaten, Massakern und Geiselerschießungen, die etwa 30.000 Menschen das Leben kosteten und einen tiefen Riss in der Gesellschaft hinterließen.

Frankreich war nur provisorisch eine Republik. Über die Staatsform und die neue Verfassung sollte die Nationalversammlung erst noch beschließen. Dort hatten die Monarchisten die Mehrheit, auch wenn diese durch Nachwahlen immer kleiner wurde. Auch Adolphe Thiers zeigte sich als Anhänger der republikanischen Staatsform, weshalb die Monarchisten zuerst seine Befugnisse per Gesetz einschränkten und am 24. Mai 1873 seine Abwahl mit 360 gegen 344 Stimmen erreichten. Zum neuen Präsidenten wurde Marschall Mac-Mahon gewählt. Seine Aufgabe sollte es sein, die Monarchie wieder zu restaurieren.

Dies wäre auch durchaus möglich gewesen. Das Vorhaben scheiterte jedoch am Starrsinn des legitimistischen Thronprätendenten, des Grafen Henri de Chambord, den nunmehr auch die Orléanisten akzeptieren wollten. Da Chambord keine Kinder hatte, wäre die Krone nach dessen Tod automatisch an die Orléans gefallen. Der 53-jährige Chambord wollte jedoch auf keinen Fall die blau-weißrote Trikolore als Fahne akzeptieren und bestand auf dem weißen Lilienbanner der Bourbonen. Daraufhin war die Entwicklung in Richtung der republikanischen Staatsform nicht mehr aufzuhalten. In den folgenden Nachwahlen gingen stets die republikanischen Kandidaten als Sieger hervor, so dass sich in der Versammlung eine republikanische Mehrheit abzeichnete.

Im Februar 1875 begann die Nationalversammlung mit der Ausarbeitung einer neuen Verfassung, die das bisherige, provisorische System ablösen sollte. Die Verfassung wurde jedoch nicht als geschlossenes Dokument, sondern in Form von drei Verfassungsgesetzen *(Lois constitutionnelles)* verabschiedet. Das erste dieser Gesetze behandelte die Organisation der öffentlichen Gewalten. Im Gesetzesentwurf kam das Wort *République* nicht vor. Der Abgeordnete Henri Wallon stellte deshalb einen Änderungsantrag *(amendement)*, nach dem das Staatsoberhaupt den Titel *Président «de la République»* tragen sollte. Der Antrag wurde am 30. Januar 1875 mit 353 gegen 352 Stimmen angenommen. Die republikanische Staatsform war also mit einer einzigen Stimme Mehrheit beschlossen worden. Sie sollte auf Dauer Gültigkeit behalten, auch wenn sie in der Folgezeit oft heftig umstritten war und von Marschall Pétain während des Zweiten Weltkriegs durch den «Etat français» ersetzt wurde.

Diese nunmehr dreizehnte Verfassung begründete ein Zweikammernsystem mit einer auf Grund des allgemeinen Wahlrechts direkt gewählten *Chambre des députés* und einem indirekt gewählten

Senat. Beide zusammen konnten als *Assemblée nationale* die Verfassung ändern und in der gleichen Zusammensetzung als *Congrès* den Staatspräsidenten wählen. Dessen Amtszeit betrug sieben Jahre, mit der Möglichkeit der Wiederwahl. Er ernannte die Minister und konnte, mit Zustimmung des Senats, die *Chambre des députés* auflösen. Er konnte sich an beide Kammern mittels Botschaften wenden und die Unterzeichnung eines Gesetzes hinauszögern, indem er eine zweite Lesung verlangte – eine Bestimmung, die 1958 auch in die Verfassung der V. Republik Eingang fand. Im Gegensatz zu den Ministern war er dem Parlament gegenüber politisch nicht verantwortlich. Nur im Falle des Hochverrats konnte er vom Senat, der sich hierfür als Hoher Gerichtshof *(Haute Cour de justice)* konstituierte, zur Rechenschaft gezogen werden. Auch diese Bestimmungen wurden später in die Verfassung der V. Republik aufgenommen.

Damit hatte der Staatspräsident eine sehr starke Stellung im politischen System, was allerdings nur so lange galt, wie er mit der Mehrheit der Abgeordnetenkammer politisch in Übereinstimmung war. Dies zeigte sich, als der monarchistisch gesinnte Präsident Mac-Mahon sich 1876 einer republikanischen Mehrheit in der Abgeordnetenkammer gegenübersah. Die Machtprobe gipfelte in der von ihm bereits ein Jahr später ausgesprochenen Auflösung der Kammer, die erneut eine, sogar noch stärkere, republikanische Mehrheit erbrachte. Damit blieb dem Präsidenten der Republik nur, *«qu'il se soumette ou qu'il se démette»*, wie es Léon Gambetta formulierte, dass er sich also unterwarf oder zurücktrat.

Mac-Mahon unterwarf sich, indem er einen republikanischen Regierungschef ernannte und damit das Regierungssystem veränderte, ohne dass deshalb der Verfassungstext geändert wurde. Der Staatspräsident war hinfort nicht mehr das Haupt der Exekutive, sondern beschränkte sich im Wesentlichen auf seine protokollarischen Funktionen. Er saß zwar weiterhin dem *Conseil des ministres* vor, überließ aber die Regierungsgeschäfte dem *Président du Conseil*, der mit dieser Bezeichnung in der Verfassung gar nicht existierte.

1879 trat Mac-Mahon schließlich zurück. Zu seinem Nachfolger wurde mit Jules Grévy ein überzeugter Republikaner gewählt. Gleichzeitig beschloss die *Assemblée nationale* eine Verfassungsänderung, nach der die beiden Kammern und die Regierung ihren

Sitz in Paris nahmen. Bis dahin waren sie in Versailles geblieben, wo keine Gefahr bestand, dem Druck der Pariser Bevölkerung ausgesetzt zu sein. Und zwei weitere Entscheidungen dokumentierten den endgültigen Bruch mit der monarchistischen Vergangenheit: Das Revolutionslied der *Marseillaise* wurde zur Nationalhymne und der 14. Juli, Jahrestag des Sturms auf die Bastille, zum Nationalfeiertag erklärt. Damit war Frankreich endgültig eine Republik, und in einer Verfassungsänderung von 1884 wurde sogar festgelegt, dass die republikanische Staatsform nicht mehr verändert werden und die Mitglieder ehemals regierender Herrscherhäuser nicht mehr für das Amt des Staatspräsidenten kandidieren durften.

Dennoch hatte sich die Republik als Staatsform keinesfalls allgemein durchgesetzt. Gegen das *«pays légal»* formierte sich das *«pays réel»*, das ländliche Frankreich, die monarchistischen Gruppen wie die *Action française* von Charles Maurras und verschiedene konservative und nationalistische Gruppierungen, die meist in der katholischen Kirche einen starken Verbündeten fanden. Besonders deutlich wurde dies in der Dreyfus-Affäre. Der jüdische Hauptmann Alfred Dreyfus war verdächtigt worden, für Deutschland spioniert zu haben, und wurde deshalb 1894 von einem geheim tagenden Militärtribunal zu lebenslanger Verbannung auf die Teufelsinsel bei Französisch-Guayana verurteilt. Als sich herausstellte, dass die Verurteilung auf Grund gefälschter Dokumente erfolgt war, deckte die Regierung dieses Vorgehen. Das konservative, monarchistische und klerikale Frankreich wollten in jedem Falle die Ehre der Armee geschützt wissen und verweigerte die Wiederaufnahme des Prozesses gegen Alfred Dreyfus. Unterstützt wurden sie dabei von antisemitischen Gruppen. Ihnen gegenüber stand das republikanische und laizistische Frankreich, das in Emile Zola einen wortmächtigen Vertreter fand, der die Öffentlichkeit mit seinem in der Tageszeitung «Aurore» veröffentlichten Artikel *«J'accuse»* – Ich klage an – aufrüttelte.

Eines der Ergebnisse dieser tiefen, innenpolitischen Auseinandersetzung war die 1905 vom Parlament beschlossene Trennung von Kirche und Staat. Hierzu trug auch bei, dass nach der unter Papst Leo XIII. versuchten Öffnung der katholischen Kirche zur Republik hin mit Pius X. 1903 wieder ein konservativer und strikt demokratie- und republikfeindlicher Papst sein Amt angetreten hatte.

Auch nach der *Affaire Dreyfus* wurde die republikanische Staatsform mehrfach in Frage gestellt, so insbesondere nach dem Ersten
Weltkrieg, als die Republik durch mehrere Finanzskandale erschüt-
tert wurde und am 6. Februar 1934 rechtsradikale Gruppen einen
politischen Umsturz versuchten. Die 30er Jahre sahen auch in
Frankreich einen Aufstieg rechts- und linksradikaler Parteien, die
die Bildung stabiler Regierungen nachhaltig beeinträchtigten. Der
Ausbruch des spanischen Bürgerkriegs und die Herrschaft des
Nationalsozialismus in Deutschland führten in Frankreich im Juni
1936 jedoch zur Bildung der Volksfrontregierung unter Léon Blum,
nachdem in den Wahlen zuvor die Linksparteien in der Deputier-
tenkammer eine Mehrheit erringen konnten. Dennoch sollte dieselbe
Parlamentsmehrheit nur vier Jahre später die III. Republik zu Grabe
tragen.

Aus dem verlorenen Kriege gegen Preußen-Deutschland 1871 geboren, brach die III. Republik durch die Niederlage gegen Deutschland 1940 zusammen. Der Angriff im Westen war am 10. Mai erfolgt, und bereits am 14. Juni wurde Paris besetzt. Die Regierung
Paul Reynaud, in der der kaum bekannte Brigadegeneral Charles de
Gaulle das Amt des Unterstaatssekretärs im Verteidigungsministerium innehatte, war wenige Tage zuvor nach Bordeaux ausgewichen.
Dort trat sie am 17. Juni zurück. Zum Nachfolger Reynauds wurde
der Sieger von Verdun, Marschall Philippe Pétain, ernannt, der bereits erklärt hatte, dass er die Kampfhandlungen beenden wolle. Der
Waffenstillstand wurde dann am 22. Juni in Compiègne unterzeichnet. Hierzu wurde der Eisenbahnwagen von Marschall Foch, dem
Oberbefehlshaber der alliierten Truppen im 1. Weltkrieg, aus dem
Museum herausgezogen, um durch den Ort der Unterzeichnung
die Revanche für den Waffenstillstand vom 11. November 1918 deutlich zu machen.

Nach den Bestimmungen des Waffenstillstands wurden der Norden Frankreichs mit der Hauptstadt Paris und die Atlantikküste bis
zu den Pyrenäen von deutschen Truppen besetzt. Die Regierung
nahm ihren Sitz im unbesetzten Frankreich, im Badeort Vichy, wo
genügend Hotels zur Unterbringung der Regierung mit ihrer Verwaltung und im Casino auch ein großer Versammlungssaal zur Verfügung standen. Dort trat die Nationalversammlung am 9. und
10. Juli zusammen. In einem Verfassungsgesetz übertrug sie Marschall Pétain mit 569 gegen 80 Stimmen, bei etwa 300 abwesenden

Abgeordneten, alle exekutiven und legislativen Befugnisse, was auch den Auftrag beinhaltete, eine neue Verfassung des französischen Staates auszuarbeiten, die dem Volk in einem Referendum zur Abstimmung vorgelegt werden sollte. Die Dritte Republik war damit zu Grabe getragen – zumindest in legaler Hinsicht. Als illegitim vor der Geschichte Frankreichs wurde dieser Akt nach dem Kriege jedoch für null und nichtig erklärt.

Marschall Pétain erließ unmittelbar nach dem Beschluss der Nationalversammlung drei Verfassungsgesetze, mit denen er sich als Staatschef (*Chef de l'Etat français*) einsetzte und die Sitzungen der beiden Kammern auf unbestimmte Zeit «vertagte». Diese Verfassungsgesetze bildeten noch keine neue Verfassung. Eine solche ließ Pétain zwar ausarbeiten, verkündet wurde sie jedoch nie, da die deutsche Besatzungsmacht dies verhinderte. Immerhin sollte in ihr die Bezeichnung «Republik» wieder auftauchen.

So regierte Pétain diktatorisch auf der Grundlage seiner Verfassungsgesetze, wobei die Macht ab April 1942 verstärkt von Pierre Laval, dem *Vice-Président du Conseil*, ausgeübt wurde. Er begann dann auch die Politik der eigentlichen Kollaboration mit Judendeportationen, der Zwangsarbeit in Deutschland und der Aufstellung eines Freiwilligenverbandes für die Ostfront, womit das Frankreich Pétains und Lavals zu einem Partner von Nazideutschland wurde. Nach der erfolgreichen Landung der alliierten Truppen und ihrem Vorstoß auf Paris wurde Pétain am 20. August 1944 von den Deutschen unter Zwang zunächst nach Belfort und dann nach Sigmaringen verbracht. Seine Regierung über Frankreich war damit beendet, der *Etat français* hörte auf zu existieren.

Dieser *Etat français* entbehrte nach Auffassung von General de Gaulle jeglicher Legitimität, auch wenn er am 10. Juli 1940 durch den Beschluss der Nationalversammlung in Vichy legal zustande gekommen war. Am 17. Juni 1940, nach der Bildung der Regierung durch Marschall Pétain und seiner Ankündigung, um Waffenstillstand nachzusuchen, hatte er Bordeaux verlassen und begab sich nach London, von wo aus er am 18. Juni über Radio BBC zum Widerstand aufrief und den Krieg fortzuführen beschloss. Dazu hatte ihn niemand beauftragt, auch besaß er keine politische Legitimation zu einer solchen Handlung, hatte er doch nie ein politisches Amt inne, abgesehen von seiner kurzen Zugehörigkeit zur Regierung von Paul Reynaud als Unterstaatssekretär im Verteidigungsministerium. Dennoch erklärte er sofort, «im Namen Frankreichs» zu sprechen und zu handeln.

De Gaulle bezog seine Legitimität aus der Geschichte Frankreichs, und so ist es auch kein Zufall, dass er in Erinnerung an Jeanne d'Arc das Lothringer Kreuz zu seinem Symbol wählte. Zunächst *Chef des français libres* und als solcher von der Regierung Winston Churchills am 28. Juni anerkannt, gründete er im September 1941 das Französische Nationalkommitee *(Comité national français)*, das im Juni 1943 zum Französischen Komitee zur Nationalen Befreiung *(Comité français de libération nationale)* wurde und seinen Sitz in dem von den Alliierten im November 1942 befreiten Algier nahm. Damit war eine regierungsähnliche Institution geschaffen worden, was noch durch die Bildung eines provisorischen Parlaments, der *Assemblée consultative*, unterstrichen wurde. Am 2. Juni 1944, also kurz vor der Landung der Alliierten in der Normandie, benannte sich das *Comité* dann auch in *Gouvernement provisoire de la République française* um. Als solches wurde es von den Alliierten allerdings erst Ende Oktober 1944 offiziell anerkannt.

De Gaulles Verständnis von der Kontinuität der Republik wird durch einen Vorgang am 25. August 1944, dem Tag der Befreiung von Paris, deutlich. Im *Hôtel de Ville*, dem Rathaus, wird er von den Führern der Résistance begrüßt und von dessen Vorsitzendem Georges Bidault mit bewegenden Worten aufgefordert, auf dem Balkon vor einer großen Menschenmenge die Republik auszurufen. De Gaulle lehnt dies kühl ab mit der Begründung: «*La République n'a jamais cessé d'être. La France libre, la France combattante, le Comité français de libération nationale l'ont tour à tour incorporé. Vichy fut toujours et demeure nul et non avenu. Moi-même suis le président du gouvernement de la République. Pourquoi irais-je la proclamer?*» (Die Republik hat niemals aufgehört zu existieren. Das Freie Frankreich, das kämpfende Frankreich, das Französische Komitee der nationalen Befreiung haben es nacheinander verkörpert. Vichy war immer und bleibt null und nichtig. Ich selbst bin Präsident der Regierung der Republik. Warum sollte ich sie proklamieren?)

Wenn die Republik danach nie aufgehört hatte zu existieren, so erschien es dennoch unmöglich, das Regierungssystem der III. Republik einfach beizubehalten. Schon während des Krieges war von der Provisorischen Regierung beschlossen worden, nach dem Kriege eine Nationalversammlung wählen zu lassen, die eine neue Verfassung ausarbeiten sollte, falls das Volk dies wünschte. Die Wahlen vom 21. Oktober 1945 wurden deshalb mit einem Referendum verbunden, in dem die Wähler – auch die Frauen hatten erstmalig das aktive und passive Wahlrecht – beschließen konnten, die zu wählende Versammlung zur *Assemblée constituante* zu erklären. Da 96 % der Wähler dem zustimmten, war das Ende der III. Republik endgültig beschlossen.

Die Versammlung wählte am 13. November nach langen Debatten General de Gaulle zum Präsidenten der provisorischen Regierung. Dieser geriet mit ihr jedoch sehr schnell in Konflikt, da er das klassische parlamentarische Ränkespiel zutiefst verachtete und bei den Abgeordneten vergebens den erforderlichen Respekt vor der Würde einer Regierung einforderte. Am 20. Januar 1946 trat er schließlich zurück.

Der in den folgenden Monaten in einer sehr konfliktreichen Atmosphäre ausgearbeitete Verfassungsentwurf wurde von der Versammlung mit knapper Mehrheit zwar angenommen, aber vom Volk am 5. Mai 1946 mit 53 % der Stimmen abgelehnt. Nur die Kommunisten und Sozialisten hatten ihre Annahme empfohlen, da sich der Entwurf sehr stark an früheren jakobinischen und sozialistischen Vorbildern orientierte. So wurden in die Präambel nach dem Vorbild der Verfassung von 1793 wieder das Recht auf Arbeit und auf Sozialhilfe und dazu das Recht auf Kultur und Freizeit in die Verfassung aufgenommen. Das Parlament bestand nur noch aus einer Kammer, die sowohl den Staatspräsidenten wie auch den Regierungschef wählte. Die Exekutivgewalt lag jedoch beim Regierungschef, während die Rolle des Staatspräsidenten sehr eingeschränkt war, auch wenn er formal dem Ministerrat vorsitzen sollte.

Durch die Ablehnung des Verfassungsentwurfs waren Neuwahlen erforderlich. Aus ihnen ging das christlich-demokratisch orientierte *Mouvement républicain populaire (MRP)* zwar als größte Partei hervor, es war jedoch auf die Zusammenarbeit mit den Kommunisten und den Sozialisten angewiesen. Deshalb unterschied sich der neue Verfassungsentwurf auch nur unwesentlich vom ersten. General de Gaulle hatte in seiner Rede in Bayeux am 16. Juni 1946 ein anderes, die Position des Staatspräsidenten heraushebendes Verfassungssystem gefordert. Dieser sollte über den Parteien stehen und ein «Schiedsamt» zwischen den Institutionen ausüben können. Die vollziehende Gewalt sollte vom Staatspräsidenten ausgehen; deshalb sollte ihm auch das Recht zustehen, die Minister und den Regierungschef zu ernennen, Dekrete zu erlassen und den Vorsitz im Ministerrat zu führen.

Gegen die ausdrückliche Empfehlung de Gaulles wurde der Verfassungsentwurf am 13. Oktober 1946 aber mit 53 % der Stimmen angenommen, allerdings waren nur 67 % der Wähler zu den Urnen gegangen. Frankreich hatte nunmehr seine IV. Republik und seine 14. Verfassung seit 1791.

In ihrer Präambel nahm sie Bezug auf die Erklärung der Menschen- und Bürgerrechte von 1789 und garantierte darüber hinaus verschiedene «linke» Forderungen wie das Recht auf Arbeit, das Streikrecht und das Recht auf Verstaatlichungen.

Das Zweikammersystem wurde wieder eingeführt, mit einer direkt gewählten und dominierenden *Assemblée nationale* sowie einer zweiten Kammer, dem *Conseil de la République,* dessen Mitglieder indirekt gewählt wurden und die den Titel *«Sénateur»* trugen. In der Gesetzgebung hatte der *Conseil* im Falle der Ablehnung einer Vorlage nur ein aufschiebendes Veto und konnte von der Nationalversammlung überstimmt werden.

Gemeinsam wählten die beiden Kammern den Präsidenten der Republik für eine siebenjährige Amtszeit. Von 1946 bis 1953 war dies Vincent Auriol, danach hatte dieses Amt bis 1958 René Coty inne. Der Präsident der Republik war nur im Falle des Hochverrats verantwortlich und musste hierfür von der Nationalversammlung angeklagt werden. Da er also politisch nicht verantwortlich war, mussten die von ihm erlassenen Dekrete vom Ministerpräsidenten und einem Minister gegengezeichnet werden. Auch wenn er, wie der Präsident unter der III. Republik, dem Ministerrat vorsaß, besaß er doch nur eine sehr eingeschränkte politische Bedeutung.

Regierungschef war der *Président du Conseil,* der erstmalig auch offiziell diesen Titel erhielt. Er wurde vom Präsidenten der Republik nach den üblichen Sondierungsgesprächen vorgeschlagen *(désigné);* nach Vorstellung seines Regierungsprogramms und seines Kabinetts wurde er dann von der Nationalversammlung gewählt *(investi)* und danach vom Präsidenten ernannt *(nommé).*

Die Regierung war völlig von der Nationalversammlung abhängig, was zu häufigen Regierungswechseln führte, da es in der Versammlung mangels einer Mehrheitspartei nie klare Mehrheiten gab. So zählte die IV. Republik in ihrer nur 12-jährigen Geschichte nicht weniger als 25 Regierungen. Diese sich abwechselnden Regierungen zeigten sich dann auch unfähig, das größte Problem Frankreichs zu lösen, den Algerienkrieg.

Eines der Ergebnisse des Zweiten Weltkriegs war der Wunsch der kolonisierten Völker nach Unabhängigkeit. Hatten sie im Krieg für die Kolonialmächte gekämpft und die Grauen des Krieges erlebt, so akzeptierten sie nach dem Kriege nicht länger, als Bürger zweiter Klasse behandelt zu werden. Die Souveränität des Volkes war seit der Revolution von 1789 Grundlage des Staatsverständnisses. Deshalb forderten auch die Kolonien im Namen dieses Prinzips das Selbstbestimmungsrecht. Indien und Indonesien erlangten 1947 bzw. 1949 die Unabhängigkeit, und auch Frankreich musste nach dem verlorenen Indochinakrieg 1954 Vietnam in die Unabhängigkeit entlassen. 1956 wurden die Protektorate Marokko und Tunesien unabhängig.

Im Falle Algeriens war die Situation eine andere. Algerien war Teil des französischen Mutterlandes, was sich auch in der Gliederung des Landes in *Départements* niederschlug. Seit der Eroberung 1830 und insbesondere nach dem Verlust von Elsass-Lothringen 1871 war es von Franzosen besiedelt worden, so dass nach dem Kriege dort neben den ca. 8 Millionen muslimischen Algeriern etwa 1 Million Europäer, die sog. *Pieds noirs*, siedelten. Eine politische Gleichberechtigung bestand zwischen den beiden Bevölkerungsgruppen jedoch nicht.

Der Volksaufstand gegen das Mutterland begann am 1. November 1954, der «*Toussaint sanglante*», mit Attentaten, denen zahlreiche Zivilisten zum Opfer fielen. Organisiert wurde der Aufstand von dem im März desselben Jahres gegründeten *Front de libération nationale (FLN)*, zu dessen bekanntesten Führern Ahmed Ben Bella zählte. Frankreichs Innenminister zu dieser Zeit war François Mitterrand.

In der Folgezeit entwickelte sich der Konflikt immer mehr zu einem Kolonialkrieg mit Massakern und Foltern auf beiden Seiten. Die Armee zeigte sich nicht in der Lage, den Aufstand niederzuwerfen, und gleichzeitig entstand bei der europäischen Bevölkerung Algeriens der Eindruck, die Regierung in Paris würde nicht entschieden genug gegen den Aufstand vorgehen. So entwickelte sich

eine Stimmung, in der die Armee die Gefahr einer neuen Demüti-
gung sah und die Algerienfranzosen selbst einen Aufstand gegen
das offensichtlich schwache und zerrissene Mutterland anstrebten.
Dieser brach am 13. Mai 1958 aus, als der zentristische Politiker
Pierre Pflimlin vom *Mouvement des républicains populaires (MRP)*,
der verdächtigt wurde, mit dem FLN Verhandlungen aufnehmen
zu wollen, als neuer Ministerpräsident eingesetzt wurde. Die Bevölkerung in Algier stürmte den Sitz des Generalgouverneurs, und
das Militär solidarisierte sich mit der Bevölkerung, indem es ein
Comité de salut public, also nach Vorbild der Großen Revolution
einen «Wohlfahrtsausschuss», einsetzte. Zwei Tage später beendete
der Oberkommandierende der französischen Streitkräfte in Algerien, General Raoul Salan, eine Rede mit dem Ruf «Vive de Gaulle»,
obwohl die Armee General de Gaulle keinesfalls einmütig als den
Retter ansah. Dieser erklärte sich am selben Abend bereit, die «Gewalten der Republik», im Plural also *«les pouvoirs de la République»*,
zu übernehmen, und nach dramatischen Tagen, in denen Frankreich
sich am Rande eines Bürgerkriegs oder einer Militärdiktatur befand, beauftragte Staatspräsident René Coty am 29. Mai General de
Gaulle, «den berühmtesten Franzosen» *(le plus illustre des Français)*,
mit der Regierungsbildung, nachdem Pierre Pflimlin am Tag zuvor
zurückgetreten war.

Am 1. Juni 1958 wurde de Gaulle mit 329 gegen 224 Stimmen von
der Nationalversammlung zum Ministerpräsidenten, dem letzten der
IV. Republik, gewählt. Denn am 3. Juni erteilte ihm die Nationalversammlung mit einer noch größeren Mehrheit die Vollmacht, einen
neuen Verfassungsentwurf auszuarbeiten, der dann dem Volke in
einem Referendum zur Abstimmung vorgelegt werden sollte. Das
Ende der IV. Republik war eingeläutet, die V. Republik und die fünf-
zehnte Verfassung wurden vorbereitet. Sie sollten in gewisser Weise
die Synthese aus der Verfassungsgeschichte Frankreichs bilden.

3. Diskontinuitäten und Kontinuitäten

Angesichts der zahlreichen Staatsformen und Verfassungen, die
Frankreich innerhalb von weniger als 200 Jahren gekannt hat, mag
es vermessen sein, von Kontinuitäten zu sprechen. Aber natürlich
gibt es eine Logik in diesen Brüchen, die auf fortdauernde Kon-

flikte über verschiedene Traditionen und Verfassungsprinzipien hinweisen.

Hierzu zählt zunächst der Widerstreit zwischen dem monarchischen und dem republikanischen Prinzip. Denn mit der Einführung der Republik 1792 war Frankreich keinesfalls wirklich und endgültig republikanisch geworden. Die Bevölkerung wurde es in ihrer Mehrheit erst gegen Ende des 19. Jahrhunderts. Endgültig entschieden wurde dieser Kampf jedoch erst um die Jahrhundertwende im Zusammenhang mit der *Affaire Dreyfus* und der Trennung von Kirche und Staat. Der Konflikt um die Staatsform bestimmte den Beginn der III. Republik und zeigte seine Spuren noch bis zu deren Ende in der nationalistischen und monarchistischen Bewegung der *Action française* von Charles Maurras, ja bis hinein in den *Etat français* von Marschall Pétain.

Mit der V. Republik wurde dieser Konflikt in gewisser Weise aufgehoben: Sie gibt dem Staatspräsidenten eine Position über den Parteien und den anderen Institutionen, die geradezu monarchischen Charakter annimmt. Hinzu kommt der hohe Respekt, der in Frankreich dem Staat entgegengebracht wird, einem Staat, dem es gelungen ist, «die Mystik des monarchischen Gottesgnadentums» auf ihn und seine Amtsträger zu übertragen, wie Alain Peyrefitte (in: Le Mal français, S. 382 ff.) schrieb. Auch in seiner Selbstdarstellung weist dieser Staat monarchische Züge auf. Man denke hier nur an das Protokoll des Elysée-Palastes oder die berittene *Garde républicaine*, die es an feierlichem Pomp durchaus mit der Royal Horse Guard der englischen Königin aufnehmen kann. So ist es mehr als ein gelungenes Aperçu, wenn Maurice Duverger für die V. Republik den Begriff der «*Monarchie républicaine*» prägte (in seinem gleichnamigen, 1974 veröffentlichten Buch).

Neben der Frage der Staatsform wurde seit der Großen Revolution die politische Auseinandersetzung von einem zweiten Widerstreit bestimmt: dem zwischen plebiszitären und repräsentativen Traditionen. Es ging bei diesem Konflikt um die Regierungsform, also darüber, ob Frankreich präsidentiell oder parlamentarisch regiert werden sollte. So enthalten die II. und die V. Republik präsidentielle und plebiszitäre Elemente. Die sie tragenden politischen Bewegungen sind der Bonapartismus und der Gaullismus.

Die III. und die IV. Republik stehen für repräsentative Traditionen, also ein starkes Parlament und eine schwache Exekutive, die eher den Charakter eines Regierungsausschusses des Parlaments erhält. In der III. Republik setzte sich das repräsentative Prinzip allerdings erst nach Auseinandersetzungen mit Präsident Mac-Mahon 1877 durch, als er die Wahl hatte, sich zu unterwerfen oder zurückzutreten: *«de se soumettre ou de se démettre»*.

Wie wir sehen werden, lässt die Verfassung der V. Republik zwei Lesarten zu: die eines eher präsidentiellen und die eines eher parlamentarischen Systems, in dem der Präsident aber dennoch eine herausragende Stellung behält. Deshalb geht es bei Wahlen zur Nationalversammlung oder bei Präsidentschaftswahlen stets nicht nur um die Bestimmung einer neuen Parlamentsmehrheit oder um die Person des Staatsoberhaupts, sondern auch um die Frage des Regierungssystems selbst.

Damit im Zusammenhang steht eine weitere Besonderheit des französischen Verfassungsverständnisses: der Widerstreit zwischen den Prinzipien der Legitimität und der Legalität. Der Geist der Verfassung hat Vorrang vor den Buchstaben des Verfassungstextes, die Verantwortung vor der Geschichte ist gewichtiger als die wörtliche Auslegung des geschriebenen Verfassungstextes. Auch deshalb ist beim Studium des gegenwärtigen politischen Systems Frankreichs der Bezug zur Geschichte so wesentlich für dessen Verständnis, und deshalb erfordert dieses auch eine Kenntnis der politischen Kultur des Landes.

4. Die Bedeutung des Staates

Zentralismus und starker Staat

Im Bewusstsein seiner Bürger kommt dem französischen Staat als verbindendem Element der Nation eine größere Bedeutung zu als in Deutschland. Während sich die Identität der in zahlreiche Einzelstaaten aufgeteilten deutschen Nation im 19. Jahrhundert vor allem auf der Zugehörigkeit zu einer gemeinsamen Kultur aufbaute, war es in Frankreich der Staat, der für die Entstehung der nationalen Identität prägend war. Das entscheidende Ereignis hierbei war die Große Revolution von 1789, mit der der Staat erst zum Nationalstaat wurde. Nicht mehr mit dem Ruf *«Vive le Roi!»*, sondern dem Ruf *«Vive la Nation!»* zogen die Soldaten der Revolutionsarmee in die Schlacht. Staat und Nation bildeten eine Einheit. Wer sich als Bürger zur Nation und ihren Idealen bekannte, war Franzose, unabhängig von seiner Herkunft und seiner Sprache. So konnte die Nation während einiger Jahre auch große Teile deutschsprachiger Gebiete integrieren. Selbst Hamburg war nach 1810 für kurze Zeit Hauptort eines französischen Departements.

Diese völlige Einheit von Bürgern und Nation bestand allerdings nur in den Augen der Revolutionäre. Denn die Nation war tief gespalten und die Revolution von weiten Teilen der Bevölkerung abgelehnt. Hinzu kamen separatistische Tendenzen vor allem in Westfrankreich. Auch darf nicht vergessen werden, dass Frankreich eine sehr große ethnisch-sprachlich-kulturelle Vielfalt aufweist. So werden in Frankreich neben dem Französischen noch zahlreiche andere Sprachen gesprochen wie Deutsch, Flämisch, Bretonisch, Baskisch, Katalanisch und Italienisch. Und noch heute ist im Süden Frankreichs das Bewusstsein lebendig, dass im 13. Jahrhundert die kulturell blühende *Occitanie* unter religiösem Vorwand in blutigen Kreuzzügen durch den barbarischen Norden erobert und unterworfen wurde.

Die Schaffung eines zentralistisch regierten Staates sollte ein Gegengewicht gegen die zentrifugalen Kräfte bilden, die die Einheit Frankreichs oft in Frage stellten. Deshalb proklamierte die Nationalversammlung am 25. September 1792 feierlich: «*La République française est une et indivisible.*» Diese Festlegung Frankreichs als eine unteilbare Republik findet sich in praktisch allen republikanischen Verfassungen seit 1793, so auch in denen der IV. und der V. Republik. Hinzu kommt, dass dem jakobinischen Staat eine umfassende Zuständigkeit auf allen gesellschaftlichen Gebieten zugewiesen wurde, nicht nur auf dem Gebiet der Staatsverwaltung und des Rechts, sondern auch auf dem der Wirtschaft und der Kultur. Der Staat ist Träger des Gemeinwillens, der *Volonté générale*.

Der Zentralismus der französischen Nation wurde unter Napoléon Bonaparte vollendet. Er hatte jedoch bereits unter Ludwig III. bzw. Kardinal Richelieu und Ludwig XIV. begonnen, als die regionalen Feudalherren ihrer politischen Rechte völlig beraubt und zu Höflingen des Königs degradiert wurden. Dieser Weg des französischen Königtums in den Zentralismus unterscheidet sich grundlegend von der Entwicklung im Heiligen Römischen Reich, also in Deutschland, wo das Kaisertum als Wahlmonarchie nie eine ähnlich zentrale Machtstellung erringen konnte, weshalb in

Deutschland das föderative Prinzip für die Staatsbildung bestimmend wurde.

Der Zentralismus war in Frankreich auch später nie gänzlich unumstritten. Während im 19. und beginnenden 20. Jahrhundert vor allem die monarchistische Rechte bzw. die Konservativen für eine Dezentralisierung Frankreichs eintraten und die alten Regionen wieder entstehen lassen wollten, so wurde die Idee einer Dezentralisierung seit den Anfängen der V. Republik Allgemeingut der politischen Parteien. Hierbei stand jedoch eher das Ziel einer effizienteren und «bürgernäheren» Verwaltung im Vordergrund als eine wirkliche Stärkung der Gebietskörperschaften oder gar der historischen Regionen in föderalistischem Sinne. Ziel war eher eine Dekonzentration als eine Dezentralisierung der Staatsverwaltung.

Erst mit den von der sozialistischen Regierung eingebrachten Reformgesetzen von 1982/83 wurde ein wirklicher Kompetenztransfer von der Zentralgewalt zu den Gebietskörperschaften beschlossen. Dieser Weg wurde mit der Verfassungsänderung vom März 2003 fortgesetzt, als Artikel 1 zur unteilbaren Republik durch den Hinweis ergänzt wurde: *«son organisation est décentralisée»*. Auf dieser Grundlage wurden den Regionen neue Zuständigkeiten auf dem Gebiet des Gesundheitswesens und bei der Festlegung von Rahmenprogrammen zugewiesen, die *Départements* erhielten neue Zuständigkeiten im Sozialbereich, insbesondere dem sozialen Wohnungsbau und im Verkehrswesen, und die Gemeinden schließlich erhielten die Zuständigkeit für das technische Personal an den Schulen. Alle diese Kompetenztransfers führten zu Finanztransfers in Höhe von insgesamt 11 bis 13 Milliarden Euro pro Jahr.

Ziel dieser Maßnahmen war die Herstellung einer größeren Bürgernähe der staatlichen Verwaltung, vor allem in den Departements und den Gemeinden, wo man die sozialen Probleme naturgemäß besser kennt als aus der Distanz der Hauptstadt Paris.

Diese Dezentralisierung ist jedoch von föderalem Gedankengut weit entfernt und stellt den starken Zentralstaat nicht in Frage. Denn ohne einen starken und zentralistischen Staat würde nach jakobinischer Auffassung die französische Nation auseinander brechen. Mit dem gleichen Argument wird von vielen Politikern auch die Idee eines supranationalen Europa abgelehnt. So existiert für Jean-Pierre Chevènement Frankreich nur durch den Staat, und ein föderal strukturiertes Europa wäre das «schwarze Loch», in dem die Idee der französischen Nation verschwinden würde (France-Allemagne, Parlons franc, S. 152).

Die Gebietskörperschaften

In Artikel 72 der Verfassung heißt es: «Gebietskörperschaften der Republik sind die Gemeinden, die Departements, die Regionen, die Körperschaften mit besonderem Statut und die überseeischen Gebietskörperschaften. Alle anderen Gebietskörperschaften werden durch Gesetz geschaffen ...

Im Rahmen der gesetzlich festgelegten Befugnisse haben die Körperschaften das Recht der freien Selbstverwaltung durch gewählte Räte und besitzen das Verordnungsrecht zur Ausübung ihrer Zuständigkeiten ...

Der Vertreter des Staates und Vertreter jedes Regierungsmitglieds nimmt in den Gebietskörperschaften die nationalen Interessen wahr, übt die Aufsicht über die Verwaltung aus und überwacht die Einhaltung der Gesetze.»

Im Text der Verfassung sind also als Gebietskörperschaften die Gemeinden *(communes),* die Departements *(départements),* die Regionen *(régions)* und die überseeischen Gebiete *(territoires d'outre-mer)* ausdrücklich erwähnt. Daneben gibt es noch zwei weniger wichtige Verwaltungsbezirke, die Kantone *(cantons)* und die Arrondissements *(arrondissements).*

Die Gemeinden

Die 63 Millionen Franzosen leben in 36.763 Gemeinden. Nur 36 haben mehr als 100.000 Einwohner, aber über 22.000 (61 %) zählen weniger als 500 Einwohner. Zum Vergleich: Im wiedervereinigten Deutschland mit über 80 Millionen Einwohnern gibt es nur ca. 14.400 Gemeinden, davon 3.334 mit weniger als 500 Einwohnern, aber 84 Städte mit über 100.000 Einwohnern. Die große Anzahl von Gemeinden in Frankreich wird immer wieder als Anachronismus beklagt, aber dennoch wagte sich bislang noch keine Regierung an eine radikale Gemeindereform, die die Bildung von größeren Einheiten zum Ziel hätte.

Alle Gemeinden, mit Ausnahme von Paris, Lyon und Marseille,

haben die gleiche Verfassung. Ein rechtlicher Unterschied zwischen Stadtgemeinden *(communes urbaines)* und Landgemeinden *(communes rurales)* besteht in Frankreich also nicht.

Jede Gemeinde hat ein beschließendes Organ, den Gemeinderat *(conseil municipal)*, und ein Exekutivorgan, den Bürgermeister *(maire)* mit seinen Beigeordneten *(adjoints au maire)*. Die Gemeinden sind gleichzeitig örtliche Gebietskörperschaften und staatliche Verwaltungsbezirke. Deshalb hat der Bürgermeister auch Aufgaben als Vertreter der Zentralgewalt wahrzunehmen.

Die Zahl der Gemeinderäte *(conseillers municipaux)* schwankt zwischen 9 und 69 (9 für Gemeinden unter 100 Einwohnern, 69 für Gemeinden über 300 000 Einwohner). Eine Ausnahme bilden hier wieder die drei größten Städte: Paris hat 163 Gemeinderäte, Marseille 101 und Lyon 73. Gewählt werden die Gemeinderäte für 6 Jahre nach einem sehr differenzierten Wahlsystem, bei dem nach dem zweiten Wahlgang in jedem Falle eine Liste die absolute Mehrheit der Sitze erhält.

Der Bürgermeister wird vom Gemeinderat aus dessen Mitte in der ersten Sitzung nach den Wahlen für die Dauer der Amtszeit des Gemeinderats gewählt. Abgeordnete und Senatoren können gleichzeitig Bürgermeister sein, was in Frankreich auch sehr häufig der Fall ist. Für Politiker mit nationalen Ambitionen ist eine solche lokale Verankerung geradezu eine Notwendigkeit, weshalb sie stets eine solche Doppelfunktion des *Député-maire* oder *Sénateur-maire* anstreben.

Die Departements

Eingerichtet wurden die Departements unter der Revolution im Januar 1790. Die Größe der Departements wurde so gewählt, dass man von seinem Hauptort *(Chef-lieu)* innerhalb eines Tages im Pferdegalopp an jeden Ort des Departements und zurück gelangen konnte. Schließlich ging es den Revolutionären auch noch darum, die Einheit der Nation zu verwirklichen und die alten Provinzen, die als Hort der Tradition und der Reaktion galten, durch eine völlig neue Gebietseinteilung zu ersetzen. Dies sollte auch dadurch erreicht werden, dass an Stelle der historischen Namen der Provinzen (Normandie, Bretagne, Artois etc.) völlig neutrale, geographische Bezeichnungen, meist Namen von Flüssen, traten.

Bei ihrer Einrichtung 1790 zählte Frankreich 83 Departements. Unter Napoleon I. wuchs deren Zahl auf 130 an. Koblenz wurde 1798 der Hauptort des Departements *Rhin-et-Moselle* und Hamburg 1811 der Hauptort der *Bouches-de-l'Elbe!* Heute gibt es 100 Departements, 4 davon in Übersee. Die durchschnittliche Einwohnerzahl der Departements liegt bei 630.000 Einwohnern. Das größte ist das Departement Nord mit 2,5 Millionen, das kleinste das Departement Lozère mit 72 860 Einwohnern.

Seit der Reform von 1982/83 hat das Departement drei Organe: den Generalrat *(Conseil général)* als Versammlung von gewählten Volksvertretern, den Präsidenten des Generalrats als Exekutivorgan des Departements und das «*Bureau*», bestehend aus dem Präsidenten des Generalrats und einem bis zehn Vizepräsidenten, das den Präsidenten bei der Ausübung seiner Exekutivgewalt unterstützt.

Die Mitglieder des Generalrats *(Conseillers généraux)* werden für sechs Jahre nach dem romanischen Mehrheitswahlrecht gewählt *(scrutin uninominal majoritaire à deux tours)*, also nach demselben Wahlverfahren wie die Mitglieder der Nationalversammlung. Wahlkreis ist der Kanton, weshalb die Wahlen auch *élections cantonales* genannt werden. Alle drei Jahre wird der Generalrat zur Hälfte neu gewählt. Der Generalrat wählt in der ersten Sitzung nach den Wahlen, also alle drei Jahre, seinen Präsidenten. In den ersten beiden Wahlgängen ist die absolute Mehrheit erforderlich, im dritten genügt die einfache Mehrheit. Der Präsident des Generalrats ist das Exekutivorgan des Departements mit den Befugnissen, die früher beim Präfekten lagen.

Das Departement hat umfangreiche Zuständigkeiten im Bereich des Sozial- und des Gesundheitswesens, im Schulwesen, im Verkehrswesen, im Kultur- und im Sportbereich.

Der Präfekt

Das Amt des Präfekten wurde im Jahre 1800 unter dem Konsulat von Napoléon Bonaparte eingerichtet. Bis zu den Reformgesetzen von 1982/83 war er das oberste Exekutivorgan im Departement und nahm die Aufgaben wahr, die nunmehr dem gewählten Präsidenten des Generalrats übertragen wurden. Er ist heute der Vertreter des Staates und der Regierung im Departement und wacht über die ordnungsgemäße Arbeit der öffentlichen Gewalten, die Einhal-

tung der Gesetze und die Aufrechterhaltung der öffentlichen Ordnung im Departement. Ihm obliegt z. B. die (nachträgliche) Kontrolle der Rechtmäßigkeit von Beschlüssen der Gemeinde- und
Departementsorgane, der Einsatz der Sicherheitskräfte zur Aufrechterhaltung der öffentlichen Ordnung und die Leitung der Ein-
sätze von Polizei und Feuerwehr im Katastrophenfall. Er ist auch
zuständig für die Umsetzung der Wirtschafts- und Sozialpolitik der
Regierung im Departement. Hierbei vertritt er die einzelnen Ministerien und unterzeichnet in deren Namen Verträge. Auch wenn er
heute nicht mehr an der Spitze der Dienststellen des Departements
steht, so leitet er mit den Dienststellen des Staates einen nicht unbedeutenden Apparat. Und weiterhin nimmt der *Préfet* protokollarisch den ersten Rang im Departement ein.

Ernannt werden die Präfekten durch Dekret des Präsidenten der
Republik auf gemeinsamen Vorschlag des Premierministers und des
Innenministers. Wie bei den meisten hohen Beamten des Staates ist
auch hier die *Ecole nationale d'administration* der wichtigste Zu-
gangsweg zu diesen höchsten Funktionen im Staate.

Die Region

Mit den Dezentralisierungsgesetzen von 1982 und 1983 erhielten
die 1964 geschaffenen Regionen den Status von Gebietskörperschaften, eine in allgemeinen und direkten Wahlen gewählte Versammlung, den Regionalrat *(Conseil régional)*, und ein Exekutivorgan,
den Präsidenten des Regionalrats. Die Rolle des Regionalpräfekten
(Préfet de région) wurde analog dieselbe wie die des Präfekten im
Departement. Er wurde Vertreter des Staates in der Region.

Durch die Ausstattung der Regionen mit demokratisch gewählten Organen erhielten diese auch eine gewisse politische Dimension,
nachdem in mehreren Reformgesetzen in den Jahrzehnten zuvor
die Regionen als wirtschaftliche Programmgebiete bereits entstanden waren. «Länder» im Sinne einer föderalistischen Staatsordnung
sind die Regionen jedoch nicht. Hierfür sind die meisten zu klein,
und andererseits fehlt ihnen auch häufig eine historisch-kulturelle
Legitimation.

Heute gibt es in Frankreich 26 Regionen, davon 4 in Übersee: Die
überseeischen Departements erhielten gleichzeitig den Status von
Regionen. Die größte Region ist die Île-de-France, also der Pariser

Großraum, mit über 10 Millionen und die kleinste Korsika mit nur 250 000 Einwohnern. Analog zu den Gemeinden bzw. den Departements haben die Regionen die folgenden Organe: den Regionalrat und den Präsidenten des Regionalrats. Hinzu kommt noch das *Comité économique et social,* das bereits mit der Regionalreform von 1972 eingeführt worden war.

Die Mitglieder des Regionalrats werden in allgemeinen Wahlen für sechs Jahre nach dem Verhältnis- bzw. Listenwahlrecht direkt gewählt. Wahlbezirk ist das Departement. Der Präsident des Regionalrats wird für die Dauer von sechs Jahren gewählt. Er ist das Exekutivorgan der Region und trat in dieser Funktion an die Stelle des Regionalpräfekten. Er bereitet die Beschlüsse des Regionalrats vor und vollzieht sie; er verfügt über den Haushalt der Region, verwaltet deren Vermögen, ist Dienstvorgesetzter der Dienststellen der Region etc. Zusammen mit seinen Vizepräsidenten bildet er das «Bureau» des Regionalrats.

Die Region erfüllt im Wesentlichen Funktionen in den Bereichen der Wirtschaft, der Berufsausbildung und des gymnasialen Schulwesens. So wirken die Regionen an der Erstellung der nationalen Wirtschaftspläne mit, erstellen den regionalen Wirtschaftsplan, können Verträge zur Durchführung von regionalen Entwicklungs- und Infrastrukturmaßnahmen schließen, sind für die Kanäle und Binnenhäfen zuständig und erstellen einen Regionalplan für das Transportwesen. Die Regionen sind ferner für das Berufsbildungswesen und dessen Finanzierung, den Bau, die Ausstattung und die Unterhaltung der Gymnasien (nicht jedoch für die Besoldung der Lehrer) zuständig.

II. Die Entstehung des Systems der V. Republik

1. Das Verfahren zur Ausarbeitung der neuen Verfassung

Die Beauftragung General de Gaulles durch die Nationalversammlung, einen neuen Verfassungsentwurf auszuarbeiten und diesen dem Volk in einem Referendum zur Abstimmung vorzulegen, entsprach den Bestimmungen der Verfassung, da beide Kammern diesen Beschluss mit den erforderlichen Mehrheiten fassten. Dabei legten sie fünf Prinzipien fest, auf denen der Verfassungsentwurf aufbauen musste:

a) Das allgemeine Wahlrecht *(suffrage universel)* ist die einzige Quelle der Staatsgewalt.

b) Die Trennung von Exekutive und Legislative muss gewährleistet sein, damit Regierung und Parlament jeweils in ihrem Bereich und unter eigener Verantwortlichkeit ihre sämtlichen Befugnisse ausüben können.

c) Die Regierung muss gegenüber dem Parlament verantwortlich sein *(responsable devant le parlement)*.

d) Die richterliche Gewalt muss unabhängig sein, um die Achtung der Grundfreiheiten zu gewährleisten.

e) Die Verfassung muss eine Neugestaltung des Verhältnisses der Französischen Republik zu ihren assoziierten Staaten ermöglichen.

Um das Parlament in dem Verfahren nicht völlig auszuschließen, wurden im Verfassungsgesetz vom 3. Juni 1958 ferner einige Regeln beschlossen. So musste die Regierung ihren Verfassungsentwurf *(projet de constitution)* einem «Beratenden Verfassungsausschuss» *(Comité consultatif constitutionnel)* vorlegen und dann die Stellungnahme des Staatsrats *(Conseil d'Etat)* einholen. Erst danach konnte der vom Ministerrat verabschiedete Entwurf den Wählern in einem Volksentscheid *(référendum)* zur Abstimmung vorgelegt werden.

Zur Ausarbeitung eines Verfassungsentwurfs bildete die Regierung eine Expertengruppe, die von Michel Debré, einem der treuesten Weggefährten de Gaulles, geleitet wurde. Bereits am 14. Juli lag der erste Entwurf vor, der dem *Comité consultatif constitutionnel* zur Beratung vorgelegt wurde. Am 3. September waren die Arbeiten abgeschlossen, so dass das Referendum am 28. September stattfinden konnte.

Im Mutterland wurde die neue Verfassung mit 79 % der abgegebenen Stimmen angenommen, wobei die Wahlbeteiligung bei 85 % lag. In den überseeischen Gebieten kam der Abstimmung noch eine zusätzliche Bedeutung zu: Mit der Zustimmung zur neuen Verfassung war auch der Verbleib in der neu geschaffenen «Französischen Gemeinschaft» *(Communauté française)* verbunden, während eine Ablehnung des Verfassungsentwurfs gleichzeitig ein Votum für die Unabhängigkeit bedeutete. Lediglich Guinea lehnte die Verfassung und damit das Statut der *Communauté française* ab und wählte die Unabhängigkeit, während sich alle anderen Gebiete mit überwältigender Mehrheit für die neue Verfassung und damit den Verbleib in der *Communauté française* entschieden.

Am 4. Oktober 1958 schließlich wurde die neue Verfassung verkündet und am 5. Oktober im Gesetzblatt *(Journal officiel)* veröffentlicht. Am 23. und am 30. November fanden die Wahlen zur Nationalversammlung statt, die am 9. Dezember zum ersten Mal zusammentrat. Am 21. Dezember wurde General de Gaulle mit 78,5 % der Stimmen des Wahlmännerkollegiums zum ersten Präsidenten der Republik und der Französischen Gemeinschaft gewählt. Am 8. Januar 1959 trat er sein Amt an und ernannte am selben Tag die Mitglieder der Regierung, an ihrer Spitze den neuen Premierminister, Michel Debré. Im April 1959 fanden schließlich die Senatswahlen statt, womit der neue Senat (an Stelle des bisherigen *Conseil de la République)* eingesetzt war. Die Institutionen der neuen Verfassung – und damit die V. Republik – waren etabliert.

2. Das Verfassungskonzept General de Gaulles

Die verfassungspolitischen Überzeugungen General de Gaulles waren spätestens seit seiner Rede von Bayeux am 16. Juni 1946, mit der er in die Diskussion über den Verfassungsentwurf zur IV. Republik eingriff, bekannt. Er erläuterte sie erneut in seinen Kriegsmemoiren und schließlich vor den Fraktionsvorsitzenden der Nationalversammlung am 31. Mai 1958.

Die zentrale Gestalt in diesem Verfassungskonzept war der Staatspräsident. Er sollte «über den politischen Ungewissheiten stehen und inmitten aller Berechnungen und Intrigen der Kontinuität Geltung verschaffen» (Rede von Bayeux). Im Einzelnen bedeutete dies:

- Der Präsident der Republik, der dieses «Schiedsamt» innehatte, musste sich gegebenenfalls auch gegenüber dem Parlament durchsetzen können; deshalb sollte er auch von einem erweiterten Gremium gewählt werden, in dem das Parlament nur einen Teil der Mitglieder stellte. Damit würde die Wahl dem Staatspräsidenten eine umfassendere Legitimation verleihen, da er nicht mehr nur ein vom Parlament eingesetzter Präsident war.

- Als «Schiedsrichter» *(arbitre)* sollte er über den politischen Parteien stehen und auch in Krisenzeiten das Funktionieren der staatlichen Institutionen gewährleisten. Um diese Aufgabe erfüllen zu können, sollte der Präsident über besondere Vollmachten verfügen, wenn die Umstände das normale Funktionieren der öffentlichen Gewalten verhinderten.

- Die vollziehende Gewalt sollte vom Staatspräsidenten ausgehen; deshalb sollte ihm auch das Recht zustehen, die Minister und den Regierungschef zu ernennen, die Gesetze zu verkünden, Dekrete zu erlassen und den Vorsitz im Ministerrat zu führen.

- Um eine wirkliche Trennung zwischen Legislative und Exekutive zu erreichen, sollte zwischen einem parlamentarischen Mandat und einem Ministeramt Unvereinbarkeit bestehen. Diese Gewaltenteilung hatte einen wichtigen Nebeneffekt: Im Falle des Rücktritts oder der Entlassung eines Ministers wurde dieser nicht wieder automatisch Abgeordneter, was zweifellos der Kabinettsdisziplin zugute kam.

- Durch die Einschränkung des Bereichs der Gesetzgebung *(domaine de la loi)* zugunsten der Verordnungsgewalt der Regierung *(pouvoir réglementaire)* sollte das Parlament weitgehend auf seine Kontrollfunktion beschränkt und das Gesetzgebungsverfahren zugunsten der Regierung neu gestaltet werden. Schließlich sollte die Stabilität der Regierung durch eine Neugestaltung des Instruments der Vertrauensfrage gewährleistet werden.

Die Nationalversammlung kannte 1958 also die Grundprinzipien, auf denen die neue Verfassung aufbauen würde. Die entscheidende Rolle würde darin nicht mehr der Nationalversammlung zufallen, sondern dem Präsidenten der Republik. Nach den negativen Erfahrungen mit den parlamentarischen Systemen der III. und der IV. Republik sollte Frankreich ein stärker durch den Staatspräsidenten geprägtes System erhalten, auch wenn de Gaulle nie die Absicht hatte, ein rein präsidentielles System nach amerikanischem Vorbild zu errichten oder sich am bonapartistischen Modell der II. Republik von 1848 zu orientieren.

3. Verfassungsänderungen seit 1958

Die Initiative zur Änderung der Verfassung kann nach Artikel 89 vom Staatspräsidenten, auf Vorschlag des Premierministers, oder vom Parlament erfolgen. Hierbei gibt es zwei Verfahren:

1. Die beiden Kammern verabschieden einen identischen Text, der dann dem Volk in einem Referendum zur Abstimmung vorgelegt wird, oder
2. die beiden Kammern des Parlaments versammeln sich gemeinsam als *Congrès* und verabschieden die Verfassungsänderung mit einer Mehrheit von drei Fünfteln der Abgeordneten und Senatoren.

Im Falle einer unmittelbaren Bedrohung der Integrität des Staatsgebietes, also im Kriegsfalle, sind Verfassungsänderungen nicht möglich. Ebenso wenig kann die republikanische Staatsform Gegenstand einer Verfassungsänderung sein. Auch hier spielen die Erfahrungen von 1940 eine Rolle, als während der Besetzung Frankreichs durch deutsche Truppen die Verfassung geändert und die republikanische Staatsform zugunsten des *Etat français* von Marschall Pétain abgeschafft wurde.

Die Verfassung vom 4. Oktober 1958 ist bereits einundzwanzigmal geändert worden, wobei die meisten Änderungen, nämlich 12, unter Präsident Chirac erfolgten. Die wichtigsten seien hier kurz erwähnt.

Die bedeutendste Verfassungsänderung ist die vom 6. November 1962. Sie betraf die Artikel 6 und 7, in denen die Wahl des Präsidenten der Republik und seine Vertretung im Falle der Vakanz des Präsidentenamtes bzw. seiner Verhinderung geregelt sind. Nach der 1959 verabschiedeten Verfassung wurde der Präsident der Republik von einem Wahlkollegium (*collège électoral*) gewählt, dem etwa 80.000 Mitglieder angehörten. Neben den Mitgliedern des Parlaments (also der Nationalversammlung und des Senats) waren es die der *Conseils généraux,* der Versammlungen in den überseeischen Gebieten und eine große Anzahl von Vertretern der Städte und der Gemeinderäte *(Conseils municipaux),* deren Zahl wiederum von der Größe der jeweiligen Gemeinde abhing. Nach Auffassung de Gaulles sollte der Präsident nunmehr vom Volk direkt gewählt werden, wodurch er im Verfassungssystem eine weit größere Bedeutung erhielt. Er erhielt dadurch eine direkte Legitimation vom Volke, die er notfalls derjenigen des Parlaments bzw. der Regierung entgegensetzen konnte. Damit wurde er zum wirklichen «Schiedsrichter» zwischen den politischen Organen.

Wenn General de Gaulle diese Verfassungsänderung durchsetzte, dann auch deshalb, weil er seinen Nachfolgern vom Buchstaben und Geist der Verfassung her jene Stellung im Staate sichern wollte, die er, General de Gaulle, allein auf Grund seiner historischen Bedeutung innehatte. Das nur knapp fehlgeschlagene Attentat von Petit-Clamart vom August 1962 machte ihm die Notwendigkeit einer Absicherung seines sehr stark auf den Präsidenten der Republik ausgerichteten Verfassungssystems deutlich. Dank der Direktwahl konnte jeder zukünftige Präsident – auch ohne die historische Legitimation eines Charles de Gaulle – nunmehr auf seine direkt vom Volk erhaltene Legitimation verweisen und so das Parlament und einen von diesem getragenen Premierminister in die Schranken verweisen. Die Verfassung erhielt auf diese Weise also deutlichere präsidentielle Züge, und eine Rückkehr zu dem von den Parteien beherrschten parlamentarischen System, wie man es unter der IV. Republik gekannt hatte, erschien auf diese Weise ausgeschlossen.

Diese Verfassungsänderung wurde von den Parteien der Opposition natürlich heftig abgelehnt. Deshalb umging de Gaulle die Bestimmungen des Artikels 89 der Verfassung, indem er Artikel 11 anwendete und sich in einem Referendum direkt an das Volk wandte, ohne zuvor die beiden Kammern abstimmen zu lassen.

Über die Verfassungsmäßigkeit dieses Vorgehens wird noch heute gestritten. Die Antwort der Nationalversammlung war jedenfalls ein erfolgreiches Misstrauensvotum gegen die Regierung, was de Gaulle seinerseits mit der Auflösung der Nationalversammlung beantwortete. Die folgenden Wahlen brachten dann eine stabile Mehrheit für seine Regierung, womit sein Vorgehen bei der Verfassungsänderung doppelt bestätigt wurde: erst im Referendum und dann in den Parlamentswahlen. Der zur Überprüfung der Verfassungsmäßigkeit des Vorgehens angerufene Verfassungsrat *(Conseil constitutionnel)* schloss sich dieser Argumentation dann auch an.

Unter Staatspräsident Giscard d'Estaing wurde 1974 die Bedeutung des Verfassungsrats aufgewertet, indem die Möglichkeit der Anrufung dieser Institution im Rahmen der Normenkontrolle erleichtert wurde. Bis dahin hatten dieses Recht der Anrufung des Verfassungsrats lediglich der Präsident der Republik, der Premierminister und die Präsidenten der beiden Kammern. Nach der Verfassungsänderung vom 29. Oktober 1974 muss die Überprüfung der Verfassungsmäßigkeit von Gesetzen auch auf Antrag von 60 Abgeordneten oder 60 Senatoren erfolgen.

Unter der Präsidentschaft von François Mitterrand wurde am 25. Juni 1992 eine Verfassungsänderung beschlossen, um den Vertrag von Maastricht ratifizieren zu können. Hierzu wurde in den Verfassungstext ein neuer Titel XIV «Von den Europäischen Gemeinschaften und der Europäischen Union» aufgenommen. Die Verfassungsänderung war erforderlich geworden, um die mit der Schaffung der Europäischen Union und der Wirtschafts- und Währungsunion verbundene Übertragung von Souveränitätsrechten auf die Europäische Union zu ermöglichen. Gleichzeitig wurden bei dieser Verfassungsänderung auch Artikel 2 ergänzt und Französisch zur Sprache der Republik und die Marseillaise zur Nationalhymne erklärt.

Mit der Reform vom 19. Juli 1993 erhielt der Oberste Rat für den Richterstand *(Conseil supérieur de la magistrature)* mehr Unabhängigkeit gegenüber dem Staatspräsidenten, wurden die strafrechtliche Verantwortung von Regierungsmitgliedern während der Amtsausübung neu geregelt und ein Gerichtshof der Republik *(Cour de justice de la République)* geschaffen. Damit sollte eine größere Unabhängigkeit der Justiz von politischem Einfluss erreicht werden.

Eine weitere Ergänzung der Verfassung wurde am 19. November 1993 beschlossen, mit der im Hinblick auf die europäischen Verträge das Asylrecht geändert wurde. Danach kann sich Frankreich bei der Gewährung von Asyl ggf. auf Einzelentscheidungen seiner Partnerländer berufen.

Unter Staatspräsident Jacques Chirac wurden nicht weniger als zwölf Verfassungsänderungen vorgenommen, zu denen der *Congrès* achtmal in Versailles tagte. Mit der am 4. August 1995 verkündeten

Verfassungsänderung wurde die Anwendungsmöglichkeit des Referendums auf die Reform der Wirtschafts- und Sozialpolitik und des Erziehungswesens sowie der öffentlichen Dienstleistungen erweitert. Damit wurde die Stellung des Staatspräsidenten im Verfassungssystem weiter gefestigt. Ferner wurde bei dieser Verfassungsänderung eine einzige Sitzungsperiode *(session parlementaire)* von neunmonatiger Dauer beschlossen und das Immunitätsrecht der Abgeordneten modifiziert. Die Eröffnung eines Ermittlungsverfahrens gegen Parlamentsmitglieder bedarf nun nicht mehr der Zustimmung durch die jeweilige Kammer; im Falle der Verhaftung ist die Zustimmung durch das Präsidium *(le bureau)* und nicht mehr durch die Kammer insgesamt erforderlich.

Mit der Verfassungsänderung vom 22. Februar 1996 wurde die Finanzierung der Sozialversicherung *(Sécurité sociale)* geändert. Damit unterliegt diese nunmehr der Kontrolle des Parlaments und nicht mehr allein der Träger der Sozialversicherung, also der Arbeitgeber und der Gewerkschaften. Die Rolle des Staates beschränkt sich damit nicht mehr nur darauf, das Defizit der Sozialversicherung abzudecken. Er erhält auch die Kontrolle über die Ausgaben der Sozialversicherung.

Weitere Verfassungsänderungen dienten der Umsetzung europäischen Rechts, betrafen den europäischen Haftbefehl, den internationalen Strafgerichtshof, den Schutz der Staatsgrenze, die Gleichstellung von Mann und Frau und die Dezentralisierung der staatlichen Verwaltung.

Zwei Verfassungsänderungen sind hier noch besonders zu erwähnen. Mit Beschluss vom 2. Oktober 2000 wurde die Amtszeit des Staatspräsidenten auf 5 Jahre beschränkt und damit die seit der III. Republik bestehende 7-jährige Amtszeit *(septennat)* abgeschafft. Und am 1. März 2005 wurde durch eine Änderung des Verfassungstextes der Weg für die Annahme der europäischen Verfassung geöffnet. Die Wähler lehnten diese Verfassung im Referendum vom 29. Mai 2005 jedoch ab; dennoch sind für eine zukünftige Annahme der Verfassung die rechtlichen Voraussetzungen geschaffen worden.

III. Das Verfassungssystem der V. Republik

1. Der Präsident der Republik

Die Wahl des Präsidenten der Republik

Der Präsident der Republik wird seit der Verfassungsreform von 2000 für eine Amtszeit von 5 Jahren gewählt. Er ist beliebig oft wieder wählbar. Seit der Verfassungsänderung von 1962 wird er direkt vom Volk gewählt, wobei im ersten Wahlgang die absolute Mehrheit erforderlich ist. Diese hat in den bisherigen Präsidentschaftswahlen noch nie ein Kandidat erreicht, weshalb stets ein zweiter Wahlgang, der zwei Wochen später stattfinden muss, erforderlich war. Hierbei kandidieren nur die beiden Bewerber, die im ersten Wahlgang die meisten Stimmen erhalten haben, wobei es möglich (aber noch nie vorgekommen) ist, dass ein erst- oder zweitplatzierter Kandidat zurücktritt und dann die verbleibenden beiden bestplatzierten Kandidaten zum zweiten Wahlgang antreten.

Jeder französische Bürger bzw. jede Bürgerin kann sich um das höchste Staatsamt bewerben, wenn seine (ihre) Kandidatur von mindestens 500 Mitgliedern gewählter Körperschaften unterstützt wird. Solche Körperschaften sind die beiden Kammern des Parlaments, der Wirtschafts- und Sozialrat *(Conseil économique et social)*, die Territorialräte der Überseegebiete *(Assemblées territoriales des territoires d'outre-mer – TOM)* und die *Conseils généraux.* Hinzu kommen noch die gewählten Bürgermeister.

Diese 500 Persönlichkeiten müssen mindestens 30 verschiedene Departements oder überseeische Gebiete vertreten, wobei nicht mehr als $1/10$ ein und dasselbe Departement bzw. überseeische Gebiet vertreten dürfen. Der Verfassungsrat stellt die Liste der Kandidaten auf, die spätestens 14 Tage vor dem ersten Wahlgang veröffentlicht wird.

Wie aus Tabelle 1 hervorgeht, hat in den bisherigen Präsidentschaftswahlen noch nie ein Kandidat bereits im 1. Wahlgang die absolute Mehrheit erringen können – auch nicht de Gaulle im Jahre 1965. Mit zwei Ausnahmen, den Wahlen von 1969 und 2002, sahan alle Präsidentschaftswahlen eine Auseinandersetzung zwischen den politischen Lagern der Linken und der Rechten. Dabei war es der Rechten nie gelungen, sich auf einen gemeinsamen Kandidaten zu einigen.

Tabelle 1: Die Ergebnisse der Präsidentschaftswahlen 1965–2002 (Ergebnisse der drei Erstplatzierten des 1. Wahlgangs und der Stichwahl)

Jahr	Kandidat	1. Wahlgang	2. Wahlgang
1965	Charles de Gaulle	44,6 %	55,2 %
	François Mitterrand	31,7 %	44,8 %
	Jean Lecanuet	15,6 %	
1969	Georges Pompidou	44,5 %	58,2 %
	Alain Poher	23,3 %	41,8 %
	Jacques Duclos	21,3 %	
1974	Valéry Giscard d'Estaing	32,6 % *	50,8 %
	François Mitterrand	43,2 %	49,2 %
	Jacques Chaban-Delmas	15,1 %	
1981	François Mitterrand	25,8 % *	51,8 %
	Valéry Giscard d'Estaing	28,3 %	48,2 %
	Jacques Chirac	18,0 %	
1988	François Mitterrand	34,1 %	54,0 %
	Jacques Chirac	19,9 %	46,0 %
	Raymond Barre	16,5 %	
1995	Jacques Chirac	20,5 % *	52,6 %
	Lionel Jospin	23,2 %	47,4 %
	Edouard Balladur	18,5 %	
2002	Jacques Chirac	19,9 %	82,2 %
	Jean-Marie Le Pen	16,8 %	17,8 %
	Lionel Jospin	16,2 %	

Quelle: Ministère de l'intérieur

* Bei den Wahlen von 1974, 1981 und 1995 lag der spätere Wahlsieger im ersten Wahlgang noch an zweiter Position.

1965 kandidierten neben de Gaulle noch Jean Lecanuet vom Zentrum und Jean-Louis Tixier-Vignancourt, ein Vertreter der extremen Rechten. Ihnen stand als Einheitskandidat der Linken François Mitterrand gegenüber.

In den Wahlen von 1969 standen sich mit Georges Pompidou und Alain Poher zwei Politiker der bürgerlichen Parteien im 2.Wahlgang gegenüber, was wiederum nur möglich war, weil die Linke ihrerseits sich auf keinen Einheitskandidaten einigen konnte. So gelang es dem Kommunisten Jacques Duclos, mit 21,3 % der Stimmen das drittbeste Ergebnis der Kandidaten zu erzielen. Der Kandidat der Sozialistischen Partei SFIO, Gaston Defferre, hatte es gerade auf 5 % der Stimmen gebracht.

1974 standen der konservative Politiker Giscard d'Estaing und der Gaullist Jacques Chaban-Delmas dem sozialistischen Kandidaten François Mitterrand gegenüber, wobei Giscard d'Estaing in der Stichwahl nur ein sehr knapper Sieg über Mitterrand gelang, nachdem dieser im 1. Wahlgang noch an erster Stelle gelegen hatte.

Als Präsident Giscard d'Estaing sich 1981 zur Wiederwahl stellte, fand er in dem Gaullisten Jacques Chirac einen ebenfalls konservativen Mitbewerber. Diese Spaltung der Rechten im 1. Wahlgang war sicher einer der Gründe für den späteren Sieg François Mitterrands, der wiederum als gemeinsamer Kandidat der Linken (Sozialisten, linke Radikalsozialisten und Kommunisten) antrat.

1988 schließlich sah sich Präsident Mitterrand in André Lajoinie zwar auch einem kommunistischen Kandidaten gegenüber, der jedoch mit 6,8 % der Stimmen im ersten Wahlgang nur den Abwärtstrend der kommunistischen Partei bestätigte. Die Rechte ging wiederum nicht geschlossen in den Wahlkampf, da sich neben Jacques Chirac auch der frühere Premierminister Giscard d'Estaings, Raymond Barre, um das höchste Staatsamt bewarb und 16,5 % der Stimmen erhielt. Dazu kam noch die Kandidatur des Rechtsextremisten Jean-Marie Le Pen, der es im 1. Wahlgang auf immerhin 14,4 % der Stimmen brachte.

Als 1995 der Nachfolger François Mitterrands gewählt wurde, kam es zu einem dramatischen Konflikt innerhalb des gaullistischen Lagers. Premierminister Edouard Balladur, seit dreißig Jahren mit Jacques Chirac freundschaftlich verbunden, entschloss sich zu einer eigenen Kandidatur, wobei er sich von seinen guten Umfrageergebnissen beflügelt sah. Diese sahen ihn in der Popularität Anfang des

Jahres 1995 deutlich vor Chirac liegen. In den vier Monaten bis zum ersten Wahlgang am 23. April 1995 gelang es Chirac jedoch, den Rückstand aufzuholen und Balladur zu überrunden. Zur allgemeinen Überraschung erhielt jedoch der sozialistische Kandidat Lionel Jospin mit 23,2 % die meisten Stimmen. Im zweiten Wahlgang kam es damit zum Duell eines Kandidaten der Rechten gegen einen der Linken. Für Jospin, der lange Zeit brauchte, um sich als Kandidat der Sozialistischen Partei durchzusetzen, war die Wahl, trotz der Niederlage in der Stichwahl, ein Erfolg und die Bestätigung seiner Position als führende Persönlichkeit der französischen Linken.

Zu einem völligen Debakel für die Linke wurde dann aber die Wahl von 2002. Zwar sah sich Jacques Chirac mit dem Zentristen François Bayrou einem nicht unbedeutenden Konkurrenten aus dem bürgerlichen Lager gegenüber, der 6,8 % der Stimmen erhielt. Die Linke war jedoch stärker gespalten denn je. Neben den «üblichen Verdächtigen» der extremen Linken kandidierte erneut Lionel Jospin, seit 1997 Premierminister der Regierung der *Cohabitation*, also dem durch die Wahlen erzwungenen Zusammenwirken von Präsident und Premierminister aus gegnerischen Lagern. Mit Jean-Pierre Chevènement kandidierte jedoch ein weiterer, hoch angesehener Kandidat der Linken, der es auf 5,3 % der Stimmen brachte. Diese fehlten Jospin, der nur 16,2 % der Stimmen erhielt – und damit hinter dem Rechtsextremen Jean-Marie Le Pen lag, der es auf 16,8 % der Stimmen brachte und damit im zweiten Wahlgang zum Herausforderer von Chirac wurde. In diesem Wahlgang erhielt Chirac 82,2 % der Stimmen. Den bürgerlichen wie den sozialistischen Parteien aller Prägungen blieb nichts anderes übrig, als zur Wahl von Jacques Chirac aufzurufen.

Angesichts der sehr heterogenen Parteienlandschaft, in der nur sehr selten stabile Mehrheiten zustande kommen, bietet das Wahlverfahren zum Präsidenten der Republik große Vorteile. Es zwingt die Parteien zur Einigung, und gleichzeitig bewirkt es, dass der Präsident im zweiten Wahlgang mit absoluter Mehrheit gewählt wird, was für die Autorität, die sein Amt erfordert, von großer Bedeutung ist, kann er doch auf diese Weise unterstreichen, dass er der *«Président de tous les français»* und nicht nur der Repräsentant einer politischen Richtung oder gar nur einer Partei ist. Gleichzeitig zeigen die Präsidentschaftswahlen, dass hier in erster Linie eine Persönlichkeit und kein Parteienvertreter gewählt wird. Dies führt aber dann auch dazu, dass sich manchmal aus derselben Partei zwei Kandidaten zur Wahl stellen. Nach erfolgter Wahl bilden die Parteien dann wiederum Bündnisse zur Unterstützung des ihnen nahe stehenden Präsidenten. Am sinnfälligsten zeigte sich dies nach der Wiederwahl von Jacques Chirac im Mai 2002: Die Parteien der bürgerlichen Mitte und Rechten traten zu den folgenden Parlamentswahlen mit der sehr schlichten Bezeichnung *Union pour la majorité présidentielle* an.

Abschließend sei hier noch die Frage der Vertretung des Präsidenten der Republik im Amte erwähnt. Sie wird in Artikel 7 der Verfassung geregelt. Im Falle der Vakanz des Amtes (aus welchem Grund auch immer) oder der dauernden Verhinderung des Präsidenten, die vom Verfassungsrat auf Antrag der Regierung mit der absoluten Mehrheit seiner Mitglieder festgestellt werden muss, wird der Senatspräsident mit der Wahrnehmung der Funktionen des Präsidenten der Republik betraut. Die Anwendung der Artikel 11 (Möglichkeit des Referendums) und 12 (Auflösung des Parlaments) ist ihm jedoch versagt. Gleichzeitig ist es dem Parlament weder möglich, die Regierung mittels eines Misstrauensvotums zu stürzen, noch können Verfassungsänderungen in dieser Zeit vorgenommen werden.

Die Stellung des Präsidenten im Verfassungssystem

Die Bedeutung, die dem Amt des Präsidenten der Republik im Verfassungssystem zukommt, zeigt sich bereits in der Gliederung der Verfassung selbst. Das an erster Stelle, in 15 Artikeln definierte Verfassungsorgan ist der Präsident der Republik. Erst danach werden, in 4 Artikeln, die Funktionen der Regierung und dann, in 10 Artikeln, die des Parlaments beschrieben. In der Verfassung der IV. Republik, die ein rein parlamentarisches System begründete, war das Parlament noch an erster Stelle erwähnt worden.

Nach Artikel 5 der Verfassung wacht der Präsident der Republik über die Einhaltung der Verfassung. Durch seinen Schiedsspruch sichert er das Funktionieren der öffentlichen Gewalten und die Kontinuität des Staates. Er ist der Garant der nationalen Unabhängigkeit, der Unverletzlichkeit des Staatsgebiets, der Einhaltung der Abkommen über die Französische Gemeinschaft und der von Frankreich geschlossenen, internationalen Verträge.

Damit wird das Amt des Präsidenten der Republik über alle anderen Institutionen gehoben. Er übt ein Schiedsrichteramt zwischen den Institutionen aus, wenn es zwischen diesen zum Konflikt kommen sollte, wobei dieser Konfliktfall in der Verfassung nicht näher beschrieben ist. In der Praxis spielt er diese Rolle z. B. durch Ernennungen und Entlassungen, durch die Parlamentsauflösung, die direkte Befragung der Wähler, also das Referendum, und letztlich durch die Anwendung des Notstandsartikels 16 der Verfassung, der ihm für eine begrenzte Zeit umfassende Vollmachten überträgt. Die Tatsache, dass er allein die Kontinuität des Staates wahren kann, gibt ihm die Möglichkeit, im Falle eines Krieges, ja einer atomaren Katastrophe, in seiner Person Frankreich weiter bestehen zu lassen. Deshalb ist er nach Artikel 15 auch Oberbefehlshaber der Streitkräfte. Bei der Definition dieser umfassenden Befugnisse spielten sicher auch de Gaulles Erfahrungen während des Krieges, insbesondere im Jahre 1940, eine Rolle. Deshalb ist nach seiner Auffassung der Präsident «... der Mann der Nation, der von ihr eingesetzt wurde, um sich ihrer Schicksalsfragen anzunehmen».

Georges Pompidou definierte nach seiner Wahl zum Staatspräsidenten in einer Pressekonferenz am 10. Juli 1969 die Rolle des Präsidenten wie folgt: «Als oberster Chef der Exekutive und gleichzeitig Hüter und Verwalter der Verfassung hat er auf der Grundlage dieser doppelten Befugnisse den Auftrag, grundlegende Impulse zu geben, die wesentlichen Richtlinien zu definieren sowie die Arbeit der öffentlichen Gewalten zu sichern und zu überwachen. Er ist gleichzeitig Schiedsrichter und Träger der höchsten Verantwortung im Staate. Eine solche Konzeption überträgt dem Premierminister eine äußerst wichtige und übrigens sehr schwierige Rolle bei der Umsetzung der Politik, der Leitung der Verwaltung und den Beziehungen mit dem Parlament. Aber eine solche Konzeption beinhaltet den Primat des Staatschefs, den ihm sein nationales Mandat verleiht und den zu wahren er die Pflicht hat.»

Diese herausragende Stellung des Präsidenten lässt ihn als einen konstitutionellen Monarchen auf Zeit erscheinen. Da er jedoch gleichzeitig auch der politische Führer seines Landes mit einem pluralistischen Parteiensystem und selbst Repräsentant einer politischen Richtung ist, bleibt diese übergeordnete, monarchische Rolle häufig Fiktion.

Außerdem stimmen die beiden Definitionen von de Gaulle und

Pompidou, wie wir sehen werden, gar nicht mit dem Verfassungstext überein. Denn dieser enthält zahlreiche Elemente des parlamentarischen Regierungssystems, so insbesondere die Verantwortlichkeit der Regierung gegenüber dem Parlament sowie die Gegenzeichnungspflicht *(l'obligation du contreseing)* der meisten Akte des Präsidenten. Der Präsident ist bei der Auswahl seines Premierministers an die Mehrheitsverhältnisse in der Nationalversammlung gebunden, und er kann den Premierminister auch nur dann beliebig auswechseln, wenn seine politische Richtung über eine Mehrheit im Parlament verfügt.

Und dennoch: Auch im Falle des Konfliktes zwischen dem Parlament und dem Präsidenten, die ihn zwingen kann, einen Premierminister des gegnerischen Lagers zu ernennen, behält er eine Reihe von wichtigen Befugnissen, die ihn weiterhin über die anderen Institutionen des Staates erheben. So behält er auch im Falle einer *Cohabitation* das alleinige Recht zur Auflösung der Nationalversammlung, er bleibt der Oberbefehlshaber der Streitkräfte, und er kann weiterhin im Staatsnotstand mit umfassenden Befugnissen regieren. Seine Stellung ist also auch dann mit der eines Staatspräsidenten in einem parlamentarischen System nicht vergleichbar.

Nach Artikel 9 der Verfassung führt der Präsident den Vorsitz im Ministerrat, und nur «ausnahmsweise, kraft ausdrücklicher Delegation und für eine bestimmte Tagesordnung» kann der Präsident dieses Vorrecht dem Premierminister übertragen.

In parlamentarischen Systemen ist es unüblich, dass der Präsident den Ministerrat leitet, in Frankreich war dies aber auch unter der parlamentarisch geprägten III. Republik der Fall. Der Unterschied zu der früheren Praxis liegt jedoch darin, dass der Vorsitz des Präsidenten ein tatsächlicher geworden ist. Der Präsident erstellt, in Absprache mit dem Amt des Premierministers, die Tagesordnung der Sitzungen und leitet die Debatte. Seine effektive Rolle wird hier jedoch eingeschränkt, wenn die politische Übereinstimmung zwischen Präsident und Premierminister nicht mehr gegeben ist. Sein Vorsitz ähnelt dann mehr dem des Präsidenten unter der III. Republik. Seine sonstigen Befugnisse heben ihn jedoch auch dann noch weit über die Stellung eines Präsidenten im parlamentarischen System hinaus.

Die Ernennung der Regierung

In Artikel 8 der Verfassung heißt es: «Der Präsident der Republik ernennt den Premierminister. Er entlässt den Premierminister aus seinem Amt, wenn ihm dieser den Rücktritt der Regierung anbietet.» (Artikel 8, 1. Abschnitt)

In einem herkömmlichen parlamentarischen Regierungssystem geht der Regierungschef aus dem Parlament hervor; er wird also von diesem entweder gewählt (wie in der Bundesrepublik Deutschland bzw. wie unter der IV. Republik Frankreichs mittels der *investiture*) oder von der Mehrheitsfraktion bestimmt (wie in Großbritannien). In beiden Fällen ist seine Ernennung durch das Staatsoberhaupt dann lediglich ein formaler Akt. Nach der Verfassung der V. Republik hingegen ist der Präsident bei der Ernennung des Premierministers formal völlig frei und an keinen Wahlakt des Parlaments gebunden. Er muss jedoch bei seiner Ernennung auf die Mehrheitsverhältnisse in der Nationalversammlung Rücksicht nehmen, wenn er vermeiden will, dass diese nach Artikel 49 und 50 der Verfassung die Regierung stürzt.

Nach den Vorstellungen General de Gaulles musste zwischen dem Präsidenten und dem Premierminister jedoch eine sehr enge Beziehung bestehen. In seiner schon erwähnten Pressekonferenz vom 31. Januar 1964 charakterisierte er die Beziehungen zwischen ihnen wie folgt: «Es ist bei uns normal, dass der Präsident der Republik und der Premierminister nicht ein und dieselbe Person sind. Natürlich könnte eine Doppelherrschaft an der Spitze des Staates nicht akzeptiert werden, aber eine solche gibt es auch nicht. Tatsächlich ist der Präsident gemäß unserer Verfassung der Mann der Nation, er wurde von ihr eingesetzt, um sich seiner Schicksalsfragen anzunehmen. Es ist der Präsident, der den Premierminister auswählt, der ihn und die anderen Mitglieder der Regierung ernennt, der die Möglichkeit hat, ihn zu entlassen, sei es, weil dieser die ihm übertragenen Aufgaben erfüllt hat und er ihn für eine spätere Zeit in Reserve halten möchte, sei es, weil er nicht mehr seine Zustimmung findet ... Es ist der Präsident allein, der die Autorität des Staates in Händen hält und sie delegieren kann. Aber gerade die Art, der Umfang und die Dauer seiner Aufgabe erfordern, dass er nicht ununterbrochen und unbegrenzt vom politischen, parlamentarischen, wirtschaftlichen und administrativen Tagesgeschäft absorbiert wird.

Dieses ist vielmehr die ebenso komplexe und verdienstvolle wie bedeutende Aufgabe des französischen Premierministers. Natürlich gibt es keine völlige Trennung zwischen diesen beiden Ebenen, auf denen jeweils der Präsident und derjenige, der ihn unterstützt, täglich ihre Befugnisse ausüben. Im Übrigen sind die Beratungen und Unterredungen dazu da, den Staatschef in die Lage zu versetzen, die großen Linien der Politik der Nation sachgerecht zu definieren und es den Mitgliedern der Regierung, angefangen mit dem Premierminister, zu ermöglichen, ihren Standpunkt darzulegen, ihr Handeln zu bestimmen und hierüber Rechenschaft zu geben. Manchmal vermengen sich die beiden Ebenen, wenn die Wichtigkeit einer Aufgabe ein umfassendes Engagement erfordert; in diesem Falle bestimmt der Präsident die Verteilung der Aufgaben. Es muss hier nochmals unterstrichen werden, dass die unteilbare Autorität des Staates vollständig dem vom Volk gewählten Präsidenten anvertraut ist und dass es daneben keine andere Autorität gibt, weder eine ministerielle, zivile, militärische oder richterliche, die nicht von ihm verliehen und aufrechterhalten wird ...»

Nach de Gaulles Auffassung war es also der Präsident, nur er allein und nicht etwa das Parlament, das die Autorität des Staates an den Premierminister delegiert. Da er die großen Linien der Politik vorgibt und der Premierminister diese in die Tat umzusetzen hat, musste zwischen diesen beiden eine enge Zusammenarbeit bestehen. Während der ersten 28 Jahre der V. Republik war dies auch praktisch immer der Fall, und ein Antagonismus zwischen Staatsoberhaupt und Premier erschien ausgeschlossen, wollte sich die Gesamtexekutive nicht selbst blockieren. Eine Regierung des Premierministers ohne die Zustimmung des Präsidenten erschien undenkbar, da sowohl seine Ernennung wie auch seine Entlassung – zumindest de facto – in der ausschließlichen Zuständigkeit des Präsidenten lagen.

In der Zwischenzeit erlebte Frankreich aber die verschiedenen Formen der «cohabitation», also die Zusammenarbeit (wörtlich: Zusammenleben) eines Präsidenten und eines Premierministers aus zwei gegensätzlichen politischen Lagern, ohne dass sich die Gesamtexekutive blockiert hätte und ohne dass die Prärogative des Präsidenten wirklich in Frage gestellt worden wären. So respektierte selbst Jacques Chirac als Premierminister von 1986 bis 1988, wenn auch nicht ohne Schwierigkeiten, die Vorrechte von Präsident

Mitterrand; er tat dies natürlich auch deshalb, weil er hoffte, eines Tages das Amt des Präsidenten selbst auszuüben, was ab 1995 dann auch der Fall war. Er ahnte damals aber wohl nicht, dass er dann selbst mit einem sozialistischen Premierminister würde regieren müssen.

Auch während der Zeit, als sich Präsident und parlamentarische Mehrheit im Einklang befanden, war der Präsident bei der Auswahl seines Premierministers nicht immer völlig frei. Es lässt sich jedoch eine bemerkenswerte Gesetzmäßigkeit in seinem Vorgehen erkennen.

Nach seiner Wahl sah der Präsident meist seine erste Aufgabe darin, sich einer dauerhaften Mehrheit in der Nationalversammlung zu versichern. Eine solche war selten durch eine einzige Partei, nämlich jene des Präsidenten, gegeben. Zu seinem ersten Premierminister ernannten die Präsidenten, deshalb stets einen Mann des Parlaments bzw. der größten Regierungspartei, ohne dabei notwendigerweise den eigentlichen Parteiführer zu berücksichtigen. Schließlich wollte sich der Präsident ja nicht in die «Gefangenschaft» einer Partei begeben. Nach Stabilisierung und Festigung der Regierungsmehrheit im Parlament wechselte dann der Präsident regelmäßig den Premierminister aus, um ihn durch einen Mann seines persönlichen Vertrauens zu ersetzen.

Tabelle 2: Die Premierminister der V. Republik

Präsident	Premierminister
Charles de Gaulle (1959–1969)	Michel Debré (1959–1962) Georges Pompidou (1962–1968) Maurice Couve de Murville (1968–1969)
Georges Pompidou (1969–1974)	Jacques Chaban-Delmas (1969–1972) Pierre Messmer (1972–1974)
Valéry Giscard d'Estaing (1974–1981)	Jacques Chirac (1974–1976) Raymond Barre (1976–1981)
François Mitterrand (1981–1995)	Pierre Mauroy (1981–1984) Laurent Fabius (1984–1986) Jacques Chirac (1986–1988)*

Präsident	Premierminister
	Michel Rocard (1988–1991)
	Edith Cresson (1991–1992)
	Pierre Bérégovoy (1992–1993)
	Edouard Balladur (1993–1995)*
Jacques Chirac (seit 1995)	Alain Juppé (1995–1997)
	Lionel Jospin (1997–2002)*
	Jean-Pierre Raffarin (2002–2005)
	Dominique de Villepin (seit 2005)

* Premierminister während einer «cohabitation»

So ernannte General de Gaulle 1959 Michel Debré zum Premierminister, der eine der führenden Persönlichkeiten der gaullistischen Partei war. 1962 ersetzte er ihn dann durch Georges Pompidou, der weder ein Mann der Partei noch jemals ein Mann des Parlaments war. Bis zum Zeitpunkt seiner Ernennung hatte er nie ein Wahlamt innegehabt. Pompidou war vielmehr ein persönlicher Vertrauter de Gaulles, der erst nach dem 2. Weltkrieg zu ihm gestoßen war und damit nicht zu den «historischen» Gaullisten oder zum Kreis der *Résistance* gehörte. Der Nachfolger Pompidous wurde 1968 – nach den «Mai-Unruhen» – dann der Karrierediplomat und Außenminister Maurice Couve de Murville. Er ersetzte Pompidou, weil dieser in der Krise von 1968 dermaßen an Autorität gewonnen hatte, dass er diejenige de Gaulles in Frage stellte.

Staatspräsident Georges Pompidou ernannte nach seiner Wahl einen der führenden Gaullisten, Jacques Chaban-Delmas, zu seinem ersten Premierminister. Seine Aufgabe war es insbesondere, die parlamentarische Basis seiner Regierung, die bislang nur aus Gaullisten und Giscardisten bestand, zu verbreitern. Hierzu war Chaban-Delmas als ein ehemaliger Radikalsozialist und somit zur linken Mitte hin kooperativer Politiker am ehesten geeignet. Nach drei Jahren sah Pompidou diese Aufgabe als beendet an und ersetzte Chaban-Delmas durch Pierre Messmer, der wiederum kein Parteipolitiker im engeren Sinne war.

Nach dem Tode Georges Pompidous 1974 siegte Giscard d'Estaing in der Stichwahl knapp gegen François Mitterrand. Zu seinem Premierminister ernannte er Jacques Chirac von der *Union pour la Ve*

République (UDR), der damaligen gaullistischen Partei. Auf diese Weise band er die größte Gruppierung der Rechten in seine Regierung ein. Nach dem Bruch zwischen Giscard d'Estaing und Jacques Chirac wurde dann der parteilose Wirtschaftsprofessor und ehemalige EG-Kommissar Raymond Barre Premierminister. Wiederum folgte also ein «Fachmann» bzw. persönlicher Vertrauter des Staatspräsidenten auf einen «Politiker».

Auch François Mitterrand zeigte in seinen Entscheidungen diese Gesetzmäßigkeit. Nach dem führenden Mitglied der Sozialistischen Partei, Pierre Mauroy, wurde 1984 Laurent Fabius zum Premierminister ernannt, der zunächst Mitglied des persönlichen Stabs des Präsidenten war, bevor er Minister wurde. Parteipolitisch hatte er bis dahin noch keine herausragende Rolle gespielt.

Auch die Ernennung Jacques Chiracs zum Premierminister der *Cohabitation* folgte dieser Logik. Er war der mächtigste Vertreter der parlamentarischen Mehrheit in der Nationalversammlung, wenn auch aus dem gegnerischen Lager. Deshalb konnte ihn Mitterrand auch nicht nach einigen Jahren auswechseln und durch einen persönlichen Vertrauten ersetzen.

Dies war auch nicht erforderlich, da Mitterrand im Mai 1988 wieder gewählt wurde und die Neuwahlen zur Nationalversammlung 1988 zu einer wenn auch knappen linken Mehrheit führten. Der danach ernannte Premierminister, Michel Rocard, war wiederum ein «Politiker» aus der größten Partei der Regierungsmehrheit. Ihm folgten mit Edith Cresson eine persönliche Vertraute des Präsidenten und nach deren Scheitern mit Pierre Bérégovoy wieder ein «Fachmann». Nach den Parlamentswahlen von 1993, die von der Rechten gewonnen wurden, ernannte Mitterrand den Gaullisten Edouard Balladur zum Premierminister, nachdem Jacques Chirac selbst das Amt nicht übernehmen wollte.

Nach der Wahl von Jacques Chirac zum Präsidenten der Republik im Mai 1995 ernannte er den bisherigen Außenminister und Generalsekretär des gaullistischen RPR, Alain Juppé, zu seinem Premierminister. Nach dem Wahldebakel der Regierungsparteien vom Juni 1997 blieb Chirac keine andere Wahl: Er musste den Sozialistenführer Lionel Jospin zum Premierminister ernennen. Eine neue und von Chirac völlig unvorhergesehene Phase der *Cohabitation* begann.

Nach seiner Wiederwahl zum Präsidenten der Republik und den

Neuwahlen zur Nationalversammlung 2002 ernannte Jacques Chirac mit Jean-Pierre Raffarin einen «Fachmann» ohne weiter gehende politische Ambitionen, und nach dem Scheitern des Referendums über die europäische Verfassung im Mai 2005 ersetzte Chirac ihn durch Dominique de Villepin, der als früherer Generalsekretär des Elysée zu seinen engsten Vertrauten gehört. Dieses Amt gibt ihm auch die Möglichkeit zu weiteren Ambitionen im Hinblick auf die Präsidentschaftswahlen von 2007.

Die Ernennung der Premierminister unter der V. Republik erfolgte also, außer während der Phase der *Cohabitation*, entsprechend der Konzeption General de Gaulles von der Zusammenarbeit zwischen Präsident und Premierminister.

Eine deutliche Diskrepanz zwischen Verfassungstext und Verfassungswirklichkeit zeigt sich jedoch bei der Entlassung der Premierminister. Diese erfolgt nach Artikel 8 der Verfassung dann, wenn der Premierminister seinen Rücktritt anbietet oder wenn er von der Nationalversammlung per Misstrauensvotum gestürzt wird. Von sich aus kann der Präsident der Republik den Premierminister nach den Buchstaben der Verfassung also nicht abberufen. In Wirklichkeit reichten die Premierminister jedoch stets ihren Rücktritt dann ein, wenn der Präsident sie dazu aufforderte. Auf diese Aufforderung nahmen die Premierminister dann auch in ihrem Rücktrittsgesuch Bezug.

Premierminister Chaban-Delmas wurde 1972 von Präsident Pompidou zum Rücktritt aufgefordert, obwohl er noch kurz zuvor eine Vertrauensabstimmung in der Nationalversammlung deutlich gewonnen hatte und im Amt bleiben wollte. Eine Weigerung, der Aufforderung zum Rücktritt zu folgen, wäre als ein Verstoß gegen den Geist der Verfassung aufgefasst worden, auch wenn sie dem Verfassungstext entsprach.

Und als Premierminister Chirac 1976 von seinem Amt zurücktrat, ohne die entsprechende Aufforderung durch Präsident Giscard d'Estaing abzuwarten, wurde auch dies als Verstoß gegen die Tradition empfunden. Der Premierminister erschien solchermaßen als der Vertrauensmann des Präsidenten, dass nicht nur seine Ernennung, sondern auch seine Entlassung als allein in der Zuständigkeit des Präsidenten liegend angesehen wurde. Dass die Situation während einer Phase der *Cohabitation* eine andere ist, versteht sich von selbst.

Auch bei der Ernennung und Entlassung der Regierungsmitglieder zeigt sich hinsichtlich der Befugnisse des Präsidenten eine Diskrepanz zwischen Verfassungstext und Verfassungswirklichkeit. Artikel 8 der Verfassung lautet: «Auf Vorschlag des Premierministers ernennt und entlässt er die übrigen Mitglieder der Regierung.» Im Gegensatz zur Praxis in parlamentarischen Regierungssystemen ist die Ernennung jedoch nicht nur ein formaler Akt. Vielmehr übt der Präsident direkten Einfluss auf die Zusammensetzung der Regierung aus und lehnt ihm nicht genehme Kandidaten zur Ernennung ab. Auch während der Phase der *Cohabitation* von 1986 bis 1988 wurde dieses Vorrecht des Präsidenten vom damaligen Premierminister Chirac respektiert, als der von ihm vorgeschlagene Kandidat für das Amt des Außenministers, der Vorsitzende des *Centre des démocrates sociaux*, Jean Lecanuet, von Mitterrand abgelehnt wurde. Die Außenpolitik sollte *«domaine réservé»* des Präsidenten bleiben und durfte deshalb nicht einem Parteipolitiker, zumal einem gegnerischen, anvertraut werden.

Dass bei der *Cohabitation* 1993 mit Alain Juppé ein Parteipolitiker Außenminister wurde, zeigte, dass das politische System einen stärker parlamentarischen Charakter angenommen hatte. Dies mag auch daran gelegen haben, dass Mitterrand zu diesem Zeitpunkt nur noch zwei Jahre Amtszeit als Präsident vor sich hatte und bereits von seiner Krankheit gezeichnet war. Seine ihm verbleibende Zeit wollte er deshalb mehr dem Bau von Baudenkmälern als der innenpolitischen Auseinandersetzung widmen.

Der Präsident der Republik und die Nationalversammlung

Das Recht zur Auflösung der Nationalversammlung   Nach Artikel 12 der Verfassung kann der Präsident die Nationalversammlung auflösen. Hierzu bedarf er nicht der Gegenzeichnung durch den Premierminister; er hat zuvor lediglich die Stellungnahme des Premierministers und der Präsidenten der beiden Kammern einzuholen. Diese Stellungnahmen sind für ihn jedoch nicht verbindlich, da es sich hierbei lediglich um eine *«consultation»* handelt. Die einzige Beschränkung des Auflösungsrechts liegt darin, dass es nur einmal pro Jahr ausgeübt werden darf.

Außergewöhnlich ist, dass dieses Recht nicht, wie es üblicherweise in einem parlamentarischen System der Fall ist, dem Premierminister

zusteht, um so ein Gegengewicht zur Möglichkeit des Misstrauensvotums durch das Parlament zu bilden. Dieses Recht liegt ohne
Einschränkung in der Hand des Präsidenten, womit seine «schieds-
richterliche Gewalt» unterstrichen wird. Gleichzeitig bedeutet dies
aber auch, dass die Parlamentsauflösung nicht allein aus wahltaktischen Überlegungen heraus erfolgen darf, wie dies z. B. in Großbritannien möglich ist. Eine Auflösung der Nationalversammlung
entspricht also nur dann dem Geist der Verfassung, wenn damit
eine Krise zwischen den Institutionen gelöst wird, der Präsident
also mit seinem Schiedsspruch das «regelmäßige Funktionieren der
öffentlichen Gewalten» (Artikel 5 der Verfassung) sichern will.

So löste General de Gaulle im Jahre 1962 die Nationalversammlung auf, nachdem diese die Regierung Pompidou gestürzt hatte. Anlass hierfür war das Vorgehen de Gaulles bei der Verfassungsreform
zur Direktwahl des Präsidenten. Nach dem für de Gaulle positiven
Ausgang des Referendums Ende Oktober 1962 ergaben dann auch
die Wahlen zur Nationalversammlung im November 1962 eine mit
ihm kooperationsbereite Mehrheit. Die gaullistische Partei UNR
hatte für sich allein nur knapp die absolute Mehrheit der Mandate
verfehlt und konnte gemeinsam mit einer neu gebildeten Partei um
Valéry Giscard d'Estaing die Regierung bilden. Zum Premierminister wurde erneut Georges Pompidou ernannt. 1968 wurde die Nationalversammlung aufgelöst, um die schwere Krise im Zusammenhang
mit den «Mai-Ereignissen» zu lösen. Hierbei erzielten die Gaullisten sogar die absolute Mehrheit der Sitze, so dass damit indirekt
auch de Gaulle in seinem Amt bestätigt wurde.

Die Wahl François Mitterrands zum Präsidenten der Republik
im Mai 1981 führte dann ebenfalls dazu, dass die Zusammenarbeit
der öffentlichen Gewalten – zumindest nach dem bis dahin gültigen
Verfassungsverständnis – gestört war. Mitterrand sah sich einer
Mitte-Rechts-Mehrheit in der Nationalversammlung gegenüber,
konnte somit keine Regierung ernennen, die mit ihm politisch über-
eingestimmt hätte, und löste deshalb sofort nach seiner Wahl die
Nationalversammlung auf. Die Neuwahlen vom Juni 1981 brachten
dann einen Erdrutschsieg der Linken, womit der Staatspräsident und
die Parlamentsmehrheit sich politisch wieder in Einklang befanden.
In derselben Weise löste Mitterrand auch nach seiner Wiederwahl
vom Mai 1988 die Nationalversammlung auf, da in der Zwischenzeit, im März 1986, die Parlamentswahlen zu einer liberal-konser-

vativen Mehrheit geführt hatten. Nach seiner eigenen Bestätigung im Amt des Präsidenten der Republik durch die Wähler wollte er mit der Auflösung der Nationalversammlung wieder die politische Übereinstimmung zwischen Präsident und Parlamentsmehrheit herbeiführen. Die Neuwahlen vom Juni 1988 führten dann auch zu dem gewünschten Ergebnis.

Diese politische Übereinstimmung zwischen dem Präsidenten der Republik und der von ihm ernannten Regierung – und damit der Parlamentsmehrheit – war auch durch die Wahlen vom März 1986, fünf Jahre nach Mitterrands Wahl zum Präsidenten der Republik, unterbrochen worden. Dennoch war hier eine Anwendung von Artikel 12 der Verfassung nicht möglich. Hätte Mitterrand unmittelbar nach den Wahlen zur Nationalversammlung diese wieder aufgelöst, nur weil ihre Mehrheit nicht mit ihm in Einklang war, so wäre dies als Willkürakt aufgefasst worden. Eine erneute – und wahrscheinliche – Niederlage in den Parlamentswahlen hätte dann unweigerlich zu seinem Rücktritt vom Amt des Präsidenten der Republik führen müssen. So wartete er seine Bestätigung in der Wiederwahl vom Mai 1988 ab, um zu einer Parlamentsauflösung erneut legitimiert zu sein.

Nur einmal seit Beginn der V. Republik wurde das Recht zur Auflösung der Nationalversammlung durch den Präsidenten der Republik allein aus wahltaktischen Überlegungen angewandt. Jacques Chirac löste im Frühjahr 1997 die Nationalversammlung ein Jahr vor Ablauf der Legislaturperiode auf, obwohl die Regierung Juppé über eine Vier-Fünftel-Mehrheit der Sitze im Parlament verfügte. Angesichts der zur Erfüllung der Maastrichtkriterien im Jahre 1998 erforderlichen Sparpolitik hielten es Chirac und seine Berater, unter ihnen der damalige Generalsekretär des Elysée, Dominique de Villepin, jedoch für taktisch klug, noch vor dieser kritischen Phase die Nationalversammlung neu wählen zu lassen. Damit, so hoffte man, konnte der Verlust an Parlamentssitzen begrenzt werden, um mit einem «neuen Elan» und einer neuen, wenn auch geringeren Mehrheit bis zum Jahre 2002 regieren zu können. Außerdem würde sich 1998 Deutschland im Wahlkampf befinden, was die Position von Präsident Chirac in Europa nachhaltig gestärkt hätte.

Die Wähler machten diesen Überlegungen jedoch einen Strich durch die Rechnung. Sie wählten eine linke Mehrheit in die Nationalversammlung, und Chirac wurde zur *Cohabitation* mit dem Sozialisten Lionel Jospin, in dessen Regierung sogar kommunistische Minister aufgenommen wurden, gezwungen. Nach diesen Erfahrungen wird ein französischer Staatspräsident bei der Anwendung von Artikel 12 der Verfassung in Zukunft wahrscheinlich noch mehr Vorsicht walten lassen. Als wahltaktisches Instrument taugt in Frankreich die Parlamentsauflösung – im Gegensatz zu Großbritannien – eben nicht.

Die Befugnisse des Präsidenten im Gesetzgebungsprozess

Nach Artikel 10 der Verfassung verkündet der Präsident der Republik die Gesetze innerhalb von zwei Wochen nach deren Verabschiedung durch das Parlament. Vor Ablauf dieser Frist kann er jedoch auf zweierlei Weise auf die Vorlage Einfluss nehmen:
a) Er kann den Verfassungsrat zur Überprüfung der Verfassungsmäßigkeit des Gesetzes anrufen (Art. 61, Abs. 2);
b) er kann eine erneute Beratung eines Gesetzes vor der Nationalversammlung herbeiführen (Art. 10, Abs. 2).
Die Möglichkeit, eine erneute Beratung eines Gesetzes herbeizuführen – die von der Nationalversammlung nicht verweigert werden darf –, stand dem Präsidenten der Republik schon früher zu. Es handelt sich hier um kein Vetorecht, da der Präsident in jedem Falle verpflichtet ist, das Gesetz nach Abschluss der erneuten Beratung zu verkünden. Neu ist in der Verfassung vom Oktober 1958 jedoch die Möglichkeit, eine erneute Beratung nur eines Teiles des Textes herbeizuführen, wodurch das Verfahren beschleunigt wurde.

In diesem Zusammenhang muss auch die Mitwirkung des Präsidenten beim Erlass von Verordnungen und Dekreten (*ordonnances et décrets*) erwähnt werden. Während die Verordnungsgewalt unter der III. Republik dem Präsidenten der Republik allein zustand und unter der IV. Republik ganz beim Regierungschef lag, wird sie von der Verfassung der V. Republik dem Staatspräsidenten (Art. 13, Abs. 1) und dem Premierminister (Art. 21, Abs. 1) übertragen. Da aber alle wichtigen Verordnungen und Dekrete im Ministerrat beschlossen werden und es im Ermessen des Präsidenten liegt, sie zu unterzeichnen oder nicht, verfügt dieser hier über ein zumindest aufschiebendes Vetorecht.

Eine Weigerung des Präsidenten, eine Verordnung zu unterschreiben, kann dann nur noch durch die Verabschiedung eines ent-

sprechenden Gesetzes durch das Parlament aufgehoben bzw. über-
gangen werden. Dies war während der Phase der ersten *Cohabitation*
von 1986 mehrfach der Fall, als Präsident Mitterrand es ablehnte,
vom Ministerrat beschlossene Verordnungen zu unterschreiben
und der Premierminister so zu dem (zeitraubenden) Umweg über
den Weg der Gesetzgebung des Parlaments gezwungen war.

General de Gaulle hatte für sich sogar das Recht in Anspruch
genommen, Dekrete zu unterzeichnen, die nicht im Ministerrat beschlossen worden waren. Sie wurden vom Premierminister gegengezeichnet.

Diese Aufteilung der Verordnungsgewalt auf den Präsidenten und
den Premierminister zeigt, dass ein Konsens zwischen ihnen erforderlich ist, um das normale Funktionieren der Institutionen zu gewährleisten. Der häufige Dissens während der zwei Jahre der *Cohabitation* von 1986–1988 ist eher die Ausnahme, die die Regel bestätigt.

Die Kommunikation mit dem Parlament

«Der Präsident der Republik verkehrt mit den beiden Versammlungen des Parlaments durch Botschaften, die er verlesen lässt und
über die keine Aussprache stattfindet.» (Art. 18)

Dieses Recht stand schon den Präsidenten der III. und der IV. Republik zu. Ihre Botschaften bedurften jedoch der Gegenzeichnung
der Regierung und waren demzufolge keine persönliche Handlung
des Präsidenten der Republik, sondern ein Akt der dem Parlament
gegenüber verantwortlichen Regierung.

Da das Parlament zur Entgegennahme einer Botschaft des Präsidenten der Republik – auch außerhalb der Sitzungsperioden – einberufen werden kann, wird hier dem gegenüber dem Parlament nicht
verantwortlichen Präsidenten der Republik die Möglichkeit geboten,
jederzeit zu politischen Fragen persönlich und offiziell Stellung zu
nehmen.

Die Möglichkeit des Volksentscheids

Nach Artikel 11 der Verfassung kann der Präsident der Republik,
auf Antrag der Regierung oder auf Antrag der beiden Kammern des
Parlaments, einen Gesetzesentwurf, der die Organisation der öffentlichen Gewalten betrifft, auf die Annahme eines Vertrages der Ge-

meinschaft oder auf die Ratifizierung eines Abkommens abzielt, das Folgen für das Funktionieren der Institutionen haben könnte, zum Gegenstand eines Volksentscheids *(référendum)* machen. (Anmerkung: Unter «Gemeinschaft» wird hier diejenige Frankreichs mit seinen früheren überseeischen Besitzungen verstanden). Mit der Verfassungsreform vom 4. August 1995 ist das Anwendungsgebiet einer Volksabstimmung erweitert worden. Seither kann es auch Fragen der Wirtschafts- und Sozialpolitik sowie der damit zusammenhängenden öffentlichen Dienste einschließen.

Diese Verfassungsänderung bedeutet eine weitere Stärkung der Stellung des Staatspräsidenten, da die Möglichkeiten eines Dialogs mit dem Volk erweitert wurden. Gleichzeitig wurde die Rolle des Parlaments dadurch gestärkt, dass der Staatspräsident beide Kammern des Parlaments in einer Botschaft über das Referendum informiert, woran sich eine parlamentarische Debatte anschließt. Eine Abstimmung über das Referendum erfolgt jedoch nicht, da dadurch dem Parlament praktisch ein Vetorecht zugebilligt würde.

Hinsichtlich der Bedeutung des Referendums sei hier noch auf drei Tatbestände hingewiesen: die Diskrepanz zwischen Verfassungstext und Verfassungswirklichkeit, die Praxis de Gaulles, damit auch Verfassungsänderungen durchzusetzen, sowie eine sinkende Bedeutung dieses Verfassungsinstruments in den vergangenen Jahren.

Die Diskrepanz zwischen Verfassungstext und -wirklichkeit zeigt sich darin, dass, mit Ausnahme des Referendums über das Neukaledonien-Statut im November 1988, bei allen bisherigen Referenden die Initiative stets vom Präsidenten und nicht von der Regierung oder den beiden Kammern ausging. Ein Vorschlag seitens der Regierung zur Durchführung eines Referendums erfolgte also immer erst nach der Ankündigung eines solchen durch den Präsidenten, und das Referendum war, insbesondere für General de Gaulle, neben der Direktwahl das verfassungsmäßige Kommunikationsinstrument zwischen Präsident und Volk schlechthin. General de Gaulle wollte auf diese Weise nicht nur seine Politik, sondern auch seine Legitimität durch das Volk bestätigen lassen. So wurden denn auch vier der bislang neun durchgeführten Referenden von de Gaulle initiiert, und konsequenterweise trat er im April 1969 zurück, als er in einem Referendum keine Mehrheit erhielt. Während der Zeit der *Cohabitation* zeigte sich dann andererseits, dass das Referendum eben nur dann ein Instrument in der Hand des Präsidenten ist, wenn zwischen ihm und dem Premierminister politische Übereinstimmung besteht. Zum Machtkampf zwischen Premierminister und Staatspräsidenten taugt das Referendum eben nicht.

Hinsichtlich der Möglichkeit, mittels eines Referendums die Verfassung zu ändern, sei darauf hingewiesen, dass nach Artikel 89 der Verfassung eine Verfassungsänderung der Zustimmung beider Kammern des Parlaments bedarf. General de Gaulle setzte sich mit zwei Referenden über diese Bestimmung hinweg. So wurde 1962 die Direktwahl des Präsidenten durch das Volk, am Parlament vorbei, in einem Referendum beschlossen, und auch mit dem Referendum von 1969 über die Reform des Senats und die Regionalisierung wäre eine Verfassungsänderung verbunden gewesen, die einer Zustimmung durch die beiden Kammern des Parlaments bedurft hätte. Beide Male setzte sich de Gaulle auch über die ablehnende Stellungnahme des Staatsrats *(Conseil d'Etat)* hinweg, was deshalb möglich war, weil der Staatsrat nur beratende Befugnisse im Gesetzgebungsprozess besitzt. Bislang wurden die folgenden Referenden durchgeführt:

Am 8. Januar 1961 wurde die Algerienpolitik de Gaulles, die auf dem Prinzip der Selbstbestimmung *(autodétermination)* beruhte, mit 75,2 % der abgegebenen Stimmen, bei einer Wahlbeteiligung von 74,3 %, gebilligt.

Die Politik der Selbstbestimmung führte schließlich zu den Abkommen von Evian, mit denen Algerien in die Unabhängigkeit entlassen wurde. In einem Referendum am 8. April 1962 wurde diese mit 64,9 % der abgegebenen Stimmen, bei einer Wahlbeteiligung von 71,6 %, gebilligt.

Mit beiden Referenden wurde eine dramatische und schmerzliche Wende in der französischen Algerienpolitik von den Wählern sanktioniert. Anders als bei der sonstigen Entkolonialisierungspolitik war der Weg in die Unabhängigkeit dieses Territoriums durch die Anwesenheit von nahezu einer Million «europäischer» Algerien, der sog. *Pieds noirs,* erschwert. Für sie waren die algerischen Departements genauso ein Teil Frankreichs wie Korsika oder das Elsass. Auch de Gaulle hatte sich mehrfach gegen eine Unabhängigkeit Algeriens ausgesprochen und galt vor seiner Rückkehr an die Macht als ein entschiedener Vertreter der «Algérie française», auch wenn er diesen Ausdruck nur einmal öffentlich gebrauchte. Eine Wende in seiner Algerienpolitik musste deshalb eine Bestätigung direkt durch das Volk erhalten, da diese Politik seine Politik und nicht nur die der vom Parlament abhängigen Regierung war.

Im nächsten Referendum, am 28. Oktober 1962, wurde mit 61,8 % der abgegebenen Stimmen (bei einer Wahlbeteiligung von 75,2 %) die Direktwahl des Präsidenten der Republik beschlossen. Wie schon erwähnt, war dieses Referendum deshalb sehr umstritten, weil damit die Verfassung geändert wurde, ohne das hierfür vorgesehene Verfahren zu respektieren. Dieses Vorgehen de Gaulles führte dann auch zur Annahme eines Misstrauensvotums gegen Premierminister Georges Pompidou in der Nationalversammlung, was de Gaulle seinerseits mit der Auflösung der Nationalversammlung beantwortete. Mit diesem Referendum wurde die Stellung des Präsidenten deutlich gestärkt, konnte er für sein «Schiedsamt» jetzt doch auf die direkte Legitimation durch das Volk verweisen.

Im vierten Referendum unter der Präsidentschaft General de Gaulles, am 27. April 1969, sollte schließlich ein Gesetzentwurf bezüglich der Schaffung von Regionen und einer Reform des Senats gebilligt werden. Damit wurden zwei Reformvorhaben, die keinen unmittelbaren Zusammenhang aufwiesen, miteinander verbunden, und außerdem war die Reform des Senats, die auf dessen Abschaffung als politisches Entscheidungsorgan hinauslief, heftig umstritten. Warum de Gaulle dieses Referendum durchführen ließ, ist nicht endgültig geklärt. Sicher wollte er damit den Autoritätsverlust, den er durch die Ereignisse vom Mai 1968 erlitten hatte, ausgleichen. Es ist aber auch nicht auszuschließen, dass er den negativen Ausgang des Referendums einkalkulierte und sich damit die Gelegenheit eines würdigen Abgangs verschaffen wollte. Denn selbstverständlich hatte er seinen Rücktritt für den Fall angekündigt, dass er in dem Referendum keine Mehrheit erhielte. Wenn am Ende tatsächlich 53,2 % der Wähler mit Nein stimmten (bei einer Wahlbeteiligung von 78,4 %), dann war der Grund hierfür sicher ein allgemeiner Überdruss der Wähler nach über zehn Amtsjahren de Gaulles. Den letzten Ausschlag aber mögen zwei Personen gegeben haben: Giscard d'Estaing, der Führer der liberal-konservativen *Républicains indépendants*, die seit 1962 mit den Gaullisten in der Nationalversammlung eine Koalition bildeten, und Georges Pompidou. Der eine hatte seine Anhänger aufgefordert, in dem Referendum mit «Nein» zu stimmen, und der Zweite hatte mehrere Monate zuvor erklärt, im Falle eines Rücktritts de Gaulles für das Amt des Staatspräsidenten zu kandidieren. Die Alternative «Ich oder das Chaos», die in den Referenden von 1961 und 1962 die Franzosen erschreckte, galt nun nicht mehr. Ein Chaos drohte nicht, und ein Nachfolger stand bereit.

In der Folgezeit wurden zwei Referenden durchgeführt, die nicht mehr dieselbe politische Dimension besaßen wie jene unter der Amtszeit General de Gaulles. Georges Pompidou ließ am 23. April 1972 über die Erweiterung der Europäischen Gemeinschaft um Großbritannien, Irland, Dänemark und Norwegen ein Referendum durchführen, das 67,7 % Ja-Stimmen erhielt. Dennoch bedeutete dieses Referendum einen großen Prestigeverlust für Georges Pompidou, da nur 60,45 % der Wahlberechtigten an der Abstimmung teilnahmen. Darüber hinaus gaben noch 7,1 % einen weißen bzw. ungültigen Stimmzettel ab, so dass lediglich 36,11 % der Wahlberechtigten mit Ja gestimmt hatten.

Noch geringer war die Wahlbeteiligung beim Referendum über das Statut Neukaledoniens und die Selbstbestimmung dieses überseeischen Gebiets im Jahre 1988. Zwar wurde das zwischen dem Premierminister und den Vertretern der auf Neukaledonien lebenden Volksgruppen ausgehandelte Abkommen mit 80 % Ja-Stimmen angenommen – aber nur ganze 37 % der Wahlberechtigten nahmen überhaupt an der Abstimmung teil.

Und noch in einer weiteren Hinsicht stellte dieses Referendum ein Novum in der Geschichte der V. Republik dar: Erstmalig ging die Initiative hierzu nicht vom Präsidenten der Republik, sondern vom Premierminister aus. Genau genommen war das Referendum Teil des Abkommens über Neukaledonien, und insbesondere der Vertreter der Kanaken hatte auf eine solche feierliche Bestätigung des Abkommens Wert gelegt.

So zeigte sich, dass das Instrument des Referendums jene Bedeutung verloren hatte, die ihm noch unter der Amtszeit General de Gaulles zukam. Dies änderte sich erst wieder mit dem Referendum über die Ratifizierung des Vertrags von Maastricht, am 20. September 1992. Es führte zu einer heftigen innenpolitischen Debatte, in der sich neben den Kommunisten und den Rechtsextremisten vom Front National auch einzelne Politiker praktisch aller Parteien gegen den Vertrag aussprachen. Schließlich stimmten, bei einer Wahlbeteiligung von 69,78 %, gerade 51,04 % der Wähler mit Ja und billigten damit die Aufgabe wichtiger Souveränitätsrechte zur Verwirklichung der Europäischen Union sowie der Wirtschafts- und Währungsunion. Sowohl beim Entschluss Mitterrands, ein Referendum durchzuführen, wie auch beim Abstimmungsverhalten der Wähler spielten jedoch innenpolitische Überlegungen, die nicht in direktem Zusammenhang mit dem Vertrag von Maastricht standen, eine große Rolle. Mit dem Referendum von 2000 wurde die fünfjährige Amtszeit des Präsidenten der Republik, an Stelle des *septennats*, eingeführt. Hierfür hatten zwar über 73 % der Wähler gestimmt, allerdings bei einer Wahlbeteiligung von nur 30,2 %!

Besonders bedeutend war das Referendum vom 29. Mai 2005. Mit ihm sollte die europäische Verfassung ratifiziert werden, was formal auch durch die beiden Kammern hätte geschehen können. Aber Präsident Chirac wählte den Weg des Referendums, um so seine Stellung in Europa zu stärken. Die Wähler machten ihm jedoch wieder einmal einen Strich durch die Rechnung. Bei einer Wahlbeteiligung von knapp 70 % wurde die Verfassung mit 54,7 % der abgegebenen Stimmen abgelehnt. Europa fiel in eine tiefe Krise, und die Führungsrolle Frankreichs in Europa wurde nachhaltig geschwächt.

Die Sondervollmachten des Präsidenten der Republik im Falle des Notstands

Am deutlichsten werden die herausragende Stellung des Präsidenten der Republik und seine Schiedsfunktion in Artikel 16 der Verfassung dokumentiert. Im Falle des Notstands verfügt er über praktisch uneingeschränkte Vollmachten. Dieser Notstand liegt danach vor bei einer unmittelbaren und ernsten Bedrohung der Institutionen der Republik, der Unabhängigkeit der Nation, der Unversehrtheit *(intégrité)* des Staatsgebietes oder der Erfüllung internationaler Verpflichtungen oder wenn die ordnungsgemäße Ausübung der Staatsgewalt unterbrochen ist. In diesem Falle ergreift der Präsident der Republik «die Maßnahmen, die von diesen Umständen gefordert werden». Diese Maßnahmen müssen von dem Willen bestimmt sein, so bald wie möglich wieder die ordnungsgemäße Ausübung der Staatsgewalt zu ermöglichen. Das Parlament tritt während dieser Zeit automatisch *(de plein droit)* zusammen und kann auch nicht aufgelöst werden. Der Präsident gibt seinen Beschluss dem Volk durch eine Botschaft bekannt.

Bemerkenswert an diesem Verfassungsartikel ist zweierlei: Die Feststellung des Notstands trifft der Präsident allein, lediglich nach unverbindlicher Befragung *(consultation)* des Premierministers, der Präsidenten der beiden Kammern und des Präsidenten des Verfassungsrats. Und auch die Maßnahmen selbst unterliegen keiner Gegenzeichnung oder sonstigen Kontrolle, der Verfassungsrat ist hierüber lediglich zu befragen, ohne an dessen Stellungnahme gebunden zu sein.

Bislang wurde Artikel 16 erst einmal durch General de Gaulle im Zusammenhang mit dem Putsch der Generäle Challe, Salan, Jouhaud und Zeller in Algerien, am 23. April 1961, angewandt. Kritisiert wurde dabei, dass der Notstand dann bis zum 29. September 1961 in Kraft blieb, obwohl der Putsch bereits nach wenigen Tagen zusammengebrochen war.

Sonstige Befugnisse des Präsidenten der Republik

Das Initiativrecht bei Verfassungsänderungen Neben den Mitgliedern des Parlaments besitzt der Präsident der Republik nach Artikel 89 der Verfassung das Initiativrecht zur Änderung der Verfassung. Er bedarf in diesem Falle allerdings, wie beim Referendum, eines Vorschlags des Premierministers. Für die Annahme eines Entwurfs zur Verfassungsänderung gibt es zwei Wege:
– Die vom Präsidenten der Republik vorgeschlagene Verfassungsänderung wird von beiden Kammern getrennt verabschiedet und dann in einem Referendum bestätigt, oder
– Der Präsident beruft die beiden Kammern des Parlaments, die gemeinsam als *Congrès* tagen, ein und legt ihm den Entwurf vor. Die Verfassungsänderung ist dann angenommen, wenn sie mit der Mehrheit von drei Fünfteln seiner Mitglieder angenommen wird. In diesem Falle erübrigt sich ein Referendum.

Ernennungen in hohe Staatsämter Der Präsident der Republik ernennt, ohne Gegenzeichnung der Regierung, drei der neun Mitglieder des Verfassungsrats (Art. 56), unter ihnen dessen Präsidenten (zum Verfassungsrat siehe S. 109 f.). Da der Präsident des Verfassungsrats im Falle der Stimmengleichheit den Ausschlag gibt, kann der Staatspräsident so einen nicht geringen Einfluss auf die Haltung dieser Institution gegenüber der Regierung ausüben.

Als Hüter der Unabhängigkeit der Gerichte (Art. 64) führt er den Vorsitz im Obersten Rat für den Richterstand und die Staatsanwaltschaft *(Conseil supérieur de la magistrature)* und ernennt eines der drei externen Mitglieder sowie den – sehr einflussreichen – Verwaltungssekretär *(secrétaire administratif)* des Rates. Auf Vorschlag des Rates ernennt er die Richter am Kassationsgerichtshof *(Cour de cassation)*, die Präsidenten der Berufungsgerichtshöfe *(Cours d'appel)* sowie die Präsidenten der *Tribunaux de grande instance*, Gerichten der ersten Instanz, die ab einem bestimmten Streitwert zuständig sind.

Der Präsident der Republik ernennt die Inhaber der höchsten zivilen und militärischen Ämter, teilweise allein, teilweise im Ministerrat, der unter seinem Vorsitz tagt. So werden von ihm allein ernannt: die Staatsräte, der Großkanzler der Ehrenlegion, die Botschafter und außerordentlichen Gesandten, die Räte am Rechnungshof, die Präfekten und die Vertreter der Regierung in den überseeischen Gebieten. Vom Ministerrat (also unter Vorsitz des Staatspräsidenten) werden ernannt: die Generäle, die Rektoren der Akademien – *Académie* bedeutet hier «Verwaltungsbezirk auf dem Gebiet des Bildungswesens» – und die Direktoren der Zentralverwaltungen. Der Präsident der Republik übt also auch bei der Besetzung der höchsten Ämter im Staate einen weit größeren Einfluss aus, als dies normalerweise bei einem Staatsoberhaupt der Fall ist.

Die Verantwortlichkeit des Präsidenten der Republik

Nach Artikel 68 der Verfassung ist der Präsident der Republik für seine Handlungen bei der Ausübung seines Amtes lediglich im Falle des Hochverrats verantwortlich. Zur Erhebung der Anklage ist ein übereinstimmender Beschluss beider Kammern, der in geheimer Abstimmung mit jeweils der Mehrheit ihrer Mitglieder erfolgen muss, erforderlich. Das Urteil fällt dann der Hohe Gerichtshof *(La Haute Cour de justice)*.

Hinsichtlich der Befugnisse, die er mit Gegenzeichnung eines Ministers ausübt, trägt die Regierung die politische Verantwortung für die ergriffenen Maßnahmen. Handelt es sich jedoch um eigenständige Befugnisse des Präsidenten, die zum Teil ja von sehr großer Tragweite sind, kann er politisch nicht zur Verantwortung gezogen werden. Wie in einem präsidentiellen Regierungssystem üblich, besteht eine strikte Trennung der Gewalten zwischen Präsident und Parlament.

Der Präsident ist direkt vom Volk gewählt und damit auch nur diesem gegenüber verantwortlich. Diese Verantwortlichkeit besteht zwar nicht de jure, sie wurde in der Vergangenheit de facto von General de Gaulle jedoch anerkannt, als er im Referendum vom 27. April 1969 keine Mehrheit mehr erhielt und zurücktrat. Jacques Chirac trat jedoch nach dem gescheiterten Referendum vom Mai 2005 nicht zurück, und er regierte auch weiter, als er in den von ihm provozierten Neuwahlen zur Nationalversammlung 1997 eine verheerende Niederlage einstecken musste. Genauso wenig war auch François Mitterrand nach den Wahlen zur Nationalversammlung 1986 und 1993 zurückgetreten, als die Rechte bei den Wahlen zur Nationalversammlung als Sieger hervorging und er durch die deutliche Niederlage der Linken desavouiert wurde. Es ist schwer vorstellbar, dass de Gaulle in diesen Fällen weiterhin im Amt geblieben wäre.

Wenn die Verfassung der V. Republik eine gewisse Anomalie aufweist, dann liegt sie in der zwiespältigen Stellung des Premierministers. Denn obwohl letztlich dem Präsidenten der Republik die eigentliche Rolle eines Chefs der Exekutive zugedacht ist, trägt der Premierminister die politische Verantwortung gegenüber dem Parlament. So ist diese Verfassung eben, wie in der Einleitung zu diesem Kapitel schon erwähnt, eine spezifische Mischung der parlamentarischen und der präsidentiellen Traditionen Frankreichs und letztlich nur aus der französischen Geschichte heraus verständlich.

Das Präsidialamt

Die Dienststellen des Elysée-Palastes wurden unter der V. Republik eine Art «Superexekutive», die direkt dem Staatspräsidenten untersteht. Diese Konzentrationstendenzen waren besonders stark unter Präsident Giscard d'Estaing, während dessen Amtszeit immer mehr politische Entscheidungen, auch untergeordneter Art, in den Elysée verlagert wurden, während General de Gaulle den einzelnen Ministerien – außer dem Außen- und dem Verteidigungsministerium natürlich – einen viel größeren Handlungsspielraum beließ.

Wie einst die Verwaltung der königlichen Höfe besteht das Präsidialamt aus einer «*Maison militaire*» (Adjudantur) und einer *Mai-*

son civile (Zivilverwaltung). Die *Maison militaire* umfasst neben dem Kommandanten des Elysée-Palastes und fünf Stabsoffizieren den persönlichen Stab des Staatspräsidenten, an dessen Spitze ein Armeegeneral steht. Dieser unterstützt und berät den Staatspräsidenten in allen militärischen Fragen und gewährleistet die ständige Verbindung zu den für die Landesverteidigung zuständigen Gremien.

Die Zivilverwaltung umfasst das Generalsekretariat des Präsidialamtes und das Präsidialbüro *(Cabinet du président),* d. h. den Stab der engsten Mitarbeiter des Präsidenten, die 1969 zu einer Dienststelle verschmolzen wurden. Das Präsidialamt wird von einem Generalsekretär geleitet. Er unterstützt, informiert und berät den Staatspräsidenten sowohl in Ausübung seines politischen Amtes als auch bei der Wahrnehmung seiner Repräsentationsaufgaben. Er gewährleistet die Verbindung zu den einzelnen Ministerien und bereitet zusammen mit dem Generalsekretär der Regierung die Tagesordnung der Ministerratssitzungen vor. Er nimmt an diesen teil und führt dort Protokoll. Er sorgt für die Ausarbeitung der Entwürfe der Gesetze und Verordnungen und legt sie dem Präsidenten zur Unterzeichnung vor.

Mit diesen umfangreichen Befugnissen ist das Amt des Generalsekretärs des Präsidialamtes ein auch politisch sehr bedeutendes, und meist führte es später in andere herausragende Funktionen. So waren Außenminister Michel Jobert (1973–1974) und Premierminister Edouard Balladur früher Generalsekretäre des Elysée unter der Präsidentschaft Georges Pompidous, Außenminister Jean François-Poncet (1978–1981) hatte dieses Amt unter Präsident Giscard d'Estaing, Außenminister Hubert Védrine unter François Mitterrand und Premierminister Dominique de Villepin während der gesamten ersten Amtszeit von Präsident Chirac inne.

Die Außenpolitik – «domaine réservé» des Präsidenten der Republik

Gleichgültig, ob Frankreich eine eher präsidentielle Phase oder eine *Cohabitation* erlebt – in einem Punkte sind sich die Parteien der Rechten wie der Linken einig: In Fragen der Außen- und der Verteidigungspolitik kommt dem Präsidenten eine Vorrangstellung zu. Er vertritt Frankreich auf internationalen Konferenzen, wie z. B. dem Europäischen Rat oder den G8-Konferenzen auch dann, wenn die Regierung vom gegnerischen politischen Lager gestellt wird. Die Außen- und die Verteidigungspolitik werden deshalb häufig auch als «*domaine réservé*» des Präsidenten bezeichnet, auch wenn dieser Begriff verfassungsrechtlich nicht korrekt ist und auch nirgendwo in der Verfassung vorkommt. Zwar bestimmt Artikel 14 der Verfassung: «Der Präsident beglaubigt die Botschafter und außerordentlichen Gesandten bei ausländischen Staaten; die ausländischen Botschafter und außerordentlichen Gesandten werden von ihm beglaubigt.» Dies ist jedoch ein allgemein dem Staatsoberhaupt vorbehaltenes, protokollarisches Recht. Auch Artikel 52 macht die Außenpolitik noch nicht unbedingt zur Angelegenheit des Präsidenten. Darin heißt es: «Der Präsident der Republik führt die Verhandlungen und ratifiziert die Verträge. Er wird über jede Verhandlung unterrichtet, die auf den Abschluss eines internationalen Abkommens hinzielt, das nicht der Ratifizierung unterliegt.» (Zahlreiche wichtige Verträge oder Abkommen müssen jedoch nach Artikel 53 auf Grund eines Gesetzes ratifiziert oder genehmigt werden.) Auch in der Verfassung der III. Republik war es formell der Staatspräsident, der die Vertragsverhandlungen führte und die Verträge ratifizierte, ohne dass dies in Wirklichkeit der Fall war (siehe Alfred Grosser, Frankreich und seine Außenpolitik, München und Wien 1986, S. 184). Ebenso ist Artikel 15, nach dem der Präsident der Republik Oberbefehlshaber der Streitkräfte ist und den «Vorsitz in den obersten Räten und Ausschüssen für die Landesverteidigung» führt, keine ausreichende Rechtfertigung einer «*domaine réservé*». Denn schließlich hatte auch der Reichspräsident in der Weimarer Republik den Oberbefehl über die Streitkräfte, ohne dass er deshalb die Außenpolitik als seine eigene Domäne angesehen hätte. Schließlich muss hier auch noch erwähnt werden, dass nach den Artikeln 20 und 21 es die Regierung ist, die die Politik der Nation bestimmt und leitet und der Premierminister, der seinerseits die Tätigkeit der Regierung leitet.

Wenn die Außenpolitik schließlich unter der V. Republik doch in die Zuständigkeit des Präsidenten der Republik fiel, dann waren nach Alfred Grosser (a. a. O., S. 185 ff.) hierfür zwei Gründe maßgebend: das Schwinden des parlamentarischen Einflusses und damit die Machtverlagerung hin zum Präsidenten sowie der Umstand, dass für General de Gaulle die Außenpolitik die wichtigste Politik überhaupt war.

Liest man den ersten Abschnitt der Kriegsmemoiren General de Gaulles, jene Hymne an Frankreich, das ihn an die Prinzessin im Märchen oder an die Madonna der Wandfresken erinnert, «die für ein herausragendes und außergewöhnliches Schicksal bestimmt ist» *(vouée à une destinée éminente et exceptionnelle)*, oder denkt man an seine historische Rolle bei der Wiedergewinnung von Frankreichs «Rang», so wird deutlich, welche Bedeutung bei de Gaulle der Außenpolitik zukommt. Goguel/Grosser schreiben hierzu: «Was zählt, ist die Politik der als Person betrachteten Nation in der internationalen Politik, die einzig und allein als Auseinandersetzung und Rivalität von Nationalstaaten verstanden wird … In dieser Konzeption hat die Außenpolitik Vorrang gegenüber der Innenpolitik. Man kann sogar sagen, dass die Außenpolitik als die einzige echte Politik gilt.» (Alfred Grosser und François Goguel, Politik in Frankreich, Paderborn 1980, S. 345)

Auch die Nachfolger General de Gaulles sahen die Außenpolitik stets als ihre eigene Domäne an und entzogen sie damit der Regierung und der Kontrolle durch das Parlament. Deshalb wurden von den Präsidenten fast nie «Politiker» im engeren Sinne mit der Führung des Außenministeriums betraut, sondern vielmehr Diplomaten bzw. persönliche Vertraute des Präsidenten.

Wie weiter oben erwähnt, hatte es Präsident Mitterrand im Jahre 1986 nach dem Wahlsieg der Rechten und der Ernennung von Jacques Chirac zum Premierminister noch abgelehnt, den ihm vorgeschlagenen Jean Lecanuet zum Außenminister zu ernennen. Da dieser einer der führender Politiker der Parteien des Zentrums und Koalitionspartner von Chirac war, bestand nach Auffassung Mitterrands die Gefahr, dass das Außenministerium zum Objekt parteipolitischer Auseinandersetzungen und die Außenpolitik damit zum Diskussionsgegenstand in der Nationalversammlung geworden wäre. Dies erschien Präsident Mitterrand nicht annehmbar, weshalb er auf die Ernennung eines neutralen «Fachmanns» bestand und Chirac schließlich den Diplomaten Jean-Bernard Raimond vorschlug, den Mitterrand dann auch ernannte. Während der *Cohabitation* unter Präsident Chirac (1997–2002) hatte Hubert Védrine das Amt des Außenministers inne, der frühere Generalsekretär des Elysée unter Präsident Mitterrand, aber eben kein «Politiker».

So wurde auch während der Perioden der *Cohabitation* die besondere Verantwortlichkeit des Staatspräsidenten für die Außenpolitik respektiert. In gleicher Weise gilt dieses Gewohnheitsrecht auch bezüglich der Sicherheitspolitik. Bei der Besetzung des Verteidigungsministeriums behielten sich sowohl Präsident Mitterrand wie später auch Präsident Chirac während der Phasen der *Cohabitation* ein Mitspracherecht vor, womit sie ihre letztendliche Zuständigkeit für die Sicherheitspolitik unterstrichen. Denn er ist es, der als Oberbefehlshaber der Streitkräfte für den Einsatz der Atomwaffen zuständig ist. So hatte François Mitterrand schon 1983 erklärt: «Die entscheidende Figur bei der Strategie der Abschreckung in Frankreich ist das Staatsoberhaupt, das bin ich, alles hängt von seinem Entschluss ab.» (Le Monde, vom 18.11.1983)

2. Der Premierminister und die Regierung

Wie wir im vorhergehenden Kapitel gesehen haben, ist der vom Volk direkt gewählte Präsident der Republik de facto der Chef der Exekutive, wobei seine tatsächliche Machtstellung allerdings von den politischen Kräfteverhältnissen im Parlament abhängt. Sieht er sich im Parlament einer mit ihm nicht kooperationsbereiten Mehrheit gegenüber, gewinnt die Funktion des Premierministers deutlich an Gewicht, auch wenn damit das Regierungssystem noch kein rein parlamentarisches wird. Die Verfassung erwies sich in den Phasen der *Cohabitation* aber als voll funktionsfähig, was vorher in der Literatur meist als mehr oder weniger unmöglich bezeichnet worden war.

Liest man die vier Verfassungsartikel über die Regierung, so könnte man auf ein eher parlamentarisches Regierungssystem schließen. In Artikel 20 heißt es: «Die Regierung bestimmt und leitet die Politik der Nation. Sie verfügt über die Verwaltung und die bewaffnete Macht. Sie ist vor dem Parlament nach den in den Artikeln 49 und 50 festgelegten Verfahren verantwortlich.» Und Artikel 21 beginnt mit dem Satz: «Der Premierminister leitet die Tätigkeit der Regierung.» In der Verfassungswirklichkeit ist es jedoch der Präsident der Republik, der «die Richtlinien der Politik» bestimmt, und nicht der Premierminister. Wir wissen aus der jüngeren Vergangenheit aber auch, dass sich die Gewichte im Machtgefüge der Verfassung zeitweise auch hin zum Premierminister und zur Regierung verlagern können, ohne dass damit die Funktionsfähigkeit des Verfassungssystems in Frage gestellt würde. Man muss aber auch hier nochmals unterstreichen: Eine solche Machtverlagerung entspricht nicht dem Geist der Verfassung, und sie kann deshalb nur vorübergehend wirksam sein. François Mitterrand löste deshalb 1988 nach seiner Bestätigung im Amt als Präsident der Republik die Nationalversammlung auf, um dort eine mit ihm kooperationsbereite Mehrheit zu erhalten und damit das Experiment der *Cohabitation* beenden zu können.

Und hier lag auch das größte Problem der *Cohabitation* von Präsident Chirac und Premierminister Jospin: Die nächsten Präsidentschaftswahlen fanden erst fünf Jahre später, im Jahre 2002, statt, so dass die *Cohabitation* eine volle Legislaturperiode dauerte.

Ernennung und Rücktritt der Regierung

Der Premierminister wird vom Präsidenten der Republik ernannt (Art. 8), ohne dass Letzterer dabei formal irgendwelchen Beschränkungen unterworfen ist. Es findet auch nicht, wie unter der III. und der IV. Republik, eine vorherige, offizielle Konsultation der Parteiführer statt. (Sondierungsgespräche sind natürlich dann erforderlich, wenn der Präsident im Parlament keine mit ihm kooperationsbereite Mehrheit vorfindet.) Der Regierungschef ist eben nicht mehr der «*Président du Conseil*», wie unter der III. und IV. Republik, sondern nur der Premierminister, eben der «Erste Minister» des Präsidenten.

Der Präsident ernennt, auf Vorschlag des Premierministers, die Mitglieder der Regierung, wobei die Ernennung, wie wir gesehen haben, nicht nur ein formaler Vorgang ist. Ihm wird bei der Ernennung der entsprechenden Minister ein echtes Mitspracherecht zugebilligt. Dieses Mitspracherecht bezog sich unter den ersten drei Präsidenten der V. Republik de facto auf die gesamte Regierungsbildung, obwohl es hierfür in der Verfassung keine entsprechenden Bestimmungen gibt.

Nach Artikel 49 hängt die Regierung vom Vertrauen der Nationalversammlung ab, sie kann also von ihr gestürzt werden. Dennoch schreibt die Verfassung nicht vor, dass sich die Regierung nach ihrer Einsetzung dem Parlament vorstellen und die Vertrauensfrage stellen muss, wie dies unter den parlamentarischen Systemen der III. und IV. Republik erforderlich war. (Erst nach dieser «*investiture*» konnte der Präsident der Republik die Regierung ernennen.)

In den Anfangsjahren der V. Republik war es noch üblich, dass der neu ernannte Premierminister die Vertrauensfrage stellte, seit 1966 wich man von dieser parlamentarischen Gepflogenheit jedoch immer häufiger ab.

Einmal ernannt, hängt die Regierung also vom Vertrauen des Parlaments und – zumindest formal – nicht mehr von dem des Präsidenten der Republik ab. Dieser hat auf Grund der Verfassungsbestimmungen keine Möglichkeit, den Premierminister abzuberufen. Die Verfassungspraxis war jedoch bislang, mit Ausnahme der Phasen der *Cohabitation* natürlich, anders. Der Premierminister reichte stets dann den Rücktritt ein, wenn ihn der Präsident hierzu aufforderte.

Die Stellung der Regierungsmitglieder

Das Amt eines Regierungsmitglieds ist unvereinbar mit jedem öffentlichen Amt und mit der Ausübung einer privaten Berufstätigkeit sowie mit jeglicher berufsständischen Vertretung auf nationaler Ebene. Noch bedeutender allerdings ist die Tatsache, dass die Mitgliedschaft in der Regierung und ein parlamentarisches Mandat unvereinbar sind (Art. 23). Was eines der wichtigsten Merkmale parlamentarischer Regierungssysteme ist, nämlich die enge Verflechtung von Regierung und Mehrheitsfraktion («fusion of power»), wird hier von der Verfassung ausdrücklich untersagt.

Diese Bestimmung wurde von de Gaulle, der sich für ihre Aufnahme in die Verfassung energisch einsetzte, nicht nur zum Zwecke einer wirklichen Gewaltenteilung eingeführt. Sie sollte vielmehr die Kabinettsdisziplin fördern und die in der III. und IV. Republik übliche Jagd der Abgeordneten nach Ministerposten unterbinden. Verstößt ein Minister gegen die Kabinettsdisziplin und wird deshalb entlassen, so erhält er nicht automatisch wieder sein Parlamentsmandat, er verliert also, zumindest für einige Zeit, seine politische Wirkungsplattform.

Im Gegensatz zum Staatspräsidenten sind die Regierungsmitglieder straf- und zivilrechtlich verantwortlich und können von jedem ordentlichen Gericht belangt werden. Im Falle von kriminellen Handlungen oder von Vergehen bei der Amtsführung können sie vor den mit der Verfassungsänderung von 1993 neu geschaffenen Gerichtshof der Republik *(Cour de justice de la République)* zitiert werden.

Die Zusammensetzung der Regierung

Neben dem Premierminister umfasst die Regierung Minister und meist auch Staatssekretäre von unterschiedlichem Status.

Protokollarisch herausgehoben sind die Staatsminister *(Ministres d'Etat)*, die üblicherweise als führende Persönlichkeiten der Regierungsparteien oder deren wichtigste Strömungen die Regierung in gewissem Sinne parteipolitisch zusätzlich absichern. Ebenso kann durch den Titel eines Staatsministers auch einfach eine herausragende Persönlichkeit besonders hervorgehoben werden. Deshalb müssen Staatsminister nicht unbedingt gleichzeitig auch ein Ressort verwalten.

Neben den eigentlichen Ministern, die an der Spitze eines Ministeriums stehen, kennt man noch sog. *Ministres délégués,* die meistens dem Amt des Premierministers zugeordnet sind und spezielle Aufgaben wahrnehmen (wie z. B. die Beziehungen mit dem Parlament). Sind sie einem anderen Minister zugeordnet, so stehen sie in der Regel einer Abteilung vor.

Die Staatssekretäre *(Secrétaires d'Etat)* sind ebenfalls entweder dem Premierminister *(«auprès du Premier ministre»)* oder einem Ministerium zugeordnet und vertreten den Minister im Rahmen der ihnen übertragenen Befugnisse. Ebenso kann ihnen die direkte Verantwortung für einzelne Abteilungen des Ministeriums übertragen werden. Im Allgemeinen nehmen sie an den Sitzungen des Ministerrats nicht teil.

Die Befugnisse der Regierung

Nach Artikel 20 der Verfassung ist es die Regierung, die die Politik der Nation «bestimmt und leitet». Sie verfügt hierzu über die Verwaltung und die sog. *Force armée,* also die Streitkräfte und die Sicherheitsorgane. Neben diesem Vorrecht, die Politik zu definieren und auszuführen, sind die folgenden Bestimmungen hervorzuheben:

– Die Regierung erörtert und verabschiedet die vom Premierminister vorgelegten Gesetzesentwürfe *(projets de loi)* und hat mehrere Möglichkeiten, in den Gesetzgebungsprozess des Parlaments einzugreifen.

– Die Regierung kann dem Präsidenten der Republik die Durchführung eines Referendums vorschlagen und damit de facto das Parlament bei der Gesetzgebung umgehen.

- Eine Reihe von Dekreten zur Ausführung ihres Regierungsprogramms müssen vom Ministerrat verabschiedet werden. Auch die Ernennung einiger hoher Beamter erfolgt auf Grund eines Beschlusses des Ministerrats. Im Gegensatz zu den *décrets réglementaires*, die als Rechtsverordnungen allgemeine Angelegenheiten regeln und für eine unbestimmte Anzahl von Personen gelten, handelt es sich bei den Ernennungsdekreten um *décrets individuels*. Auch hier muss angemerkt werden, dass der Präsident die Unterzeichnung solcher Dekrete verweigern und damit die Regierungstätigkeit lahm legen kann.

- Die Gesetzgebung mittels Verordnungen *(ordonnances)* unterliegt ebenfalls der Beschlussfassung durch die Regierung. Bei den *ordonnances* handelt es sich um Verordnungen, mit denen die Regierung auf der Grundlage eines «Ermächtigungsgesetzes» *(Loi d'habilitation)* für eine begrenzte Dauer Maßnahmen ergreifen kann, die normalerweise einem Gesetz vorbehalten sind. Die vom Ministerrat verabschiedeten *ordonnances* müssen ebenfalls vom Präsidenten der Republik unterzeichnet und innerhalb einer vom Parlament festgelegten Frist diesem zur Bestätigung vorgelegt werden. Verweigert der Präsident seine Unterschrift, so bleibt der Regierung hier immer noch der Weg über die reguläre Gesetzgebung durch das Parlament. Hierzu war die Regierung Chirac während der *Cohabitation* von 1986 bis 1988 mehrfach gezwungen, da Mitterrand nicht bereit war, alle Beschlüsse der sozialistischen Vorgängerregierungen (so z. B. die Verstaatlichungen zahlreicher Unternehmen) auf dem Verordnungswege – also mit seiner ausdrücklichen Zustimmung – rückgängig machen zu lassen.

- In der Zuständigkeit der Regierung liegt es, den Belagerungszustand *(Etat de siège)* auszurufen. Sollte dieser zwölf Tage überschreiten, muss das Parlament zustimmen (Art. 36). Ebenso werden die Mobilmachung und die sog. *Mise en garde* (eine Art «Spannungsfall» als Vorstufe zur Mobilisierung) vom Ministerrat per Dekret beschlossen, während die Kriegserklärung dem Parlament vorbehalten ist (Art. 35). Alle diese Bestimmungen brauchten bislang jedoch glücklicherweise nie angewandt zu werden.

– Schließlich muss der Ministerrat einen entsprechenden Beschluss fassen, wenn der Premierminister die Vertrauensfrage stellen will (Art. 49).

Der Premierminister

Die Verfassungsbestimmung (Art. 21), nach der der Premierminister die Tätigkeit der Regierung leitet *(dirige l'action du gouvernement)*, ist nicht vergleichbar mit Artikel 65 des Grundgesetzes der Bundesrepublik Deutschland, nach dem der Bundeskanzler die Richtlinien der Politik bestimmt. Denn diese bestimmt in Wirklichkeit der Präsident der Republik, der ja auch den Vorsitz im Ministerrat führt (Art. 9). Diesen Vorsitz führt er normalerweise (also außer in Zeiten der *Cohabitation*) effektiv und nicht nur, wie unter der III. und der IV. Republik, formal. Man könnte also sagen, dass der Präsident die großen Leitlinien der Politik vorgibt und die Regierung diese Politik in die Tat umsetzt.

Der Premierminister ist an die Beschlüsse des Ministerrats gebunden und leitet die Tätigkeit der Regierung im Rahmen dieser Beschlüsse. Er ist ferner für die Durchführung der Gesetze verantwortlich und besitzt die Verordnungsgewalt *(pouvoir réglementaire)*.

Die Verordnungsgewalt – mit Gegenzeichnung des jeweiligen Fachministers – stellt ein sehr wichtiges Vorrecht des Premierministers dar, zumal die Bereiche, die der Gesetzgebung durch das Parlament unterliegen, sehr stark zu Gunsten der Verordnungsgewalt der Regierung bzw. des Premierministers eingeschränkt wurden. Ferner liegt das Erlassen von Durchführungsverordnungen *(règlements d'application)* zu Gesetzen, die vom Parlament verabschiedet wurden, in seiner Zuständigkeit. Die Verordnungsgewalt des Premierministers erfährt jedoch eine Einschränkung dadurch, dass solche Dekrete und Verordnungen, die im Ministerrat beschlossen werden müssen, vom Präsidenten der Republik zu unterzeichnen sind. Eine Übereinstimmung zwischen den beiden Spitzen der Exekutive in der Sache ist dabei also erforderlich.

Unter den sonstigen Befugnissen – neben denen, die jedem Regierungschef zustehen – seien hier besonders hervorgehoben:
– Der Premierminister kann vom Präsidenten der Republik mit dem Vorsitz der Räte und Ausschüsse für Landesverteidigung *(Con-*

seils et comités de la défense nationale) betraut werden. Der Präsident kann ihm ferner, allerdings nur für eine genau festgelegte Tagesordnung, den Vorsitz im Ministerrat übertragen. Unter Vorsitz des Premierministers kann die Regierung lediglich als Kabinettsrat *(Conseil de cabinet)* zusammentreten, ohne jedoch Beschlüsse fassen zu können. Deshalb dienen solche Sitzungen im Wesentlichen auch der Vorbereitung eines Ministerrats, was besonders während der Zeit der *Cohabitation* geschah.

– Der Premierminister muss vom Präsidenten der Republik vor dessen Beschluss zur Parlamentsauflösung und der Anwendung des Artikels 16 (Notstandsartikel) gehört werden.

– Er hat gegenüber dem Präsidenten ein Vorschlagsrecht bezüglich der Ernennung der Minister und einer möglichen Verfassungsänderung. Der Präsident braucht jedoch einem Vorschlag seines Premierministers nicht in derselben Weise zu folgen wie etwa der Bundespräsident einem Vorschlag des Bundeskanzlers, da er diesem Vorschlagsrecht seine Legitimation durch die Direktwahl entgegenhalten kann.

– Er hat, neben den Mitgliedern des Parlaments, das Recht, Gesetzesvorlagen einzubringen, nachdem diese vom Ministerrat verabschiedet wurden (Art. 39).

– Wenn bei einer Gesetzesvorlage beide Kammern des Parlaments keine Einigung erzielen, kann der Premierminister einen Vermittlungsausschuss einsetzen (Art. 45).

– Er kann, neben dem Präsidenten der Republik, den Präsidenten der beiden Kammern sowie 60 Abgeordneten oder 60 Senatoren, den Verfassungsrat *(Conseil constitutionnel)* anrufen, wenn er ein verabschiedetes Gesetz für verfassungswidrig hält (Art. 61).

– Er kann, nach Beratung im Ministerrat, die Vertrauensfrage stellen (Art. 49).

Die Dienststellen des Premierministers

Der Amtssitz des Premierministers ist das «*Hôtel Matignon*» in der rue de Varenne, also auf dem linken Seineufer, auf dem sich auch die meisten Ministerien befinden. Das Amt des Premierministers umfasst dessen Kabinett und das Generalsekretariat der Regierung.

Das Kabinett *(cabinet)* entspricht im Deutschen etwa dem «Ministerbüro» und umfasst eine Anzahl von persönlichen Mitarbeitern des Premierministers, die gleichzeitig in ständiger Verbindung mit dem Präsidialamt und den einzelnen Fachministerien stehen.

Eine besondere Bedeutung bei der Regierungsarbeit kommt dem *Secrétariat général du gouvernement* zu, das ebenfalls direkt dem Premierminister untersteht. Im Gegensatz zum *cabinet* ändert sich aber seine Zusammensetzung nicht automatisch bei einem Regierungswechsel. Es ist vielmehr ein Verwaltungsorgan, das die Aufgabe hat, die Arbeit der Dienststellen des Premierministers sowie die der einzelnen Ministerien zu koordinieren, und ist somit nicht mit dem Kanzleramtsminister in Deutschland vergleichbar. An der Spitze des Generalsekretariats steht ein hoher Beamter, der seit 1946 stets Mitglied des *Conseil d'État* ist. Eine besondere Bedeutung kommt dem Generalsekretär der Regierung bei der Abstimmung der Regierungsarbeit mit dem Generalsekretär des Elysée-Palastes zu. Gemeinsam bereiten sie die Tagesordnung der Ministerratssitzungen vor, nehmen an den Sitzungen teil und führen dort Protokoll.

Unter den zahlreichen Dienststellen des Generalsekretariats der Regierung seien hier zwei noch besonders hervorgehoben: das Planungskommissariat *(Commissariat général du Plan)* und die Raumordnungsbehörde *(Délégation à l'aménagement du territoire et à l'action régionale – DATAR)*.

Das Planungskommissariat war noch unter der Provisorischen Regierung General de Gaulles nach dem Zweiten Weltkrieg, im Januar 1946, geschaffen worden. Zu seinem ersten Präsidenten wurde Jean Monnet ernannt, der später einer der Väter des europäischen Einigungsgedankens wurde und u. a. den Plan für eine Europäische Gemeinschaft für Kohle und Stahl (Montanunion) entwarf. Dem Planungskommissariat obliegen die Ausarbeitung der die französische Wirtschaftsordnung der *planification* kennzeichnenden 5-Jahres-Pläne und die Überwachung von deren Durchführung.

Die Raumordnungsbehörde DATAR wurde 1963 geschaffen, um die zur Durchführung der 5-Jahres-Pläne erforderlichen Infrastrukturmaßnahmen zu koordinieren. Insofern spielt sie auch eine bedeutende Rolle bei der wirtschaftlichen Entwicklung der Regionen.

Schließlich sei hier noch erwähnt, dass die Kaderschmiede für die höchsten Verwaltungslaufbahnen, die *Ecole nationale d'administration (ENA)*, ebenfalls dem *Secrétariat général du gouvernement*, also einer Dienststelle des Premierministers, untersteht.

Die «großen» Ministerien

Auch in Frankreich sind die Anzahl und die Zuständigkeiten der Ministerien einem stetigen Wandel unterworfen. Dieser wird einerseits durch die Einbeziehung neuer Aufgabengebiete in die Zuständigkeit der Regierung bedingt (wie Umweltschutz, Technologie, Europafragen etc.), gleichzeitig spiegeln die Schaffung neuer Ministerien und die Veränderungen der Bezeichnungen auch die politischen Zielsetzungen der jeweiligen Regierung wider. So wurde das Innenministerium nach dem Wahlsieg der Linken im Jahre 1981 in «Ministerium für Inneres und Dezentralisierung» *(Ministère de l'intérieur et de la décentralisation)* umbenannt, während nach dem Wahlsieg der Rechten im Jahre 1986 das Wirtschafts- und Finanzministerium für zwei Jahre zum «Ministerium für Wirtschaft, Finanzen und Privatisierung» *(Ministère de l'économie, des finances et de la privatisation)* wurde. Im Folgenden wollen wir kurz die Bedeutung der wichtigsten Ministerien skizzieren.

Das Außenministerium

Wegen der besonderen Bedeutung der Außenpolitik im Staatsverständnis der V. Republik sei hier das Außenministerium *(Ministère des affaires étrangères)* als Erstes erwähnt. Es hat seinen Sitz am Quai d'Orsay, der in der Presse häufig auch als Bezeichnung für das Ministerium selbst gebraucht wird.

Von den Abteilungen, die das Außenministerium, wie auch in anderen Ländern, üblicherweise umfasst, sei hier insbesondere die Kulturabteilung des Quai d'Orsay erwähnt, die sich für die Verbreitung und Förderung der französischen Sprache auf der Welt einsetzt und der eine besonders große Bedeutung zugemessen wird. Für das *«rayonnement»* der französischen Sprache wurde in den 80er Jahren sogar das Amt eines bis heute bestehenden Staatsministers für die Frankophonie» *(Ministre délégué à la francophonie)* geschaffen, das auch die Beziehungen mit den ehemaligen Kolonien und anderen frankophonen Staaten mit besonderer Sorgfalt pflegt.

Das Verteidigungsministerium

Ebenso wie die Außenpolitik gilt auch die Verteidigungspolitik als *domaine réservé* des Präsidenten der Republik, der nach Artikel 15 der Verfassung «*Chef des armées*» ist. Er führt also im Kriegsfalle den Oberfehl über die Streitkräfte, und er allein entscheidet gegebenenfalls über den Einsatz von Nuklearwaffen. Die Grundzüge der Verteidigungspolitik werden unter seinem Vorsitz im Ministerrat beschlossen, während die Entscheidungen über die Organisation der Streitkräfte und ihre Ausrüstung, ebenfalls unter seinem Vorsitz, im *Conseil de défense* getroffen werden. Ihm gehören neben dem Präsidenten der Republik der Premierminister, der Verteidigungs-, Außen-, Innen- sowie der Wirtschafts- und Finanzminister an. Der Generalstabschef sowie die Stabschefs der drei Teilstreitkräfte nehmen ebenfalls regelmäßig an den Sitzungen teil.

Das Verteidigungsministerium (*Ministère de la défense*) hat seinen Sitz in der rue St. Guillaume, auf dem linken Seineufer. Seit dem Zweiten Weltkrieg umfasst es alle drei Streitkräfte (*de terre, de l'air et de mer*).

Bemerkenswert ist im Zusammenhang mit dem Verteidigungsministerium auch, dass die *Gendarmerie nationale* dem Verteidigungsministerium untersteht, obwohl sie – zumindest in Friedenszeiten – nahezu ausschließlich polizeiliche Aufgaben wahrnimmt.

Das Innenministerium

Das Innenministerium (*Ministère de l'intérieur*) wurde mit dieser Bezeichnung bereits unter der Großen Revolution, im Jahre 1791, geschaffen. Aus ihm gingen dann in der Folgezeit alle jenen Ministerien hervor, die besondere Aufgaben im Rahmen der Verwaltung des Staates ausüben, wie das Erziehungsministerium, das Postministerium etc. Heute hat es seinen Sitz an der *Place Beauvau*, in unmittelbarer Nähe des Elysée-Palastes.

Seit der Verwaltungsreform von 1985 gibt es drei Hauptabteilungen:
– die Hauptabteilung für Verwaltungsangelegenheiten (*Direction générale de l'administration*), deren Aufgabe es ist, die politische Entwicklung im Lande zu verfolgen, die Tätigkeit der Präfekten und Unterpräfekten (*Préfets et Sous-préfets*) sowie der Zentral-

und Departementsverwaltung zu überwachen und schließlich die Durchführung der Wahlen und Volksbefragungen zu organisieren
- die Hauptabteilung für die Gebietskörperschaften *(Direction générale des collectivités locales),* deren Aufgaben seit der Regionalreform von 1983 im Wesentlichen in der Umsetzung der diesbezüglichen Gesetze, der Organisation der Beziehungen zwischen dem Staat und den Gebietskörperschaften besteht
- die Hauptabteilung für das Polizeiwesen, in der alle Polizeidienste Frankreichs zentral zusammengefasst sind, also die Stadtpolizeien *(Polices urbaines),* die Bereitschaftspolizei *(Compagnie républicaines de sécurité – CRS),* die Kriminalpolizei *(Direction centrale de la police judiciaire),* die Spionageabwehr *(Direction de la surveillance du territoire)* sowie eine Abteilung, die teilweise Aufgaben des Verfassungsschutzes wahrnimmt und die die innenpolitische Entwicklung beobachtet *(Direction centrale des renseignements généraux).*

Das Wirtschafts- und Finanzministerium

Im Gegensatz zur Bundesrepublik sind in Frankreich die Ressorts für Wirtschaft und Finanzen seit 1959 meist in einem einzigen Ministerium zusammengefasst. Es ist somit für den gesamten Bereich der Wirtschaftspolitik und für die Staatsfinanzen zuständig. Aus diesem Grunde, aber auch wegen seiner langen Tradition – es geht auf die bereits im Jahre 1303 von König Philipp IV. dem Schönen geschaffene *Chambre des comptes* zurück – gehört es zu den ranghöchsten Ministerien Frankreichs. Untergebracht war es auch bis 1989 in wahrhaft königlicher Umgebung, dem Louvre. Seither befindet es sich in modernen Bürogebäuden außerhalb des Stadtzentrums, im Stadtteil Bercy.

Wegen der Bedeutung des Ministeriums sind ihm meist Staatsminister *(Ministres délégués)* oder Staatssekretäre *(Secrétaires d'Etat)* mit wechselnden Zuständigkeiten zugeordnet, so für das Budget, für den Außenhandel, für das Handwerk, die Konsumenten etc.

Unter den wichtigsten Abteilungen bzw. Zuständigkeiten des Ministeriums seien hier genannt:
- die *Direction du budget,* die den Staatshaushalt vorbereitet, die Auswirkungen von Gesetzesvorhaben auf die öffentlichen Finan-

zen untersucht und die Finanzbeziehungen mit den Gebietskörperschaften unterhält
- die *Direction du trésor,* eine Art «Schatzamt», die für die Ab-
wicklung der Einnahmen und Ausgaben des Staates zuständig
ist, die Aufsicht *(tutelle)* über das Banken- und Sparkassenwesen
führt und für den Devisenverkehr mit dem Ausland sowie die
Verwaltung der Währungsreserven zuständig ist
- die Abteilung für das öffentliche Rechnungswesen, die Generaldirektion für Steuern und die Generaldirektion für Zollwesen
und indirekte Steuern. Schließlich ist auch das Institut für Statis-
tik und Wirtschaftsstudien INSEE als Generaldirektion dem
Ministerium zugeordnet.

Eine besondere Bedeutung kommt der Generalinspektion der Finanzen *(Inspection générale des finances)* zu, die zu den sog. *Grand
corps de l'Etat* gehört und zu der man in der Regel über ein Studium
an der *ENA* Zugang findet. Ihr unterliegt die Kontrolle der gesamten
Staatsfinanzen bzw. deren Beamten. Darüber hinaus hat sie auch
eine Kontrollbefugnis gegenüber allen Unternehmen, Institutionen
etc., die vom Staat Subventionen oder Kredite erhalten.

3. Das Parlament

«Die nationale Souveränität liegt beim Volk, das sie durch seine
Vertreter und durch Volksentscheid ausübt» (Art. 3). In der Verfas-
sung sind also ausdrücklich beide Formen genannt, mit denen das
Volk seinen politischen Willen zum Ausdruck bringen kann: die
direkte Form des Referendums und die indirekte Form über das
Parlament.

Das Parlament der V. Republik besteht aus zwei Kammern: der
Nationalversammlung und dem Senat.

Die Nationalversammlung *(Assemblée nationale)* hat seit der
Wahlrechtsreform und neuen Wahlkreiseinteilung von 1986 577 Ab-
geordnete *(députés),* die in allgemeiner und direkter Wahl auf fünf
Jahre gewählt werden. Sie hat ihren Sitz im Palais Bourbon.

Der Senat hat 317 Mitglieder *(sénateurs),* die indirekt gewählt
werden. 21 Senatoren vertreten die überseeischen Gebiete und acht
die im Ausland lebenden Franzosen. Er hat seinen Sitz im Palais du
Luxembourg.

Wenn das Parlament im politischen System Frankreichs an Bedeutung verloren hat, dann spiegelt dies nicht nur einen allgemeinen Macht- und Funktionsverlust der Parlamente in den westlichen Demokratien wider, sondern auch ganz spezifisch französische Gegebenheiten. Nach den schlechten Erfahrungen der III. und der IV. Republik, in denen das Parlament fast nie zur Bildung von stabilen Regierungsmehrheiten fähig war, sollte mit der Verfassung von 1958 ein System geschaffen werden, in dem stabile Regierungen auch angesichts eines durch ein Vielparteiensystem geprägten Parlaments möglich sein sollten. Denn kaum etwas rief bei de Gaulle einen solch starken Widerwillen hervor wie die Herrschaft der Parteien *(le régime des partis)*, das die Regierung daran hinderte zu regieren und ihn bereits 1946 resignierend sein Amt als Präsident der Provisorischen Regierung niederlegen ließ.

Die Zuständigkeiten des Parlaments mussten also enger gefasst und seine Arbeit streng reglementiert werden, so dass es nicht mehr uneingeschränkt über alle jene Befugnisse verfügte, die ein Parlament in einem parlamentarischen System üblicherweise auszeichnen: die Einsetzung der Regierung, deren Kontrolle sowie die Gesetzgebung. Die Bestimmung des Regierungschefs wurde ihr völlig entzogen und dem Präsidenten der Republik zugewiesen, die Möglichkeit zur Kontrolle der Exekutive geschwächt und die Gesetzgebung zu Gunsten der exekutiven Verordnungsgewalt auf einen genau definierten Katalog begrenzt und durch Verfahrensvorschriften geschwächt.

Neben diesen verfassungsrechtlichen Gründen sind auch politische Veränderungen für den Machtverlust des Parlaments verantwortlich. Erstmalig in der parlamentarischen Geschichte Frankreichs kam es unter der V. Republik zu stabilen und dauerhaften Regierungsmehrheiten um eine Regierungspartei, der es sogar zweimal gelang, zeitweilig die absolute Mehrheit der Sitze zu erringen. So kam es zu jener Verschränkung der Gewalten, also der Kontrolle der Mehrheitsfraktion durch die Regierung, die einerseits die Bildung stabiler Regierungen ermöglichte, andererseits aber die Kontrolle der Exekutive durch das Parlament auf die in sich gespaltene Opposition verlagerte.

Die Befugnisse der beiden Kammern *(Assemblées* oder *chambres)* sind von unterschiedlichem Gewicht. Beide üben zwar gemeinsam die gesetzgebende Gewalt aus, einschließlich der Verabschiedung des Haushalts, hierbei hat jedoch die Nationalversammlung ein deutliches Übergewicht. Außerdem hat nur sie auch politische Befugnisse, da sie allein die Regierung stürzen kann.

Die Wahlen zu den beiden Kammern

Um das passive Wahlrecht zu besitzen, muss man zunächst wahlberechtigt sein, was im Einzelnen bedeutet, dass man französischer Staatsbürger, in die Wahlliste eingetragen und im Besitz der bürgerlichen Ehrenrechte sein muss. Ferner muss der Bewerber seine Wehrpflicht bzw. den Zivildienst erfüllt haben.

Nicht wählbar sind einige hohe Beamte wie Präfekten in ihren Departements bzw. Regionen während ihrer Amtsausübung und noch drei Jahre danach, Unterpräfekten und Generalsekretäre von Präfekturen während und bis ein Jahr nach ihrer Amtszeit, Richter, Staatsanwälte, Polizeidirektoren auf Departementsebene, von der Regierung eingesetzte Generalinspektoren *(Inspecteurs généraux)* der verschiedensten Verwaltungsbereiche etc. Das Mindestalter für die Wählbarkeit in die Nationalversammlung beträgt 23 Jahre, für den Senat 35 Jahre.

Unvereinbar mit der Ausübung eines Parlamentsmandats sind ein Ministeramt, die Mitgliedschaft im Verfassungsrat *(Conseil constitutionnel)* oder die Übernahme einer «mission» durch die Regierung, die länger als sechs Monate dauert. In diesen Fällen muss sich der Gewählte also entscheiden: Übernimmt er sein Mandat in der Nationalversammlung oder dem Senat nicht, so tritt an seine Stelle dessen Stellvertreter *(suppléant)*. Seit 1972 ist die Unvereinbarkeit ferner auch auf die Funktionen eines Generaldirektors in einem Staatsbetrieb bzw. in einem Privatunternehmen, das in bedeutendem Umfange öffentliche Aufträge bzw. Subventionen erhält, ausgedehnt worden.

Die Abgeordneten der Nationalversammlung werden von der gesamten Wählerschaft, d. h. von allen auf den Wahllisten eingetragenen Wahlberechtigten ihres Wahlkreises, gewählt. Das Mindestwahlalter beträgt 18 Jahre.

Die Senatoren werden in indirekter Wahl auf Departementsebene von einem Wahlkollegium *(collège électoral)* gewählt. Diesem gehören an: alle Abgeordneten des Departements, alle Mitglieder des Generalrats *(Conseil général)*, also der gewählten Vertretung des

Departements, sowie eine Anzahl von Vertretern der Gemeinderäte, deren Zahl sich nach der Bevölkerungszahl richtet, aber nicht im Verhältnis zu ihr steht, was eine Untervertretung der Städte und eine überproportionale Vertretung der kleinen Landgemeinden im Senat zur Folge hat. Deshalb ist der Senat auch immer ein eher konservatives Element in der Gesetzgebung. Die Senatoren werden auf neun Jahre gewählt. Alle drei Jahre wird der Senat zu einem Drittel erneuert.

Das Wahlverfahren zur Nationalversammlung wurde seit der Einführung des allgemeinen Wahlrechts im Jahre 1948 – das Frauenwahlrecht wurde erst 1946 eingeführt – insgesamt 14-mal geändert. Dabei standen die beiden folgenden Grundvarianten zur Verfügung: das Verhältniswahlrecht mit Listenwahl auf Departementsebene *(représentation proportionnelle)* und das romanische Mehrheitswahlrecht mit zwei Wahlgängen *(scrutin uninominal majoritaire à deux tours)*. Ab 1958 galt das romanische Mehrheitswahlrecht. Es wurde auf Veranlassung von Präsident Mitterrand jedoch im Juli 1985 durch das Verhältniswahlrecht ersetzt, um auf diese Weise den sich abzeichnenden Wahlsieg der Rechten abzumildern. Nach dem romanischen Mehrheitswahlrecht hätte die Rechte eine Mehrheit von etwa 120 Sitzen erhalten. Durch das zuvor eingeführte Verhältniswahlrecht verringerte sich diese jedoch auf drei Sitze. Eine weitere Konsequenz der Einführung des Verhältniswahlrechts war der erstmalige Einzug von 35 Abgeordneten des rechtsradikalen *Front National* in die Nationalversammlung, was zu weiteren Schwierigkeiten für die bürgerliche Rechte führte. Den Taktiker Mitterrand dürfte dies nicht unbedingt gestört haben.

Unter der Regierung von Premierminister Jacques Chirac wurde dann wieder das Mehrheitswahlrecht eingeführt, welches in den Wahlen vom Juni 1988 die Sozialistische Partei als stärkste Partei begünstigte. In den Wahlen von 1993 machte es jedoch aus der Wahlniederlage der Linken ein Wahldebakel. Mit knapp 39 % der Stimmen im ersten Wahlgang kam die Linke am Ende gerade noch auf 20 % der Sitze, während die (nichtextremistische) Rechte mit 39,5 % der Stimmen im 1. Wahlgang am Ende auf 70 % der Sitze kam. Ein umgekehrtes, wenn auch nicht so extremes Ergebnis gab es dann in den Wahlen von 1997. Im ersten Wahlgang erhielt die Linke 42 % der Stimmen, verfügte nach dem 2. Wahlgang aber über 54 % der Sitze.

Gewählt ist nach diesem Verfahren, wer im 1. Wahlgang die absolute Mehrheit der abgegebenen Stimmen und mindestens ein Viertel der Zahl der Wahlberechtigten erhält. Erfüllt keiner der Kandidaten diese Voraussetzungen, so kommt es zu einem zweiten Wahlgang, in dem nur noch kandidieren darf, wer im 1. Wahlgang die Stimmen von mindestens 12,5 % der stimmberechtigten Wähler erhalten hatte. Gewählt ist dann der Kandidat mit den meisten Stimmen. (Im nächsten Kapitel werden die Auswirkungen des Wahlrechts auf die Entwicklung des Parteiensystems unter der V. Republik noch ausführlicher dargestellt.)

Für die Senatswahlen ist je nach Größe des Departements der Wahlmodus verschieden. Hat das Departement bis zu vier Senatoren zu wählen, so kommt ein Mehrheitswahlverfahren mit zwei Wahlgängen und Panaschieren, d. h. freier Auswahl der Kandidaten aus verschiedenen Wahllisten, zur Anwendung. Um im ersten Wahlgang gewählt zu werden, muss der Bewerber hier die gleichen Bedingungen erfüllen wie bei der Wahl der Abgeordneten. Hat das Departement fünf oder mehr Senatoren zu wählen (das gilt für insgesamt fünf Departements), so erfolgt die Wahl nach dem System der Verhältniswahl.

4. Die Beziehungen zwischen Exekutive und Legislative

Eine der größten Schwächen der Verfassung der IV. Republik war nach Auffassung von General de Gaulle de zu große Rolle des Parlaments. Diese machte, in Verbindung mit dem zersplitterten Parteiensystem, die Bildung einer starken Exekutive nahezu unmöglich. Deshalb sollte mit der neuen Verfassung 1958 ein System des *«parlementarisme rationalisé»* eingeführt werden. Nach Artikel 28 der neuen Verfassung trat das Parlament von Rechts wegen zu zwei ordentlichen Sitzungsperioden zusammen, die zeitlich eng begrenzt waren. Die erste begann am 2. Oktober und dauerte 80 Tage. Ihre Hauptaufgabe war die Verabschiedung des Haushalts. Die zweite begann am 2. April und dauerte höchstens 90 Tage. Sie war vor allem der Gesetzgebung gewidmet, wobei die Rechte des Parlaments zu Gunsten der Exekutive eingeschränkt wurden. Weder die Regierung noch das Parlament hatten das Recht, die Dauer der Sitzungsperioden zu verlängern.

Eines der Ziele von François Mitterrand nach seiner Wiederwahl zum Präsidenten der Republik 1988 war ein *«reéquilibrage des institutions»*, also die Herstellung eines größeren Gleichgewichts zwischen den Institutionen. Hierzu wurde Ende 1992 ein beratender Ausschuss zur Verfassungsreform eingesetzt, der im Februar 1993 seine Vorschläge unterbreitete, nach denen eine einzige Sitzungsperiode von 9 Monaten Dauer eingeführt werden sollte. Die Verfassungsreform erfolgte im August 1995, und seither beginnt die Sitzungsperiode am ersten Werktag im Oktober und endet am letzten Werktag im Juni.

Auf Antrag des Premierministers oder der Mehrheit der Mitglieder der Nationalversammlung kann das Parlament zu einer außerordentlichen Sitzungsperiode zusammentreten. Die Einberufung und Schließung der außerordentlichen Sitzungsperioden obliegt dem Staatspräsidenten, der hierzu die Dekrete erlässt.

In zwei Fällen tritt das Parlament automatisch und unabhängig von den ordentlichen Sitzungsperioden zusammen: 1. nach Neuwahlen, die nach Auflösung der Nationalversammlung abgehalten werden, und 2. bei Inanspruchnahme der Sondervollmachten nach Artikel 16 der Verfassung durch den Staatspräsidenten.

Die Sitzungen des Parlaments verlaufen nach einer von der Konferenz der Fraktionsvorsitzenden festgelegten Tagesordnung. Nach Artikel 48 der Verfassung hat die Regierung jedoch das Vorrecht, ihre eigenen Gesetzesvorlagen sowie die ihr genehmen Vorlagen aus den Reihen des Parlaments vorrangig auf die Tagesordnung zu setzen.

Darüber hinaus hat die Regierung weitgehende Vorrechte im Zusammenhang mit dem Ablauf der Debatten: Sie kann selbst Abänderungsanträge stellen und bereits bei Eröffnung der Aussprache jeden anderen Abänderungsantrag von der Tagesordnung absetzen lassen, der nicht vorher im zuständigen Ausschuss erörtert wurde (Art. 44). Sie kann vor allem jederzeit die Nationalversammlung auffordern, zur gesamten Vorlage oder zu einem Teil davon Stellung zu nehmen und nur diejenigen Abänderungsanträge weiterbehandeln zu lassen, die sie selbst akzeptiert hat. Dieser Modus heißt «Verfahren des blockierten Votums» *(procédure du vote bloqué)*.

Mit der Verfassungsänderung von 1995 ist die Rolle des Parlaments etwas gestärkt worden. Da die beiden Kammern die Tagesordnung für einen Sitzungstag pro Monat selbst festlegen können, ist die Regierung gehalten, den Änderungswünschen der Abgeordneten bei Gesetzesvorlagen stärker Rechnung zu tragen. Die Kontrollfunktion des Parlaments ist außerdem dadurch gestärkt worden, dass mindestens eine Sitzung pro Woche vorrangig den Fragen der Abgeordneten und den Antworten der Regierung vorbehalten ist und die Tagesordnung einer Sitzung im Monat von jeder Kammer selbst festgelegt wird.

Die Gesetzgebung

Die Gesetzesinitiative, also das Recht, Gesetzesvorlagen einzubringen, liegt beim Premierminister (im Namen der Regierung) und bei den beiden Kammern. Hierbei heißen Gesetzesvorlagen der Regierung *projets de loi* und Gesetzesvorschläge, die aus den Reihen der Parlamentsmitglieder kommen, *propositions de loi.*

Die Diskussion vor der jeweils zuerst damit befassten Kammer geht bei Regierungsvorlagen über den von der Regierung vorgelegten Text, bei Vorlagen aus den Reihen des Parlaments über den im zuständigen Ausschuss evtl. abgeänderten Text. Um die Gesetzgebung zu vereinfachen, transparenter zu gestalten und unnötige Gesetze zu vermeiden, wurden im Zuge der Verfassungsreform von 1995 zwei parlamentarische Büros geschaffen, die vor der Verabschiedung der Gesetze deren allgemeine und finanzielle Auswirkungen evaluieren.

Alle Gesetzesvorlagen müssen mit gleichem Wortlaut von beiden Kammern verabschiedet werden. Kommt nach drei *navettes* (dreimaligem Hin und Her der Vorlagen zwischen den beiden Kammern) keine Einigung zwischen Senat und Nationalversammlung zustande, so kann der Premierminister die Einberufung eines Vermittlungsausschusses veranlassen, der einen Kompromiss ausarbeitet. Kommt längere Zeit keine Einigung zustande, so kann die Regierung die Nationalversammlung auffordern, eine endgültige und verbindliche Entscheidung zu treffen. Die Regierung kann aber auch das Hin und Her einer Gesetzesvorlage endlos weitergehen lassen und diese dadurch praktisch zum Scheitern verurteilen.

Die Regierung hat noch weitere Möglichkeiten, den Gesetzgebungsprozess des Parlaments zu beeinflussen. So kann sie jede Gesetzesvorlage aus den Reihen des Parlaments für unzulässig erklären, die eine Verminderung der öffentlichen Einnahmen oder eine Erhöhung der öffentlichen Ausgaben zum Gegenstand hat.

Das stärkste Druckmittel gegenüber einem widerstrebenden Parlament besitzt die Regierung in Artikel 49 Absatz 3 der Verfassung. Danach kann die Regierung mit einer Gesetzesvorlage die Vertrauensfrage verbinden. In diesem Falle muss die Nationalversammlung aktiv werden und innerhalb von 24 Stunden einen Misstrauensantrag *(motion de censure)* einbringen. Wird ein solcher nicht eingebracht oder erhält er nicht die absolute Mehrheit der Mitglieder der Nationalversammlung, so ist die Gesetzesvorlage automatisch angenommen.

Auch die Einflussmöglichkeiten des Präsidenten der Republik sollen hier nochmals kurz erwähnt werden. So kann er nach Verabschiedung einer Gesetzesvorlage durch beide Kammern eine erneute Beratung des gesamten Gesetzestextes oder eines Teiles davon verlangen.

Diese starke Position der Regierung im Gesetzgebungsprozess führt dazu, dass Gesetzesvorlagen aus dem Parlament nur sehr selten angenommen werden (siehe hierzu: Didier Maus, La pratique institutionnelle de la Ve République, regelmäßig aktualisiert).

Die Verfassung von 1958 hat den Bereich der eigentlichen Gesetzgebung zugunsten der Verordnungsgewalt der Regierung stark eingeschränkt. Der der normalen Gesetzgebung vorbehaltene Bereich umfasst u. a.: Grundrechte und Grundfreiheiten, Fragen der Staatsangehörigkeit, des Personenstandes, der Rechts- und Geschäftsfähigkeit, Eherecht, Justiz, Wahlrecht, Steuerrecht, Strafrecht, die Ausgabe von Banknoten, das Wahlsystem für die beiden Kammern und für die Gemeinderäte, Verstaatlichung und Reprivatisierung von Unternehmen, Landesverteidigung, Bildungswesen, Eigentum und Besitz, Arbeitsrecht, soziale Sicherheit sowie Aufbau der Gebietskörperschaften. Alle übrigen Bereiche werden auf dem Verordnungswege geregelt. Sollte das Parlament versuchen, außerhalb dieses genau festgelegten Bereichs Gesetze zu erlassen, so muss der Verfassungsrat deren Ausfertigung verhindern.

Wenn das Parlament die Regierung ermächtigt, durch Verordnungen sonst den eigentlichen Gesetzen vorbehaltene Angelegenheiten zu regeln, kann das Parlament selbst keine Gesetze in dem betreffenden Bereich verabschieden, solange das Ermächtigungsgesetz *(loi d'habilitation)* in Kraft ist. Das Parlament hat auch nicht das Recht, sich gegen Verordnungen zu wenden, die die Regierung zur Durchführung eines von den Kammern beschlossenen Gesetzes erlässt.

Der Staatshaushalt

Die Parlamentssitzungen im Herbst dienen vor allem der Verabschiedung des Haushalts. Um einen möglichst zusammenhängenden Haushaltsentwurf vorlegen zu können, liegt hier die Initiative allein bei der Regierung, die den Haushaltsentwurf bei der Nationalversammlung einbringen muss. Der Senat darf erst dann dazu Stellung nehmen, wenn die Nationalversammlung über den betreffenden Entwurf in erster Lesung diskutiert hat. Dies gilt auch für das Haushaltsgesetz über die Finanzierung der Sozialversicherung, das seit der Verfassungsänderung vom Februar 1996 vom Parlament verabschiedet wird.

Das Gesetzgebungsverfahren ist das Gleiche wie bei einfachen Gesetzen, aber es muss innerhalb genau festgelegter Fristen ablaufen. Fasst das Parlament 70 Tage nach Vorlage des Haushaltsentwurfs keinen Beschluss, so kann die Regierung den Haushalt auf dem Verordnungswege feststellen. Ist dagegen die Regierung mit dem Haushalt in Verzug, so kann sie das Parlament um Ermächtigung ersuchen, Steuern zu erheben, und über die für die gesetzlich bestehenden Einrichtungen vorgesehenen Haushaltsmittel im Rahmen der vom Haushaltsentwurf angesetzten Grenzen verfügen.

Die «lois organiques»

Die *lois organiques* (grundlegende Gesetze über die Aufgaben der Staatsorgane) stehen in der Rangordnung der Rechtsnormen zwischen den einfachen Gesetzen und der Verfassung (bzw. verfassungsändernden Gesetzen). Sie regeln den Aufbau und die Aufgaben der Staatsorgane, soweit diese nicht durch die Verfassung oder durch Verfassungsänderungen geregelt werden. Das Gesetzgebungsverfahren für die *lois organiques* weist einige Unterschiede zum normalen Verfahren auf:
– Zwischen der Einbringung einer Gesetzesvorlage und der Eröffnung der Aussprache darüber müssen mindestens 14 Tage liegen;

- die *lois organiques,* die den Senat betreffen, müssen von beiden Kammern mit demselben Wortlaut verabschiedet werden, d. h., der Senat hat hinsichtlich der Gesetze, die seine eigenen Aufgaben betreffen, ein absolutes Vetorecht;
- wenn die Regierung den Vermittlungsausschuss anrufen muss, kann die betreffende Vorlage nur mit absoluter Mehrheit der Abgeordneten verabschiedet werden;
- jede *loi organique* muss automatisch vor ihrer Verkündigung vom Verfassungsrat auf ihre Verfassungsmäßigkeit geprüft werden.

Kontrollbefugnisse

Das Verfassungssystem der V. Republik kennt eine dem Parlament gegenüber verantwortliche Regierung. Die Kontrollbefugnisse des Parlaments beziehen sich dabei einerseits auf Anfragen an die Regierung und deren politische Herausforderung in Debatten und andererseits auf die Möglichkeit der Nationalversammlung, die Regierung zu stürzen.

Hinsichtlich der Anfragen an die Regierung, die zu keinen Abstimmungen oder Sanktionen führen, unterscheidet man die folgenden Formen:
- die Aussprache über Regierungserklärungen
- mündliche Anfragen an die Regierung, für die mindestens eine Sitzung pro Woche zur Verfügung steht (Art. 48) und bei denen man solche mit und ohne Debatte unterscheidet
- schriftliche Anfragen der Parlamentsmitglieder, die der zuständige Minister binnen Monatsfrist beantworten muss.

Die Verantwortlichkeit der Regierung gegenüber der Nationalversammlung kann auf zweierlei Weise zum Ausdruck kommen: durch die Regierung selbst, die die Vertrauensfrage stellt, oder durch die Nationalversammlung, die einen Misstrauensantrag einbringen kann.

Die Vertrauensfrage wird vom Premierminister nach Beratung im Ministerrat, entweder aufgrund einer bestimmten Gesetzesvorlage (nach Art. 49 Abs. 3, wie weiter oben dargestellt) oder des Regierungsprogramms gestellt. Es entsprach immer parlamentarischem Brauch, dass sich die neu ernannte Regierung dem Parlament vorstellte und nach Erläuterung des Regierungsprogramms die Vertrauensfrage stellte. In der V. Republik wurde davon jedoch häufig abgewichen, und schließlich verzichteten die Premierminister ganz auf diese Einsetzung *(investiture)* durch die Nationalversammlung. Eine Ausnahme hierbei bildeten die Regierungen der *Cohabitation* von Jacques Chirac und Edouard Balladur 1986 bzw. 1993. Sie bezogen ihre Legitimität auch nicht vom Präsidenten, sondern von der Nationalversammlung bzw. deren Mehrheit, die zum Präsidenten in Opposition stand. Aber auch Alain Juppé stellte nach seinen Regierungserklärungen 1995 und 1996 die Vertrauensfrage, womit wieder zu der früheren Tradition zurückgegangen und das Parlament aufgewertet wurde.

Ein Misstrauensantrag ist nur zulässig, wenn er mindestens die Unterschrift eines Zehntels der Abgeordneten trägt. Die Abstimmung kann erst 48 Stunden nach Einbringung des Misstrauensantrags erfolgen. Die Regierung muss zurücktreten, wenn der Misstrauensantrag von der absoluten Mehrheit der Abgeordneten angenommen wird.

In der Geschichte der V. Republik wurde nur ein einziges Mal eine Regierung durch ein Misstrauensvotum gestürzt. Am 2. Oktober 1962 wurde der Regierung von Georges Pompidou das Misstrauen ausgesprochen, da sie das Referendum zur Direktwahl des Präsidenten der Republik, das nach Auffassung der Mehrheit der Nationalversammlung gegen die Verfassung verstieß, unterstützte. Die Antwort de Gaulles auf dieses Misstrauensvotum waren die Auflösung der Nationalversammlung und die erneute Ernennung von Georges Pompidou zum Premierminister.

Mit der Verfassungsänderung vom August 1995 wurden die Kontrollbefugnisse des Parlaments etwas erweitert. Wie bereits dargestellt, gibt die neunmonatige, einzige Sitzungsperiode mehr Möglichkeit zur parlamentarischen Debatte. Ferner findet einmal im Monat in jeder der beiden Kammern eine Debatte statt, deren Tagesordnung nicht von der Regierung bestimmt werden kann, und mindestens eine Sitzung pro Sitzungswoche ist parlamentarischen Anfragen vorbehalten. Auch die Tatsache, dass im Falle eines von der Regierung dem Präsidenten vorgeschlagenen Volksentscheids in beiden Kammern eine Debatte hierüber stattfindet, stärkt die Rolle des Parlaments.

Dennoch erscheinen die Kontrollmöglichkeiten des Parlaments gegenüber der trotz des Vielparteiensystems stabilen Exekutive als gering. Dies ist jedoch nicht Ausdruck einer allgemeinen Parlamentarismuskrise, sondern Ergebnis der Tatsache, dass auch nach den Verfassungsreformen die Rechte des Parlaments eingeschränkt sind, dass das eigentliche Haupt der Exekutive, der Präsident der Republik, politisch nicht verantwortlich ist und er somit vom Parlament nicht herausgefordert werden kann. Deshalb bildet das Parlament auch nur in eingeschränktem Maße die Bühne der großen politischen Auseinandersetzungen, und aus diesem Grunde spielen im politischen System Frankreichs die Parteien auch eine andere Rolle als beispielsweise in dem viel stärker parlamentarisch geprägten System der Bundesrepublik Deutschland.

5. Andere zentrale Verfassungsorgane

Der Staatsrat

Der Staatsrat *(Conseil d'État)*, der das Erbe des *Conseil du Roi* des *Ancien Régime* antrat, wurde unter dem Konsulat (1799) geschaffen und ist somit eine der ältesten französischen Institutionen. Er hat seinen Sitz im Palais Royal in Paris und besteht aus 192 Mitgliedern, die durch Dekret nach Beschlussfassung im Ministerrat ernannt werden und theoretisch absetzbar sind.

Vorsitzender des Staatsrats ist kraft seines Amtes der Premierminister, seine tatsächliche Leitung liegt beim Vizepräsidenten. Der Staatsrat ist in sechs Abteilungen gegliedert, fünf davon sind Verwaltungsabteilungen, die eine Beratungsfunktion gegenüber Regierung und Ministerien ausüben, die sechste, die Rechtsprechungsabteilung, ist das oberste französische Verwaltungsgericht. In der Rangordnung folgen dem Vizepräsidenten die sechs Abteilungspräsidenten, dann die 83 eigentlichen Staatsräte *(Conseillers d'État)*, 80 sog. *Maîtres des requêtes* (etwa «vortragende Räte») sowie 34 Auditoren erster und zweiter Klasse *(Auditeurs de première et seconde classe)*. Die Angehörigen des *Conseil d'État* werden auf Grund einer Ausleseprüfung ausgewählt und sind in ihrer Mehrheit Absolventen der Verwaltungshochschule ENA *(Ecole nationale d'administration)*.

Der Staatsrat hat eine doppelte Aufgabe: die eines Beratungsorgans der Regierung bzw. der einzelnen Ministerien, insbesondere für alle mit Gesetzen und Verordnungen zusammenhängenden Fragen, und die des obersten französischen Verwaltungsgerichts.

Die fünf Verwaltungsabteilungen des Staatsrats (für Inneres, Finanzen, öffentliche Arbeiten, Soziales und Berichte/Studien) prüfen nach Art. 39 der Verfassung die Gesetzesvorlagen der Regierung. Sie können im Ministerrat erst nach Einholung der Stellungnahme des Staatsrats beschlossen werden (*«... le Conseil d'État entendu ...»*). Der Staatsrat gibt auch Stellungnahmen zu allen Entwürfen von Durchführungsverordnungen *(règlements d'application)* ab, die ein Gesetz ergänzen, sowie für Verordnungen und Dekrete, für die die Anhörung des Staatsrats von der Verfassung vorgeschrieben ist. Es steht der Regierung frei, auch für sonstige Maßnahmen ein Gutachten des Staatsrats einzuholen.

Die Stellungnahmen des Staatsrats binden die Regierung nicht. Abgesehen von den seltenen Fällen, in denen die Zustimmung des Staatsrats zu einer Vorlage erforderlich ist, ist die Regierung in ihren Entscheidungen also frei.

Der Staatsrat ist ferner die höchste Instanz der Verwaltungsgerichtsbarkeit. Er ist in einigen Fällen Berufungsinstanz für die Urteile der Verwaltungsgerichte in erster Instanz, in vielen anderen Fällen ist er unmittelbar zuständig, so z. B. bei der Anfechtung von Verwaltungsakten. Da Frankreich keine dem deutschen Bundesverfassungsgericht vergleichbare Institution besitzt (die Befugnisse des Verfassungsrats sind begrenzt, vgl. folgendes Kapitel), spielt er als Schutzorgan für den einzelnen Staatsbürger gegenüber Übergriffen der Verwaltung eine bedeutende Rolle.

Der Verfassungsrat

Der Verfassungsrat *(Conseil constitutionnel)*, der seinen Sitz ebenfalls im Palais Royal hat, trat 1958 an die Stelle des Verfassungsausschusses *(Comité constitutionnel)* der IV. Republik. Der Verfassungsrat der V. Republik ist ein Rechtsprechungsorgan, dessen Aufgabe die Kontrolle der Verfassungsmäßigkeit der Gesetze und die Wahlprüfung bei den Präsidentschafts- und Parlamentswahlen ist. Er ist jedoch kein Verfassungsgericht wie z. B. das Bundesverfassungsgericht in Deutschland.

Der Verfassungsrat besteht aus neun Mitgliedern, die für neun Jahre bestellt werden. Eine Verlängerung ihrer Amtszeit ist nicht möglich. Alle drei Jahre wird der Verfassungsrat zu jeweils einem Drittel erneuert. Je drei Mitglieder werden vom Präsidenten der

Republik, vom Präsidenten der Nationalversammlung und vom Präsidenten des Senats benannt. Der Präsident des Verfassungsrats wird aus dem Kreis der Mitglieder vom Staatspräsidenten ernannt. Bislang hat er stets eines der von ihm selbst ernannten Mitglieder hierfür bestimmt. Der Staatspräsident und die beiden Kammerpräsidenten treffen hier also eine persönliche Entscheidung, weshalb die Ernennung der Mitglieder des Verfassungsrats einen politischen Charakter hat. Die ehemaligen Präsidenten der Republik sind automatisch Mitglieder des Verfassungsrats, es sei denn, sie sind Mitglied der Regierung, des Parlaments oder des Wirtschafts- und Sozialrats.

Der Verfassungsrat hat vier Aufgabenbereiche:
- Er prüft die Verfassungsmäßigkeit der Gesetze (Normenkontrolle);
- ihm obliegt die Wahlprüfung bei Präsidentschafts- und Parlamentswahlen sowie Referenden, und er verkündet die Ergebnisse;
- er stellt die Vakanz des Amtes des Präsidenten der Republik fest,
- und er muss vor der Verhängung des Notstands nach Art. 16 der Verfassung angehört werden.

Bei der Normenkontrolle gibt es unterschiedliche Verfahren. Die *lois organiques* und die Geschäftsordnungen der beiden Kammern *müssen* vor der Verkündung vom Verfassungsrat geprüft werden. Die einfachen Gesetze *(lois ordinaires)* sowie internationale Verträge, die der Ratifizierung unterliegen, *können* dem Verfassungsrat vorgelegt werden. Hält die Regierung eine Gesetzesvorlage oder einen Abänderungsantrag aus den Reihen der Parlamentsmitglieder für unzulässig und will der Präsident der betreffenden Kammer die Vorlage nicht zurückziehen, ruft der Premierminister den Verfassungsrat an, der innerhalb einer Frist von acht Tagen Stellung nehmen muss. Der Rat wird auch tätig, wenn die Regierung bestehende Gesetze auf dem Verordnungswege abändern möchte.

Durch Referendum gebilligte Gesetze können dem Verfassungsrat jedoch nicht vorgelegt werden, da dem direkten Ausdruck der Volkssouveränität Priorität gegenüber juristischen Überlegungen eingeräumt wird. So lehnte es der Verfassungsrat 1962 ab, sich mit der durch ein Referendum beschlossenen Verfassungsänderung der Direktwahl des Präsidenten der Republik zu befassen, obwohl das

Verfahren selbst nicht verfassungskonform war. Der Verfassungsrat kann also nur bei Gesetzen angerufen werden, die vom Parlament verabschiedet wurden.

Das Recht, den Verfassungsrat anzurufen, haben der Staatspräsident, der Premierminister, die Präsidenten der beiden Kammern und – seit der Reform von 1974 – auch eine Gruppe von jeweils 60 Abgeordneten oder Senatoren. Einzelne Parlamentsmitglieder oder gar einzelne Staatsbürger können den Verfassungsrat nicht anrufen.

Nach der Verfassung der V. Republik ist der Verfassungsrat Wahlprüfungsorgan auf nationaler Ebene, also bei Parlamentswahlen, Präsidentschaftswahlen und Referenden. Er ist zuständig, wenn in Fragen der Unvereinbarkeit eines Parlamentsmandats mit einem anderen Amt Zweifel bestehen bzw. eine Anfechtung vorliegt. Er entscheidet bei Anfechtungen von Wahl- bzw. Abstimmungsergebnissen und im Falle von Unregelmäßigkeiten beim Wahlvorgang, die ihm innerhalb von 48 Stunden gemeldet werden müssen. Bei Präsidentschaftswahlen hat der Verfassungsrat noch zusätzliche Kompetenzen. Er nimmt die Kandidaturen entgegen, prüft ihre Ordnungsmäßigkeit und veröffentlicht die Kandidatenliste. Ferner verkündet er die Ergebnisse der Präsidentschaftswahlen und der Referenden.

Der Wirtschafts- und Sozialrat

Schließlich soll hier noch der Wirtschafts- und Sozialrat kurz erwähnt werden. Er hat seinen Sitz in Paris und ist Nachfolgeeinrichtung des 1925 geschaffenen *Conseil national économique* bzw. des *Conseil économique* der IV. Republik. Der Wirtschafts- und Sozialrat ist eine beratende und korporatistische Versammlung, eine Art Wirtschaftsbeirat, der gewährleisten soll, dass Regierung und Parlament die wichtigsten Berufsgruppen, insbesondere die Gewerkschaften, zu wichtigen wirtschaftlichen und sozialen Fragen anhören können.

Dem Rat gehören 231 Mitglieder von den verschiedenen gesellschaftlichen Gruppen (Gewerkschaften, Unternehmensverbänden, berufsständischen Organisationen, Landwirtschaftsverband, Versicherungswesen, sozialen Einrichtungen etc.) an.

Der Rat kann (unverbindliche) Stellungnahmen abgeben und Berichte vorlegen, die von der Regierung veröffentlicht werden. Er hat jedoch keine Entscheidungsbefugnis. Seine Aufgabe besteht vielmehr darin, die Zusammenarbeit zwischen den sozialen Gruppen zu fördern und ihre Mitwirkung an den Regierungsaufgaben auf wirtschaftlichem und sozialem Gebiet sicherzustellen. Daneben sollen sie Vorschläge und Stellungnahmen zu wirtschaftlichen und sozialen Anpassungsmaßnahmen, vor allem solchen, die durch die Einführung technischer Neuerungen erforderlich sind, und zu Wirtschaftsförderungsmaßnahmen für die überseeischen Gebiete ausarbeiten. Nach Art. 70 der Verfassung *muss* die Regierung den Wirtschafts- und Sozialrat bei allen Gesetzentwürfen für Wirtschaftsprogramme, Wirtschafts- und Sozialpläne (mit Ausnahme des Haushaltsplans) konsultieren. Daneben *kann* sie dem Rat Gesetzesvorlagen und Entwürfe für Verordnungen unterbreiten, die in den Wirtschafts- und Sozialbereich fallen. Der Rat kann jedoch auch von sich aus aktiv werden und der Regierung wirtschaftliche und soziale Reformen vorschlagen sowie Stellungnahmen über die Durchführung der einzelnen Wirtschafts- und Sozialpläne abgeben.

Mit seinem Reformvorschlag von 1969 wollte de Gaulle den Wirtschafts- und Sozialrat mit dem Senat zu einer einzigen beratenden Versammlung zusammenfassen. Der Vorschlag wurde jedoch im Referendum vom 27. April 1969 abgelehnt, was dann zum Rücktritt de Gaulles führte.

IV. Das Parteiensystem

1. Merkmale und Determinanten des Parteiensystems

Parteienvielfalt und Begriffsverwirrungen

Das französische Parteiensystem zeichnet sich durch eine große Vielfalt von Parteien aus. Es ist ein klassisches Mehrparteiensystem, das außerdem einem stetigen Wandel unterworfen ist. Neue Parteien entstehen, und bestehende Parteien ändern ihren Namen. So traten die Gaullisten seit dem Zweiten Weltkrieg unter etwa zehn verschiedenen Parteibezeichnungen auf, und ein Politiker des Zentrums konnte im Verlaufe der V. Republik mal als Vertreter des MRP *(Mouvement républicain populaire)*, des *Centre démocratique, Centre démocrate, Mouvement réformateur,* des *Centre des démocrates sociaux, Force démocrate,* der UDF *(Union pour la démocratie française)*, der URC *(Union du rassemblement et du centre)*, der UPF *(Union pour la France)* der *Union du centre* oder der *Union pour un mouvement populaire* auftreten – und er vertrat doch immer dieselbe politische Richtung.

Aber die Vielfalt der Bezeichnungen ist nicht allein durch den Wechsel der Parteinamen bedingt. Sie ergibt sich vielmehr auch dadurch, dass eine Partei oder ein Politiker in Wahlen unter dem Namen eines Wahlbündnisses antreten kann (die UPF war das Wahlbündnis von UDF und RPR bei den Wahlen von 1993, die UMP das Wahlbündnis der Rechten bei den Wahlen 2002) oder dass die Partei sich in der Nationalversammlung eine vom Parteinamen abweichende Bezeichnung gibt.

Zu dieser Begriffsvielfalt tritt als weiteres Merkmal des Parteienwesens eine Inhaltsentfremdung der Bezeichnungen hinzu. Hinter einer «*Union*» oder einem «*Mouvement*» verbirgt sich häufig nur eine kleine Splitterpartei, und eine Partei, die sich ihrem Namen gemäß der Linken zugehörig erklärt, ist häufig alles andere als sozialistisch. Aber wer im Frankreich des 19. Jahrhunderts für die republikanische Staatsform eintrat, gehörte damit automatisch zur Linken, und so findet sich auch heute noch der Begriff «links» bzw. «sozialistisch» in Parteien, deren Mitglieder Anhänger des Privateigentums und Verfechter der freien Marktwirtschaft sind (siehe hierzu auch: François Goguel und Alfred Grosser, Politik in Frankreich, Paderborn/München/Wien/Zürich 1980 und Christine Pütz, Parteienwandel in Frankreich, Wiesbaden 2004).

Konsequenzen dieser Parteienzersplitterung sind sowohl die organisatorische Schwäche der Parteien als auch die Gefahr instabiler Mehrheitsverhältnisse im Parlament. Letzteres war vor allem unter der III. und der IV. Republik der Fall. Aber auch im jetzigen Regierungssystem, in dem die Bedeutung des Parlaments wesentlich zugunsten der Regierung reduziert wurde, kann die Parteienzersplitterung zu einer Schwächung des Systems führen.

Die Parteienvielfalt wird leichter verständlich, wenn man bei den einzelnen Parteien die Einordnung in «politische Familien» vornimmt:

- die kommunistische Linke, die neben dem *Parti communiste* noch diverse marxistische, trotzkistische, maoistische u. a. Splittergruppen umfasst
- die nichtkommunistische Linke mit dem *Parti socialiste,* dem linksliberalen *Parti radical de gauche* sowie den diversen sozialistischen bzw. sozialdemokratischen Splitterparteien
- die bürgerliche Mitte bzw. Rechte mit der *Union pour un mouvement populaire* – UMP, der *Union pour la démocratie française* (UDF) und zahlreichen Splitterparteien
- die extreme Rechte mit dem *Front national* und einigen, allerdings unbedeutenden, anderen rechtsradikalen Parteien.

Bei den Wahlen zur Nationalversammlung 2002 führten die Statistiken des Innenministeriums 22 Parteigruppierungen auf. Neben den *«divers gauche»*, *«divers droite»* oder nur *«divers»* traten unzählige kleine Splitterparteien an. Ein Beispiel: Allein im *Département Bas-Rhin* mit dem Hauptort Strasbourg traten Kandidaten von nicht weniger als 28 verschiedenen Parteien auf.

Schwache Organisationsstrukturen

Abgesehen von den Kommunisten, den Sozialisten und der von den Gaullisten dominierten UMP weisen die Parteien nur eine schwach entwickelte Organisationsstruktur und geringe Mitgliederzahlen auf. Die kommunistische Partei gibt die Zahl der Mitglieder mit 140.000, die Sozialistische Partei mit 150.000, die UMP mit 165.000 und die UDF mit 35.000 an. Die Mitgliederzahlen bei allen anderen Parteien dürften unter 10.000 liegen. Zum Vergleich: Die SPD zählt, nach eigenen Angaben, ca. 600.000 Mitglieder und die CDU/CSU zusammen sogar insgesamt 750.000.

Da Frankreich auch nach der Regionalreform von 1982/83 weitgehend zentralistisch regiert wird und wichtige politische Entscheidungen eben nur in Paris getroffen werden, ergibt sich auch keine zwingende Notwendigkeit zum Aufbau einer effizienten Parteiorganisation auf regionaler und lokaler Ebene. Solange Paris praktisch das einzige politische Entscheidungszentrum Frankreichs bleibt, ist es nahe liegend, dass sich dort – und nur dort – entwickelte politische Organisationsstrukturen herausbilden. Die Parteiorganisationen auf dem Lande haben deshalb häufig auch nur den Charakter von Wahlkomitees.

Nach Artikel 4 der Verfassung haben die Parteien auch nur die Aufgabe, bei Wahlen mitzuwirken *(les partis et groupements politiques concourent à l'expression du suffrage).* Sie haben nicht, wie in der Bundesrepublik, den Auftrag, zur politischen Willensbildung auf allen Ebenen beizutragen, wie es das Grundgesetz und das Parteiengesetz vorsehen. Wo die Parteien aber im Wesentlichen ihre Aufgabe in der Durchführung von Wahlen und ihrer Arbeit im (in seinen Befugnissen reduzierten) Parlament sehen, werden sich kaum Massenparteien herausbilden.

Die Schwierigkeiten des Konsenses

Die Heterogenität des Parteiensystems ist auf eine Vielzahl weiterer Gründe, die teilweise in der französischen Geschichte wurzeln, zurückzuführen. Maurice Duverger (Les partis politiques, Paris 1958, S. 262 ff., und: Le système politique français, Paris 1996, S. 107 ff.) weist darauf hin, dass in Frankreich die großen Polaritäten der politischen Meinung nicht miteinander in Deckung sind. So überlagern einander z. B. der in Frankreich traditionelle Gegensatz von klerikalen und antiklerikalen Tendenzen mit dem von Anhängern und Gegnern des westlichen politischen Systems sowie dem von Anhängern der freien Marktwirtschaft und denen der Planwirtschaft. Eine Überschneidung dieser Dualismen führte dann zur Herausbildung von sechs verschiedenen Gruppierungen, die sich wiederum in

Untergruppen von «Radikalen» und «Konservativen» bzw. «Extremistischen» und «Gemäßigten» unterscheiden können.

Bereits im 19. Jahrhundert hatte sich gezeigt, dass die fundamentalen Gegensätze zwischen Konservativen und Liberalen bzw. Sozialisten und Kapitalisten nicht zur Herausbildung eines Dualismus von liberalkonservativer Partei und sozialistischer Partei führten, wie dies z. B. in Großbritannien oder Deutschland der Fall war, wo das liberale Gedankengut von den ursprünglich konservativen Parteien aufgenommen wurde, die damit die liberalen Parteien selbst in eine marginale Position verdrängten. Ebenso wenig zeigten sich die linksliberalen Kräfte in der Lage, sich mit den sozialistischen Gruppen zu einer größeren, sozialreformerischen Partei zu vereinigen. Vielmehr blieben alle Tendenzen bestehen, wobei die drei großen Hauptströmungen, der Konservativismus, der Liberalismus und der Sozialismus, wie schon erwähnt, jeweils Ausprägungen in extremistische und gemäßigte Gruppen kannten.

Ein weiterer Grund für die Instabilität des Parteiensystems liegt in der starken Stellung des Präsidenten der Republik. Er ist die zentrale Figur im politischen System der V. Republik, und um ihn herum bilden sich die Mehrheiten und Parteienbündnisse. So sind es häufig auch persönliche Entscheidungen von Politikern über eine Regierungsbeteiligung, die zum Verlassen der angestammten Partei und zur Gründung einer neuen Splittergruppe führen.

Dies war z. B. im Jahre 1962 der Fall, als Valéry Giscard d'Estaing seine Partei, die «*Indépendants*», verließ, weil diese eine weitere Beteiligung an der Regierung ablehnte. Er gründete die «*Républicains indépendants*» und trat in die Regierung ein. Eine weitere Parteiengründung dieser Art erfolgte im Jahre 1969, als nach der Wahl Georges Pompidous zum Präsidenten der Republik dieser seine Mehrheit im Parlament erweitern wollte. Als sich die Mehrheit des *Centre démocrate* von Jean Lecanuet gegen eine Regierungsbeteiligung aussprach, verließ eine Gruppe von Abgeordneten um Jacques Duhamel die Partei, gründete das *Centre démocratie et progrès* und trat in die Regierung ein. Die (linksliberale) Radikalsozialistische Partei spaltete sich 1972, als ein Teil sich einem Parteienbündnis mit der Sozialistischen Partei und ein anderer einem Parteienbündnis der bürgerlichen Mitte anschloss. Und 2002, bei der Gründung der Mitte-Rechts-Partei *Union pour un mouvement populaire* – UMP, schlossen sich ihr die meisten Parteien der UDF an.

Diese blieb aber als Partei ihres Vorsitzenden François Bayrou, der sich einer Fusion in der UMP verweigerte, weiter bestehen. Der Grund hierfür liegt wohl darin, dass er sich die persönliche Unabhängigkeit für eine mögliche Präsidentschaftskandidatur 2007 wahren möchte.

Diese Schwierigkeit zum Konsens ist auch durch die besondere Form der *«classe politique»* in Frankreich bedingt. Die intellektuell brillantesten jungen Franzosen durchlaufen das Eliteschul- bzw. -hochschulwesen, für das wir in der Bundesrepublik keine Entsprechung haben (siehe hierzu das Kapitel zum Bildungswesen). Die Besten dieses Auslesesystems wiederum gehen zu den *«Grands corps de l'État»*, also in die Staatsverwaltung, und von dort schließlich in die Politik. Häufig erfolgt dieser Weg über den persönlichen Stab eines Ministers bzw. des Premierministers oder des Staatspräsidenten. Politische Überzeugungen und Milieubindungen spielen bei diesem Weg in die Politik meist eine nachgeordnete Rolle.

Nicht der mühsame Aufstieg über die Hierarchieleiter einer Partei und die regelmäßige Bestätigung durch das «Parteivolk» führen also in der Regel in die politischen Führungsetagen, sondern die Zugehörigkeit zu einer intellektuellen Elite, die in Elitehochschulen geformt wird. Dieses Elitebewusstsein fördert wiederum jenen Drang nach persönlicher Unabhängigkeit, der es nachhaltig erschwert, sich anderen unterzuordnen.

Zu den Intellektuellen gezählt zu werden, ist in Frankreich im Übrigen für eine politische Karriere nicht von Nachteil – es ist eher eine Voraussetzung. Ebenso wie die Intellektuellen sehr stark in die Politik hineinwirken – man denke an Jean-Paul Sartre, Raymond Aron, André Malraux, André Glucksmann, Bernard-Henri Lévy und Régis Debray –, so bemühen sich französische Politiker, durch schriftstellerische Betätigung ihre intellektuelle Brillanz unter Beweis zu stellen. Sosehr dadurch die geistige Auseinandersetzung um den richtigen Weg in der Politik bereichert wird, so sehr erschwert es andererseits die Fähigkeit zum Konsens.

Ein weiterer Grund für die geringe Bereitschaft zur politischen Organisation der Bürger liegt, wie Goguel/Grosser schreiben, am permanenten Misstrauen gegenüber dem Staat und seinen Repräsentanten, das sie eher «gegen» als «für» etwas stimmen lässt. Und ebenso spielen auch heute noch «metaphysische Streitigkeiten», vor allem was die Rolle der Kirche im Staat und insbesondere im Erziehungswesen betrifft, eine Rolle in der Politik. Das Fortdauern dieses Konfliktes, der vor allem unter der III. Republik zu einer Spaltung der Nation geführt hatte, zeigte sich immer wieder bei der Auseinandersetzung um die Finanzierung der privaten (und meist katholischen) Schulen oder bei dem Streit um das Kopftuch muslimischer Schülerinnen. Der Laizismus ist eine der Säulen des französischen Staatsverständnisses und damit auch des Schulwesens.

Der Einfluss des Wahlrechts

Die Abgeordneten der Nationalversammlung werden nach dem romanischen Mehrheitswahlrecht gewählt. Danach ist gewählt, wer im ersten Wahlgang die absolute Mehrheit erhält. Wird diese von keinem Bewerber erreicht, findet ein zweiter Wahlgang statt, bei dem dann die einfache Mehrheit genügt. Es dürfen jedoch nur solche Bewerber wieder kandidieren, die im ersten Wahlgang wenigstens 12,5 % der Stimmen der Wahlberechtigten erhalten hatten. Dieser Wahlmodus wurde seit Einführung des allgemeinen Wahlrechts am häufigsten angewandt, da er am ehesten dem politischen Pluralismus und den sich überlagernden Antagonismen der französischen Politik entsprach. Denn das Verhältniswahlrecht würde kaum zu regierungsfähigen Mehrheiten führen, während bei einem reinen Mehrheitswahlrecht eine Partei mit einem Stimmenanteil von ca. 30 % bereits die absolute Mehrheit der Sitze in der Nationalversammlung erringen könnte. Die Wahlen würden dann zwar zu einer regierungsfähigen Mehrheit führen, nicht jedoch den Wählerwillen auch nur annähernd widerspiegeln.

Das romanische Mehrheitswahlrecht hat eine Reihe von Auswirkungen auf die Parteienstruktur und das Parteiensystem. Jedes Mehrheitswahlrecht hat – sofern wir es nicht mit einem Zweiparteiensystem zu tun haben – zur Folge, dass der Parteiapparat weniger Macht über die einzelnen Parlamentsmitglieder bzw. -kandidaten hat als in einem Verhältniswahlsystem, wo die Parteigremien über die Platzierung der Kandidaten auf der jeweiligen Liste entscheiden. Die Direktwahl gibt dem Kandidaten und dem Abgeordneten also mehr Unabhängigkeit von der Partei, und auch ein Bruch mit der eigenen Partei führt keineswegs zum Ende der politischen Karriere. Es gibt in Frankreich deshalb auch zahlreiche Kandidaten, die ohne die Unterstützung einer größeren Partei gewählt werden.

Im Parlament schließen sie sich dann häufig als Hospitanten einer Fraktion an, wo sie als *«apparentés»* geführt werden.

Ferner begünstigt das Mehrheitswahlrecht die stärkste Partei, während das Erfordernis von zwei Wahlgängen die Bildung von Wahlbündnissen und damit potentiell auch von Regierungskoalitionen erleichtert. Denn um ihre Wahlchancen zu erhöhen, versuchen die am besten platzierten Bewerber die Vertreter verwandter Parteien im 2. Wahlgang zum Rücktritt zu bewegen, um so auch deren Wählerpotential auf sich ziehen zu können. Liegt also z. B. ein sozialistischer Bewerber nach dem 1. Wahlgang vor dem kommunistischen Bewerber, so versucht er, diesen von einer Kandidatur im 2. Wahlgang abzuhalten. Ebenso ist es möglich, dass koalitionsbereite Parteien von vornherein einen gemeinsamen Kandidaten aufstellen. Solche Absprachen werden allgemein landesweit getroffen und führen damit zu einer Annäherung zwischen den verschiedenen Parteien desselben politischen Lagers bzw. fördern deren Koalitionsbereitschaft.

Auf diese Weise können Parteien auch mit einer geringen Stimmenzahl in der Nationalversammlung vertreten sein. Dies war 1997 bei den Grünen der Fall, die durch Absprachen mit der Sozialistischen Partei bei der Kandidatenaufstellung erstmalig acht Mandate errangen; im ersten Wahlgang kamen sie landesweit gerade auf 3,6 %, und selbst wenn man alle ökologischen Splittergruppen hinzuzählt, waren es nur 6,4 %. Die Sozialistische Partei «reservierte» den Grünen also einige Wahlkreise bzw. rief im 2. Wahlgang zur Wahl der Kandidaten der Grünen auf. 2002 errangen sie sogar 4,5 % und mit allen anderen grünen Splittergruppen zusammen 5,7 %, bekamen damit allerdings nur noch 3 Mandate, da ein allgemeiner Rechtsruck die Chancen der Linken und ihrer Verbündeten insgesamt schmälerte.

Im Gegensatz hierzu steht die Situation des *Front national,* mit dem keine Partei Wahlabsprachen trifft. 1997 erhielt er im ersten Wahlgang 15,1 % und errang am Ende nur ein einziges Mandat. 2002 kam der *Front national* auf 11,3 % und errang damit ebenfalls kein Mandat. Zum Vergleich: 1997 hatte die UDF mit 14,7 % der Stimmen in einer Allianz mit den Gaullisten 109 Sitze errungen. Fünf Jahre später hatte sich der größte Teil der UDF der neuen Formation UMP unter Führung der Gaullisten angeschlossen. Die verbliebene UDF errang gerade noch 4,8 % der Stimmen und erhielt

Tabelle 3: Anteil der Stimmen im 1. Wahlgang und Anteil der Sitze in der Nationalversammlung nach dem 2. Wahlgang, jeweils in %, bei einigen ausgewählten Wahlen.

	1962		1978		1981		1993		1997		2002	
	Wahl	Sitze	Wahl	Sitze	Wahl	Sitze	Wahl	Sitze	Wahl	Sitze	Wahl	Sitze
Partei	%	%	%	%	%	%	%	%	%	%	%	%
PSU	2,0	2,0	3,3	0	1,0	0						
PC	21,9	8,0	20,6	17,8	16,2	9,1	9,2	4,0	9,9	6,2	4,8	3,6
PS	12,5	13,9	24,7	23,6	37,5	58,8	20,3	9,9	25,6	43,3	25,6	17,0
Linke insg.	**44,5**	**33,0**	**50,7**	**42,5**	**56,9**	**67,9**	**38,9**	**13,9**	**47,0**	**55,2**	**41,2**	**30,7**
Radicaux	5,8	8,4										
Centre/UDF	8,2	6,7	23,9	26,3	19,2	12,5	19,2	37,3	14,7	19,6	5,3	5,0
Indép.	13,6	6,7										
Gaullisten	31,9	55,1	22,6	31,2	20,8	17,2	20,8	44,5	16,8	24,3	33,3	61,5
Front nat.							12,4	0	14,9	0,2	11,3	0
Rechte insg.	**55,5**	**77,0**	**49,3**	**57,5**	**43,1**	**29,5**	**61,1**	**86,1**	**53,0**	**44,8**	**58,8**	**69,3**

Anmerkung: Die Gesamtzahlen für die Linke und die Rechte schließen auch Vertreter der Grünen und anderer kleinen Parteien ein, die hier nicht einzeln aufgeführt sind.

damit im zweiten Wahlgang immerhin noch 23 Mandate. Die Auswirkungen dieses Wahlrechts gehen aus Tabelle 1 hervor.

Am Beispiel einiger Wahlen wird hier gezeigt, dass gleiche Stimmenzahlen im 1. Wahlgang, in dem die politische Meinung zum Ausdruck kommt, keinesfalls zu gleich vielen Abgeordnetenmandaten der jeweiligen Partei führen müssen. Entscheidend ist, wie sich die Wähler im 2. Wahlgang verhalten. Dies zeigt exemplarisch das folgende Schaubild der Wahlen von 1997 und 2002.

Daraus geht hervor, dass im 2. Wahlgang vor allem die größeren Parteien vom romanischen Mehrheitswahlrecht profitieren, da die Stimmen für die kleinen Parteien im 2. Wahlgang verloren wären. So wählt man also im 1. Wahlgang die Partei bzw. den Kandidaten der Partei, die man bevorzugt, und im 2. Wahlgang taktisch. Die Stimmen für den kommunistischen Abgeordneten, der im 2. Wahlgang

Tabelle 4: Stimmenanteile im 1. und im 2. Wahlgang

Wahlen	Partei	1. Wahlgang	2. Wahlgang
1997	Kommunisten	9,9 %	3,8 %
	Sozialisten	23,5 %	38,1 %
	Grüne	6,8 %	1,6 %
	UDF	14,2 %	20,8 %
	Gaullisten	15,7 %	22,8 %
	Front National	14,9 %	5,6 %
2002	Kommunisten	4,8 %	3,3 %
	Sozialisten	25,6 %	35,3 %
	Grüne	4,5 %	3,2 %
	UDF	10,5 %	3,9 %
	UMP (Gaullisten)	33,3 %	47,3 %
	Front National	11,3 %	1,9 %

keine reale Chance mehr hat, gewählt zu werden, gehen also zum größten Teil zum sozialistischen Kandidaten. Umgekehrt ist dies allerdings nicht im selben Maße der Fall, so dass im Linksbündnis vor allem die Sozialisten profitierten. Ebenso gehen auch Stimmen der bürgerlichen Rechten im 2. Wahlgang nur selten zur extremen Rechten.

Die Wahlergebnisse des 1. Wahlgangs sind also für die politischen Kräfteverhältnisse nur bedingt aussagefähig. So zeigt Schaubild 1, dass in der Geschichte der V. Republik die Linke nur einmal, und zwar in den Wahlen von 1981, die Mehrheit hatte. Dennoch erzielte sie auch in den Wahlen von 1988 und von 1997 mehr Mandate als die Rechte, obwohl diese insgesamt mehr Stimmen erhalten hatte. Diese Ergebnisse zeigen auch, dass es in Frankreich strukturell eher eine bürgerliche als eine linke Mehrheit gibt. Frankreich zeigte sich in der Geschichte stets eher konservativ, was oft übersehen wird, da der öffentliche Diskurs der Intellektuellen auf eine linke Grundströmung in der Politik schließen lässt.

Das Wahlsystem verhindert also die parlamentarische Vertretung von extremen und nicht koalitionsfähigen Parteien. Gleichzeitig ermöglicht es aber die Entstehung von gemäßigten Splitterparteien, da diese über Absprachen mit größeren Parteien ihr parlamentarisches Überleben sichern können. Für die größere Partei besteht

Schaubild 1: Kräfteverhältnisse nach dem 1. Wahlgang

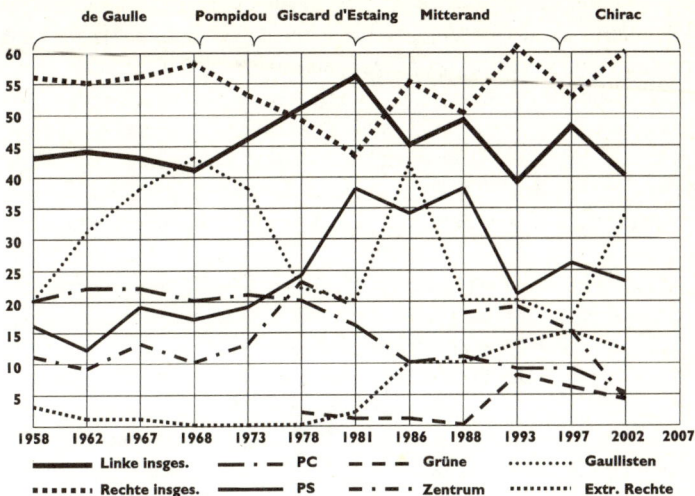

der Vorteil eines Wahlbündnisses darin, größere Bevölkerungs-
kreise ansprechen und ihre parlamentarische Basis ausweiten zu
können.

2. Die Entwicklung des Parteiensystems und der politischen Kräfteverhältnisse seit 1958

Bei seiner Rückkehr an die Regierung im Juni 1958 fand General de
Gaulle die Nationalversammlung vor, die in den Wahlen vom 2. Januar 1956 gewählt worden war. Sie hatte fünf große Fraktionen, von
denen die Fraktion des *Parti communiste français* mit 150 Abgeordneten die größte war, gefolgt von der konservativen Gruppe des
Centre national des indépendants et paysans (CNIP), kurz *Indépendants* oder *Modérés* genannt, der sozialistischen Fraktion der *Section
française de l'internationale ouvrière* (SFIO), dem Bündnis des *Rassemblement des gauches républicaines* (RGR), das im Wesentlichen
aus den (linksliberalen) Radikalsozialisten des *Parti républicain radical et radical socialiste* und der gemäßigt sozialistischen *Union démocratique et socialiste de la résistance* (UDSR) von François Mitterrand

bestand, und der Fraktion des christlich-demokratischen *Mouvement républicain populaire* (MRP). Daneben gab es noch die beiden kleineren Fraktionen der gaullistischen *Républicains sociaux* (mit nur 22 Abgeordneten) und der rechtsextremen Poujadisten.

Schaubild 2 verdeutlicht das Kräfteverhältnis zwischen den Parteien. Die Fraktionen sind jeweils ihrer Größe entsprechend eingezeichnet. Der dicke Trennstrich markiert die Stärke der Regierung bzw. der Opposition; hierbei wurden Abstimmungen über die Vertrauensfrage oder andere wichtige Abstimmungen zu Grunde gelegt.

Die Regierung de Gaulles vom Juni 1958 war praktisch eine Allparteienregierung unter Ausschluss der Kommunisten und der damaligen rechtsextremen Partei der «Poujadisten», auch wenn die Unterstützung der Regierung durch die sozialistische Partei SFIO, die UDSR und die Radikalsozialisten nicht vollständig war.

Im November 1958, nach dem Referendum über die Annahme der Verfassung der V. Republik, fanden Neuwahlen zur Nationalversammlung statt. Aus ihnen ging die neu gegründete gaullistische Partei *Union pour la nouvelle république* (UNR) als großer Sieger hervor. Zwar erhielt sie im 1. Wahlgang (ohne überseeische Gebiete) lediglich 20,4 % der Stimmen und war damit zweitstärkste Partei nach den konservativen *Indépendants* und knapp vor den Kommunisten, sie konnte jedoch nach dem 2. Wahlgang, dank des Wahlmodus, 42 % der Sitze erringen. Damit stellte die gaullistische Partei mit Abstand die größte Fraktion in der Nationalversammlung und benötigte nur noch wenige Koalitionspartner zur Regierungsbildung. Zum ersten Mal seit dem Zweiten Weltkrieg war damit eine Regierungspartei entstanden, die alle anderen Parteien weit überragte.

Die im Januar 1959 gebildete erste Regierung der V. Republik unter Premierminister Michel Debré verfügte über eine breite Mehrheit, bestehend aus den Gaullisten, den konservativen *Indépendants*, dem christlich-demokratischen *Mouvement républicain populaire* (MRP) und Teilen der Radikalsozialisten. Diese Mehrheit schrumpfte jedoch deutlich nach der Regierungsbildung im April 1962 unter dem neu ernannten Premierminister Georges Pompidou, der nach Beendigung des Algerienkrieges Michel Debré ablöste.

Obwohl auch die Regierung von Georges Pompidou Minister des MRP und der *Indépendants* enthielt (unter ihnen Valéry Giscard

Schaubild 2: Kräfteverhältnisse in der Nationalversammlung und Entwicklung des Parteiensystems seit 1958

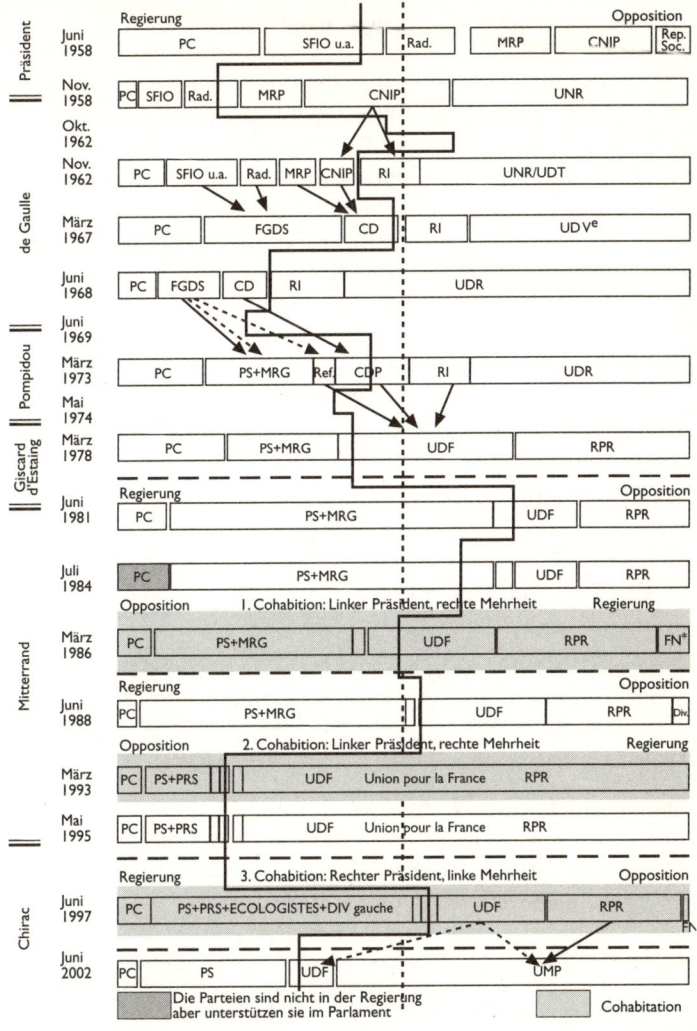

* FN: nicht in der Regierung

– – – zeigt genau die Hälfte der jeweiligen Parlamentssitze an

—— zeigt die jeweiligen Mehrheitsverhältnisse zwischen Regierung und Opposition an

d'Estaing), verfügte er nur über eine knappe Mehrheit im Parlament, da die *Indépendants,* trotz der Beteiligung an der Regierung, diese nur zu einem kleinen Teil parlamentarisch mittrugen. Bald nach der Regierungsbildung verließ dann die MRP wegen de Gaulles ablehnender Haltung gegenüber der europäischen Integration die Regierung, und im Oktober des Jahres 1962 wurde die Regierung schließlich wegen des Beschlusses zur Durchführung eines Referendums über die Direktwahl des Präsidenten der Republik durch ein Misstrauensvotum gestürzt. De Gaulle löste daraufhin die Nationalversammlung auf und schrieb Neuwahlen aus.

Die Neuwahlen vom November 1962 brachten einen großen Wahlsieg der Gaullisten, die im 1. Wahlgang mit annähernd 32 % der Stimmen mit deutlichem Abstand stärkste Partei wurden (siehe Tabelle 2). Nach dem 2. Wahlgang hatten sie schließlich 233 der 485 Sitze errungen und damit die absolute Mehrheit nur knapp verfehlt.

Tabelle 5: Die Wahlergebnisse der Parteien im 1. Wahlgang 1958–2002

	1958	1962	1967	1968	1973	1978	1981	1986	1988	1993	1997	2002
Kommun.	19,2	21,9	22,5	20,0	21,4	20,6	16,2	9,4	11,3	9,2	9,9	4,8
Sozialist.	15,7	12,5	19,0	16,6	19,2	24,7	37,5	32,9	37,5	20,3	25,6	25,6
Diverse	8,9	10,1	2,2	4,7	6,1	3,3	2,1	1,5	0,4	1,8	5,2	5,1
Grüne						2,1	1,1	1,2	0,4	7,6	6,3	5,7
Linke Σ	43,8	44,5	43,7	41,3	46,7	50,7	56,9	45,0	49,6	38,9	47,0	41,2
Zentrum	11,1	9,1	12,6	10,3	12,6	23,9	19,2	41,2	18,5	19,1	14,7	5,3
Gaullisten	20,4	31,9	37,7	43,7	37,9	22,6	20,8		19,2	20,4	16,8	33,3
Diverse	22,1	13,6	5,1	4,6	2,8	2,8	2,8	3,9	2,9	8,9	6,4	7,5
Rechtsextr.	2,6	0,9	0,9	0,1	0,0	0,0	0,3	9,9	9,8	12,7	15,1	12,7
Rechte Σ	56,2	55,5	56,3	58,7	53,3	49,3	43,1	55,0	50,4	61,1	53,0	58,8

Anmerkung: Die Zahlen sind entnommen aus Didier Maus, a. a. O., S. 116, Le Monde, Dossiers et documents, Juni 1997, und der Internetseite des Parlaments, www.assemblee-nationale.fr. Sie beziehen sich bis einschließlich 1973 nur auf die Wahlergebnisse im Mutterland. Die Zahlen der Rechtsextremen schließen auch Splittergruppen ein.

Die Wahlen von 1962 markieren den Ausgangspunkt für die Entwicklung zum heutigen Parteiensystem der V. Republik. Hatten die Parteien der IV. Republik noch geglaubt, dass die Rückkehr de Gaulles an die Macht nur ein vorübergehendes Phänomen sei, so zeigte sich jetzt, dass die V. Republik sich auf Dauer etablieren würde. Dies bedeutete gleichzeitig, dass die Rückkehr zur Parteienherrschaft der IV. Republik ausgeschlossen war und dass das politische System notwendigerweise zu einer Restrukturierung des Parteiensystems im Sinne einer Parteienkonzentration führen musste. Das Entstehen einer Mehrheitspartei auf der Rechten zwang nun auch die Linke zum Zusammenschluss, um zu verhindern, dass die Rechte mit einer 30-%-Partei im 2. Wahlgang überproportional viele Sitze erobern konnte. So kam es 1962 zu den ersten Absprachen zwischen Sozialisten und Kommunisten, die das spätere Volksfrontbündnis ankündigten.

Zunächst kam es aber erst einmal auf der Rechten zu einer Umstrukturierung des Parteiengefüges. 1962, kurz nach den Wahlen, spalteten sich die konservativen *Indépendants* in der Frage der Regierungsbeteiligung, als deren Mitglied Valéry Giscard d'Estaing entgegen einem Votum der Partei in die Regierung von Georges Pompidou eintrat und die *Indépendants* verließ. 1966 gründete er dann offiziell seine eigene Partei, die *Fédération nationale des Républicains indépendants* (RI).

In der Mitte des Parteienspektrums bildete sich in der gleichen Zeit das oppositionelle Parteienbündnis *Centre démocratique* aus dem MRP und den verbliebenen *Indépendants*. 1966 löste sich schließlich das alte MRP auf und gründete sich als *Centre démocrate* (CD) unter Jean Lecanuet neu.

Auf der Linken kam es 1965 zu einem Wahlbündnis der nichtkommunistischen Parteien, also der sozialistischen Partei SFIO von Guy Mollet, der UDSR von François Mitterrand und der Radikalsozialistischen Partei, die sich zum Parteienbündnis der *Fédération de la gauche démocrate et socialiste* (FGDS) verbanden.

Damit hatten sich im Parteiensystem die vier Pole herausgebildet, die den «politischen Familien» entsprachen: die Kommunistische Partei, die noch isoliert war, die nichtkommunistische Linke, das Zentrum und die gaullistische Rechte mit ihrem Juniorpartner, den Giscardisten.

In den Präsidentschaftswahlen von 1965 fanden die oppositionellen Gruppierungen auch ihre Führerpersönlichkeiten: François Mitterrand auf der Linken und Jean Lecanuet von den Parteien des Zentrums. Beide zwangen sie de Gaulle in die Stichwahl und konnten damit einen beachtenswerten Erfolg erringen. Lecanuet erzielte mit 15,6 % zwar nur das drittbeste Ergebnis, hatte aber so viele Stimmen aus dem bürgerlichen Lager an sich gebunden, dass de Gaulle im 1. Wahlgang nur auf 44,6 % der Stimmen kam. Mitterrand, der im 1. Wahlgang auf 31,7 % der Stimmen gekommen war, schaffte im 2. Wahlgang immerhin 44,6 % (siehe Tabelle 1, S. 57).

In den Wahlen zur Nationalversammlung von 1967 verzeichneten die Gaullisten zwar einen Stimmenzuwachs gegenüber 1962, aber sie verloren dennoch an Sitzen, da zwischenzeitlich die anderen Parteien nicht mehr getrennt, sondern wie bei den Präsidentschaftswahlen von 1965 in größeren Wahlbündnissen antraten. Zusammen mit den Giscardisten verfügten die Gaullisten aber immer noch über die absolute Mehrheit der Sitze im Parlament.

Diese Wahlen und die Konsolidierung der Regierungsmehrheit hatten auch Auswirkungen auf die gaullistische Partei. Obwohl selbst nicht Parteipolitiker, sah Georges Pompidou die Notwendigkeit, die UNR/UDT aus dem Schatten de Gaulles herauszuführen, sie auf die Zeit nach de Gaulle vorzubereiten und zu einer modernen Massenpartei umzugestalten. Hierzu war es erforderlich, alle gaullistischen Gruppierungen in einer großen gaullistischen Partei zusammenzufassen und mit einem modernen Parteiapparat auszustatten. Die Ende 1967 neu gestaltete gaullistische Partei erhielt dann auch einen neuen Namen: *Union des démocrates pour la Ve république* (UD V^e).

Bei den Wahlen vom Juni 1968, die sehr stark von den «Mai-Ereignissen» geprägt waren und in denen die Gaullisten gemeinsam mit den Giscardisten unter der Bezeichnung *Union pour la défense de la république* (die Abkürzung «UDR» dieser Wahlkoalition wurde in der Folgezeit von der gaullistischen Partei übernommen) den Wahlkampf führten, erzielte dann erstmalig eine Partei allein die absolute Mehrheit der Sitze in der Nationalversammlung. Bei einem Stimmenanteil von 43,7 % im 1. Wahlgang verfügten die Gaullisten nach dem 2. Wahlgang über eine Mehrheit von 74 % der Sitze!

Nach dem Rücktritt de Gaulles und der Wahl von Georges Pompidou zum Präsidenten der Republik im Juni 1969 versuchte dieser eine «ouverture» hin zur Mitte. Der von Georges Pompidou ernannte Premierminister Jacques Chaban-Delmas hatte zwar immer noch die breite Parlamentsmehrheit aus den Wahlen von 1968. Es war jedoch zu vermuten, dass diese Mehrheit in den nächsten Wahlen verloren gehen würde. Eine Erweiterung der Regierungsmehrheit hin zur Mitte erschien deshalb bereits 1969 sinnvoll. Das Zentrum lehnte jedoch eine Regierungsbeteiligung ab, was zur Abspaltung einer Gruppe von Abgeordneten um Jacques Duhamel vom *Centre démocrate* führte. Sie gründeten eine eigene Partei, das *Centre démocratie et progrès* (CDP), und schlossen sich mit ihr der Regierungskoalition an.

Nach dieser weiteren Konsolidierung der bürgerlichen Mehrheit erschien eine Regierung der Linksparteien auf Jahre hinaus ausgeschlossen, da das Zentrum eher zu einer Koalition mit der Rechten bereit war als mit der nichtkommunistischen Linken. Diese hatte also allenfalls im Verbund mit der Kommunistischen Partei eine Chance, diese Vorherrschaft zu brechen. Bei einem Wählerpotential der Kommunistischen Partei von damals noch annähernd 20 % der Stimmen konnte ein Vertreter der Linken bei Präsidentschaftswahlen nur mit Unterstützung der Kommunistischen Partei gewählt werden. Dies erforderte dann allerdings auch eine Allianz auf parlamentarischer Ebene, wenn das Regierungssystem sich nicht selbst blockieren wollte. 1972 gelang es François Mitterrand von der erneuerten Sozialistischen Partei, mit der Kommunistischen Partei ein gemeinsames Regierungsprogramm zu vereinbaren, das sog. *Programme commun.*

Dieses Volksfrontbündnis führte gleichzeitig zu einer Spaltung der (linksliberalen) Radikalsozialistischen Partei, da sich diese zwar der Linken zugehörig fühlte, das sozialistische Wirtschaftsprogramm jedoch nicht mittragen wollte und deshalb ein Bündnis mit den Kommunisten grundsätzlich ablehnte. Nachdem die Radikalsozialistische Partei jahrelang mit der Sozialistischen Partei Wahlbündnisse eingegangen war, schloss sie sich nunmehr den Parteien der Mitte an und suchte mit diesen ein Bündnis. Eine Minderheit der Radikalsozialisten um Robert Fabre verließ jedoch daraufhin die Partei und gründete das *Mouvement des radicaux de gauche* (MRG), das in der Folgezeit im Verbund mit der Sozialistischen Partei Abgeordnete in das Parlament entsenden konnte. Aus der Sicht der Sozialisten war diese Koalition mit dem (sehr kleinen) MRG durchaus sinnvoll, da sie auf diese Weise auch in das Wählerreservoir der bürgerlichen Parteien eindringen konnten.

Die Parteien der Mitte, denen sich nunmehr also auch die Radikalsozialistische Partei zugehörig fühlte, formierten sich im November 1971 zum Parteienbündnis *Mouvement réformateur.* Ihm gehörten an: das *Centre démocrate,* die Radikalsozialistische Partei und einige kleinere Mitte-Rechts-Gruppen. Das Parteiensystem war damit tripolar geworden: Dem Regierungsbündnis von Gaullisten, Giscardisten und dissidenten Zentristen standen das *Mouvement réformateur* und die vereinigte Linke im *Programme commun* gegenüber.

Bei den Präsidentschaftswahlen von 1974, die nach dem Tode von Georges Pompidou erforderlich wurden, hätte das Volksfrontbündnis auch beinahe den Sieg davongetragen. Der bürgerliche Kandidat Giscard d'Estaing siegte im zweiten Wahlgang nur ganz knapp mit 50,8 % der Stimmen gegen François Mitterrand, der 49,2 % der Stimmen erhielt.

Nach seiner Wahl zum Präsidenten der Republik ernannte Giscard d'Estaing den Gaullisten Jacques Chirac zum Premierminister und bemühte sich gleichzeitig um eine Erweiterung seiner Präsidial- bzw. Parlamentsmehrheit hin zur Mitte. Nachdem diese Präsidialmehrheit durch Giscard d'Estaing konservativ-bürgerlich geworden war, erschien es nur natürlich, dass sich nunmehr auch die Parteien des *Mouvement réformateur* dieser Mehrheit anschlossen. Damit war auch die Abspaltung des *Centre démocratie et progrès* (CDP) aus dem Jahre 1969 hinfällig. Die Partei vereinigte sich wieder mit dem *Centre démocrate,* wobei man gleichzeitig einen neuen Namen für diese nunmehr neue Partei wählte: *Centre des démocrates sociaux* (CDS). Das Parteiensystem war nun also bipolar: Der Präsidialmehrheit stand nur noch die vereinigte Linke des *Programme commun* gegenüber. Das Linksbündnis zerbrach allerdings bereits 1977, so dass das System wiederum tripolar wurde.

Auch innerhalb der Regierungsparteien kam es zu einer Umstrukturierung und der Herausbildung von zwei Untergruppen. Im Hinblick auf die Parlamentswahlen vom März 1978 vereinigten sich die Parteien des *Mouvement réformateur* Anfang 1978 mit der Partei Giscard d'Estaings, die sich bereits im Jahre zuvor in *Parti républicain* umbenannt hatte, zur *Union pour la démocratie française* (UDF). Dieses Parteienbündnis, in dem die beteiligten Parteien ihre Selbständigkeit beibehielten, setzte sich neben den Radikalsozialisten, den Zentristen und Giscardisten noch aus mehreren anderen Splittergruppen der Mitte zusammen.

Aus der UDF sollte nach den Plänen Giscard d'Estaings eine geschlossene, bürgerliche Parteiengruppierung und vielleicht eines Tages eine große bürgerlich-liberale Partei entstehen, die mit der neogaullistischen Partei Jacques Chiracs um die Vorherrschaft auf der Rechten rivalisieren konnte.

Chirac hatte die gaullistische Partei bereits 1976 in das *Rassemblement pour la république* (RPR) umgewandelt und dessen Vorsitz übernommen. Diese Rivalität führte dann unter Premierminister Raymond Barre, der im März 1978 Jacques Chirac abgelöst hatte, zu tiefen Spannungen innerhalb des Regierungslagers und einer deutlichen Differenzierung dieser beiden Gruppierungen, so dass man ab diesem Zeitpunkt wieder von einem quadripolaren System sprechen kann. Die vier politischen Familien hatten sich erneut in Parteien bzw. Parteienbündnissen gruppiert.

Das Parteiensystem nach dem Wahlsieg der Linken 1981

Die Wahl von François Mitterrand zum Präsidenten der Republik im Jahre 1981 brachte zwar eine grundsätzliche Wende in der französischen Politik und eine Ablösung der bislang regierenden Mitte-Rechts-Koalition, sie änderte zunächst jedoch das Parteiengefüge kaum. Lediglich die Gewichte innerhalb des Systems verschoben sich, dies allerdings in deutlicher Weise.

Die durch die Wahl eines sozialistischen Präsidenten erforderlichen Neuwahlen zur Nationalversammlung brachten einen erdrutschartigen Sieg der Linken, von dem nur die Sozialistische Partei profitierte, die im ersten Wahlgang auf 37,5 % der Stimmen kam, während die Kommunistische Partei gegenüber 1978 über 4 % der Stimmen verlor und nur noch 16,2 % erhielt. Die Sozialistische Partei erzielte sogar 58 % der Sitze im Parlament und hätte damit allein regieren können. Sie schloss unter Premierminister Pierre Mauroy aber dennoch ein Regierungsbündnis mit den Kommunisten, das dann bis Juli 1984 hielt.

Das Parteiensystem hatte sich also seit Mitte der 70er Jahre stabilisiert und veränderte sich auch nicht während der Zeit der *Cohabitation* zwischen 1986 und 1988. Es bestand weiterhin aus den vier Parteien bzw. Parteienbündnissen der Kommunisten, der Sozialisten mit den linken Radikalsozialisten, der zentristischen UDF und der gaullistischen Partei RPR.

In den Wahlen von 1986 war es erstmals zu einer Parlamentsmehrheit gekommen, die in Opposition zum Präsidenten stand. Die Gaullisten hatten zusammen mit der zentristischen UDF eine knappe Mehrheit erzielt, so dass der Präsident mit Jacques Chirac einen Politiker der gegnerischen Seite ernennen musste. Diese erste *Cohabitation* wurde von Mitterrand akzeptiert, da er hoffte, 1988 wieder gewählt zu werden, um dann das Parlament auflösen zu können.

Dies geschah dann auch im Mai 1988. Mitterrand löste nach seiner Wiederwahl die Nationalversammlung auf, und in den darauf folgenden Parlamentswahlen erhielt die Sozialistische Partei mit ihren Bündnispartnern 37,5 % der Stimmen im 1. Wahlgang und nach dem 2. Wahlgang eine knappe Mehrheit der Sitze. Dieses Wahlergebnis brachte das Parteiensystem erneut in Bewegung. Mitterrand bemühte sich um eine «*ouverture*», also die Bildung der Regierung unter Einbeziehung des Zentrums. Hierauf reagierten die beiden bürgerlichen Oppositionsgruppierungen (UDF und RPR) mit einer noch engeren Zusammenarbeit: Bei den Regionalwahlen 1992 und den Parlamentswahlen 1993 präsentierten sie gemeinsame Listen bzw. Kandidaten unter der Bezeichnung *Union pour la France* – UPF. Die Parteien der bürgerlichen Mitte und Rechten begannen sich anzunähern.

Die Bemühungen um eine «*ouverture*» hätten den Zusammenhalt der Opposition durchaus in Frage stellen können. So hatte sich nach den Wahlen von 1988 das *Centre des démocrates sociaux* (CDS), trotz seiner Zugehörigkeit zur UDF, in der Nationalversammlung als eigene Fraktion mit dem Namen *Union du centre* konstituiert. Außerdem war die Sozialistische Partei in den 80er Jahren sozialdemokratisch geworden, so dass eine Zusammenarbeit mit dem CDS oder der linksliberalen Radikalsozialistischen Partei keinesfalls auszuschließen war.

Das Ergebnis der Parlamentswahlen von 1993 machte jedoch alle Überlegungen einer «*ouverture*» zunichte. Die Sozialistische Partei erlitt mit knapp 20 % der Stimmen (im 1. Wahlgang) und nur 11 % der Sitze eine vernichtende Niederlage, während das Bündnis von RPR und UDF zusammen knapp 80 % der Sitze errang (bei etwa 40 % der Stimmen im 1. Wahlgang!). Am Ende stürzte die Sozialistische Partei in eine schwere Krise, während das *Centre des démo-*

crates sociaux sich wieder der UDF-Fraktion in der Nationalversammlung anschloss. Mitterrand fügte sich in sein Schicksal und ernannte den Gaullisten Edouard Balladur zum Premierminister einer Regierung der *Cohabitation*, die ohne größere Konflikte mit dem Präsidenten regieren konnte. Letzterer wusste um seine Krankheit, und ohnehin endete seine Amtszeit zwei Jahre später.

Neuere Entwicklungen

Mit der Wahl des Gaullisten Jacques Chirac zum Präsidenten der Republik 1995 kam das politische System zunächst wieder in eine stabile Lage. Im Parlament verfügte er über die 1993 gewählte Mehrheit von über drei Viertel aller Sitze, und er hätte damit bis zum Jahre 1998 ohne Konflikte mit dem Parlament regieren können. Aus taktischen Gründen löste er 1997 jedoch das Parlament auf, in der Hoffnung, damit bis zum Ende seiner Amtszeit im Jahre 2002 über eine Parlamentsmehrheit verfügen zu können. Die Wähler billigten diese taktische Parlamentsauflösung jedoch nicht und bereiteten den bürgerlichen Parteien eine verheerende Wahlniederlage, die auch zu einer Erschütterung des Parteiensystems führte. Hatte bereits das gute Abschneiden des Sozialisten Lionel Jospin in den Präsidentschaftswahlen von 1995 seiner Partei einen neuen Aufwind und einen unumstrittenen Parteiführer beschert, so machte das Wahlergebnis 1997 die Sozialistische Partei schließlich wieder zur stärksten Partei Frankreichs, wobei die Linke jedoch insgesamt nur 47 % der Stimmen erhalten hatte. In der Regierung erneuerte sie das Linksbündnis mit der kommunistischen Partei, und Präsident Chirac war zu einer schwierigen *Cohabitation* mit der sozialistisch-kommunistischen Mehrheit gezwungen, ohne die Möglichkeit, diese bald beenden zu können.

Diese Wahlniederlage führte zu einer tiefen Veränderung der Parteienlandschaft. Der von Giscard d'Estaing einst als *Républicains indépendants* gegründete *Parti républicain* wählte mit Alain Madelin einen neuen Vorsitzenden, änderte seinen Namen in *Démocratie libérale* und verließ das Bündnis der UDF. Eine Minderheit blieb jedoch in der UDF und gründete hierzu eine neue Partei: den *Pôle républicain indépendant et libéral* (PRIL). Die andere Säule der UDF, das *Centre des démocrates sociaux*, hatte sich bereits Anfang 1995 in *Force démocrate* unter Führung von François Bayrou umbenannt. Zusammen mit dem *Parti radical* und direkten Mitgliedern gründeten sie 1998 die *Nouvelle UDF*. Wenig später verließ aber der größte Teil der Mitgliedsparteien die UDF, um mit den Gaullisten eine neue Partei zu gründen.

Eine neue Bedrohung war auf der extremen Rechten entstanden. Der *Front national* des Jean-Marie Le Pen hatte während der Präsidentschaft von François Mitterrand einen großen Zulauf erfahren und etablierte sich im Parteiensystem bei den Parlamentswahlen mit über 10 % der Stimmen im 1. Wahlgang. Sein bestes Ergebnis erreichte er 1997 mit 15,1 %! Damit wurde es für die bürgerliche Mitte und Rechte immer schwieriger, eine Parlamentsmehrheit zu erlangen. Eine Allianz mit dem *Front national* wurde jedoch, insbesondere von Jacques Chirac, stets abgelehnt, auch wenn damit, wie 1997, die Linke mit insgesamt nur 47 % der Stimmen am Ende 55 % der Parlamentssitze erobern konnte.

Die Wahlniederlage von 1997 stürzte die gaullistische RPR in eine tiefe Krise. Der Parteivorsitzende Alain Juppé trat vom Parteivorsitz zurück. Das Ziel des neuen Vorsitzenden Philippe Séguin war die Gründung einer großen Partei der bürgerlichen Rechten. Im Hinblick auf die Präsidentschaftswahl von 2002 vereinigten sich diese zunächst in einem Wahlbündnis, der *Union pour la majorité présidentielle – UMP*, das sich wenig später mit der Bezeichnung *Union pour un mouvement populaire* als Partei konstituierte und damit die Abkürzung UMP beibehalten konnte. Neben dem RPR waren *Démocratie libérale* und der größte Teil der zentristischen UDF, insbesondere auch der *Parti radical,* dem Parteienbündnis beigetreten. Der bisherige Vorsitzende der UDF, François Bayrou, lehnte eine Beteiligung an diesem Bündnis jedoch ab und hielt die UDF am Leben.

Vorsitzender der UMP wurde Alain Juppé, der aber bereits 2004 wegen seiner Verurteilung in der Affäre der fiktiven Beschäftigungen im Pariser Rathaus zur illegalen Parteienfinanzierung zurücktreten musste. Sein Nachfolger wurde der ehrgeizige Nicolas Sarkozy, der in den Präsidentschaftswahlen von 1995 noch Edouard Balladur unterstützt hatte und deshalb lange Zeit als «Verräter» im politischen Abseits stand.

In den Wahlen von 2002 erzielte die UMP einen großen Wahlerfolg. Mit 33,3 % der Stimmen im 1. Wahlgang errang sie nach dem 2. Wahlgang insgesamt 353 der 577 Parlamentssitze. Die Sozialisti-

sche Partei hatte zusammen mit den linken Radikalen mit 25,6 %
der Stimmen ebenso viele Stimmen erhalten wie bei den für sie sieg-
reichen Wahlen des Jahres 1997. Die Linke kam insgesamt jedoch
nur noch auf 41 % der Stimmen gegenüber 47 % fünf Jahre zuvor
und war außerdem zersplittert, während die Rechte, auch ohne den
Front national, im ersten Wahlgang auf 46 % der Stimmen kam.

Für die Sozialistische Partei war jedoch vor allem die Präsidentschaftswahl von 2002 ein Debakel, war doch der bis dahin amtie-
rende sozialistische Premierminister Lionel Jospin nicht einmal in
die Stichwahl gelangt. Schließlich zerfiel sie auch noch im Referendum über die Europäische Verfassung vom Mai 2005 in Anhänger
und Gegner. Der frühere Premierminister Laurent Fabius schloss
sich dem Lager der Verfassungsgegner an, obwohl in einer Urab-
stimmung die Mitglieder sich mit großer Mehrheit für ein Ja zur
Verfassung ausgesprochen hatten. Für Laurent Fabius dürfte es dabei weniger um den Inhalt der Verfassung als vielmehr um eine bes-
sere Ausgangsposition für die Präsidentschaftswahlen von 2007
gegangen sein.

So hat sich seit Beginn der V. Republik das Parteiensystem Frankreichs von Grund auf erneuert. Von den alten Parteien der III. und
IV. Republik blieb praktisch nur noch die Kommunistische Partei in
ihrer ursprünglichen Form erhalten, was vielleicht auch ein Grund
für ihren Niedergang ist. Seit der Linksunion von 1972 befindet sie
sich in einem stetigen Abwärtstrend und erzielte 2002 gerade noch
4,8 % der Wählerstimmen, nachdem sie in der letzten Nationalversammlung der IV. Republik noch die stärkste Partei gewesen war.
Der Sozialistischen Partei ist es gelungen, sich als die führende
Kraft auf der Linken zu etablieren; die bürgerliche Rechte hat in der
UMP eine kraftvolle Partei geschaffen, neben der die UDF kaum
noch eine große Rolle spielen dürfte. Ob der *Front national* der-
einst seinen charismatischen Führer Jean-Marie Le Pen überleben
wird, darf bezweifelt werden.

Aber alle Spekulationen können sich nach den nächsten Präsidentschaftswahlen als falsch erweisen. Denn solange das politische
System der V. Republik bestehen bleibt, orientiert sich auch das
Parteiensystem an der zentralen Person des Systems: dem Präsidenten der Republik.

3. Die wichtigsten politischen Parteien

Die Parteien der Linken

Der Linksextremismus (le gauchisme) Bevor wir hier auf die großen Parteien der Linken eingehen, soll kurz auf die Parteien der extremen Linken, des *gauchisme*, hingewiesen werden. Diese Parteien
und Gruppen sind vor allem durch die Maiunruhen von 1968 bekannt geworden, und auch wenn sie in der Nationalversammlung
ohne Repräsentation sind, so spielen sie dennoch im politischen
Leben eine gewisse Rolle. Sie üben einen nicht geringen Einfluss in
der intellektuellen Szene aus und treten auch bei Präsidentschaftswahlen regelmäßig in Erscheinung.

Die bekanntesten Gruppen der extremen Linken sind:
- die trotzkistische *Ligue communiste révolutionnaire* (LCR) von
  Alain Krivine, der 1969 und 1974 bei den Präsidentschaftswahlen
  kandidierte und 1 % bzw. 0,36 % der Stimmen erhielt
- die trotzkistische *Lutte ouvrière* (LO), deren Kandidatin Arlette
  Laguiller bei den Präsidentschaftswahlen von 1974, 1981 und 1988
  jeweils etwa 2 % und 1995 und 2002 sogar 5,3 % bzw. 5,7 % der
  Stimmen erhielt
- der maoistische *Parti pour une alternative communiste* (PAC),
  eine Nachfolgeorganisation des *Parti communiste marxiste-léni-
  niste* und anderer maoistischen Gruppierungen, die in den Jahren
  nach 1968 durch ihren Führer Alain Geismar zu einiger Bekannt-
  heit gelangten und regelmäßig wegen ihrer gewalttätigen Aktionen verboten wurden.

Nicht zu dieser Gruppe linksextremer und halb im Untergrund
tätiger Splitterparteien ist der *Parti socialiste unifié* (PSU) zu rech-
nen, der im April 1960 aus einem Zusammenschluss mehrerer linker
Gruppierungen entstand, die gegen den Algerienkrieg, die V. Republik und die «Verbürgerlichung» der Linken kämpfen wollten. Der
Partei gehörten eine Zeit lang bedeutende Persönlichkeiten der Linken an, wie Pierre Mendès-France, Alain Savary, Charles Hernu,
Lionel Jospin, Pierre Bérégovoy und viele andere.

Seine bedeutendste Führungspersönlichkeit Ende der 60er Jahre
war Michel Rocard, von 1967 bis 1973 ihr Parteivorsitzender, der
1969 bei den Präsidentschaftswahlen kandidierte, aber nur 3,6 %

Schaubild 3: Die Entwicklungslinien der wichtigsten Parteien

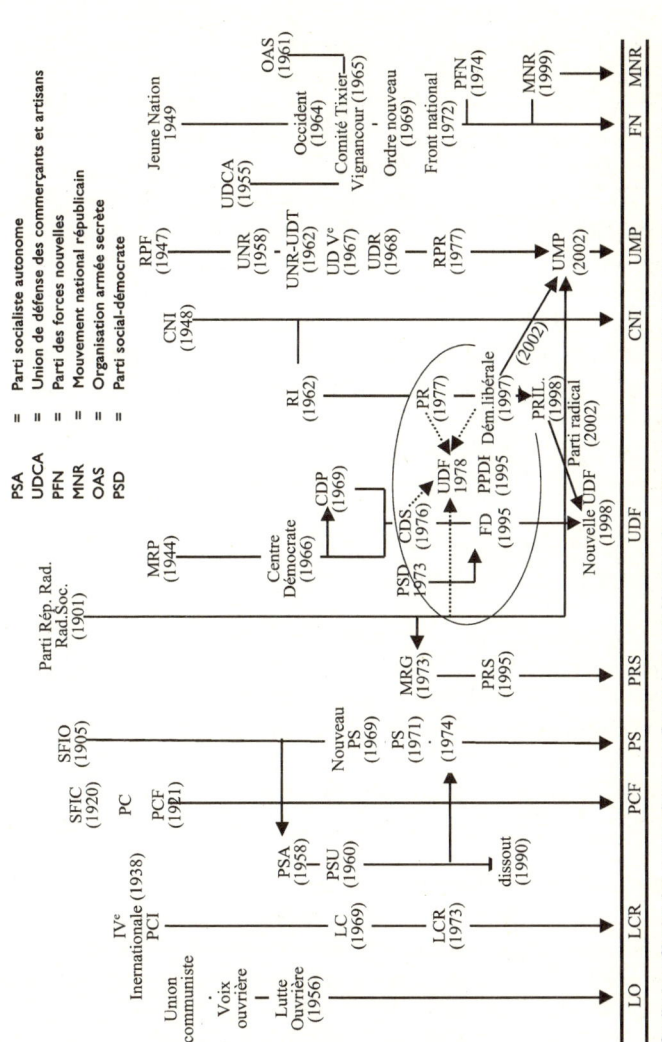

Quelle: Jean Charlot, Les partis politiques en France, hrsg. vom Ministère des relations extérieures, Paris 1986, aktualisiert und ergänzt durch eigene Recherchen

der Stimmen erhielt. Die Reform der Sozialistischen Partei 1969/70 führte zur Abwanderung der wichtigsten Führungskräfte des PSU, und Michel Rocard selbst verließ die Partei 1974, um sich der Sozialistischen Partei anzuschließen.

Wichtigster wirtschaftspolitischer Programmpunkt des PSU war die Arbeiterselbstverwaltung der *autogestion*. Da u. a. diese nicht Teil des gemeinsamen Regierungsprogramms der Linken, des *Programme commun* von 1972, war, schloss sich der PSU dieser auch nicht an. 1981 kandidierte die Generalsekretärin des PSU, Huguette Bouchardeau, bei den Präsidentschaftswahlen und erhielt weniger als 1 % der Stimmen. Seit Beginn der 80er Jahre, insbesondere nach dem Wahlsieg der Linken im Jahre 1981, versank der PSU dann immer mehr in die Bedeutungslosigkeit. Huguette Bouchardeau selbst trat 1983 in die Regierung ein. Im Jahre 1988 hatte der PSU keine 1000 Mitglieder mehr, nachdem er Ende der 60er Jahre sogar 15 000 Mitglieder gezählt hatte. Auf einem Parteikongress Ende 1988 wurde schließlich die Fusion des PSU mit einer anderen linken Splittergruppe des dissidenten KP-Politbüromitglieds Pierre Juquin beschlossen und im November 1989 vollzogen. 1990 löste sich der PSU auf. Die wenigen verbliebenen Mitglieder fanden sich in der Sozialistischen Partei wieder.

Die Kommunistische Partei Frankreichs (Parti communiste français – PCF)

Die Kommunistische Partei entstand im Dezember 1920 auf dem Parteikongress der Sozialistischen Partei *Section française de l'internationale ouvrière* von Tours, als sich mehr als zwei Drittel der Delegierten für einen Anschluss an die von Lenin gegründete dritte (kommunistische) Internationale aussprachen und die Partei sich in *Section française de l'internationale communiste* umbenannte (SFIC). Erst nach Auflösung der Komintern durch Stalin im Jahre 1943 benannte sich die Partei dann auch offiziell in *Parti communiste français* (PCF) um. Von den 150.000 Mitgliedern der SFIO des Jahres 1920 schloss sich nach dem Kongress von Tours die große Mehrheit der kommunistischen Partei an. In Frankreich war nach dem Sieg der bolschewistischen Revolution in Russland innerhalb der sozialistischen Bewegung also die kommunistische Strömung in der Mehrheit, weshalb die sozialistische Parteizeitung «L'Humanité» auch das Parteiorgan der KP wurde.

In den Jahren bis 1934 verlor die KPF dann allerdings drei Viertel ihrer Mitglieder und erhielt bei den Parlamentswahlen von 1932 nur noch 8 % der Stimmen. Die Volksfrontpolitik von 1934 bis 1936 (die KP trat jedoch in die Regierung Léon Blum nicht ein, sondern unterstützte diese nur parlamentarisch) und die charismatische Führerpersönlichkeit von Maurice Thorez führten jedoch zu einem erneuten Aufschwung der Partei.

Der Abschluss des deutsch-sowjetischen Nichtangriffspakts vom August 1939, den die Kommunistische Partei Frankreichs begrüßte, hatte nach Kriegsausbruch das Verbot der Partei zur Folge. Maurice Thorez selbst desertierte in die Sowjetunion, wo er die Kriegszeit verbrachte. Erst der deutsche Angriff auf die Sowjetunion im Juli 1941 führte dann zu einer Wende und einer Aussöhnung zwischen der «roten Fahne und der Trikolore» (François Borella, Les partis politiques dans la France d'aujourd'hui, Paris 1990, S. 178). Die KP spielte dann auch eine sehr bedeutende Rolle in der Résistance, und nach der Befreiung Frankreichs trat der aus der Sowjetunion zurückgekehrte und amnestierte Maurice Thorez mit vier anderen kommunistischen Ministern in die Provisorische Regierung General de Gaulles ein. Erst 1947, nach Ausbruch des Kalten Krieges, wurden die kommunistischen Minister unter Ministerpräsident Ramadier aus der Regierung entlassen.

Unter der IV. Republik war die KP mit stets über 25 % der Stimmen die stärkste Partei Frankreichs und stellte meist auch die größte Fraktion. In den Wahlen von 1958, den ersten unter der V. Republik, verlor die Partei dann etwa ein Drittel ihrer Wähler und kam noch auf knapp 19 % der Stimmen. Die Gründe lagen einerseits in ihrer uneingeschränkt ablehnenden Haltung gegenüber dem System der V. Republik, andererseits spielte hier auch die Krise des Weltkommunismus, ausgelöst durch den Ungarnaufstand und die Aufarbeitung des Stalinismus, eine Rolle. Die Partei blieb in diesem Bereich der 20 % bis zum Wahlsieg der Linken im Jahre 1981, der dann zu einem dramatischen Abstieg der Kommunistischen Partei in der Wählergunst führte. In den Wahlen von 2002 erhielt die Kommunistische Partei gerade noch 4,8 % der Stimmen.

Die Gründe für diesen Abstieg der Kommunistischen Partei sind sehr vielschichtig. Einer der Gründe liegt darin, dass die KPF selbst nach dem Tode von Maurice Thorez im Jahre 1964 nur eine sehr vorsichtige Wandlung hin zum «Euro-Kommunismus» vollzog und damit nur bedingt ein Bündnis mit der Sozialistischen Partei möglich machte. Zwar wurde unter Generalsekretär Waldeck Rochet 1968 die Intervention der Truppen des Warschauer Pakts in der Tschechoslowakei verurteilt, und auf dem Parteitag von 1976, unter dem seit 1972 amtierenden Generalsekretär Georges Marchais, wurde sogar das Dogma von der Diktatur des Proletariats aufgegeben. Dies führte jedoch stets zu starken innerparteilichen Auseinandersetzungen, bei denen schließlich der moskautreue Flügel siegte. So wurde 1980 von der KPF sogar der Einmarsch der sowjetischen Truppen in Afghanistan gebilligt, was ihre Popularität sicher nicht erhöhte.

Neben der Starrheit der Parteiführung trugen auch der Aufstieg der Sozialistischen Partei seit Anfang der 70er Jahre und der damit verbundene Sieg von François Mitterrand bei den Präsidentschaftswahlen von 1981 zum Bedeutungsverlust der Kommunistischen Partei bei. Die Allianz mit der Sozialistischen Partei im *Programme commun* von 1972 und die Unterstützung der Kandidatur François Mitterrands bei den Präsidentschaftswahlen von 1974 führten zu einem Stimmenzuwachs für die Sozialisten, nicht aber für die Kommunisten. Das *Programme commun* wurde deshalb 1977 von der KPF aufgekündigt in der Hoffnung, auf diese Weise wieder stärker ein eigenes Profil gewinnen zu können. Generalsekretär Georges Marchais kandidierte dann auch selbst bei den Präsidentschaftswahlen von 1981, kam allerdings nur auf 15,3 % der Stimmen.

Nach dem darauf folgenden Wahlsieg der Sozialistischen Partei bei den Wahlen zur Nationalversammlung konnte sich die KPF einem Regierungsbündnis mit den Sozialisten nicht verweigern und trat mit vier Ministern in die Regierung von Pierre Mauroy ein. Auch diese Regierungsbeteiligung war nicht zum Vorteil der Partei, zumal sie ab 1983 Jacques Delors' Wirtschaftspolitik der *«austérité»* mittragen musste. 1984 verweigerte sie deshalb eine weitere Beteiligung an der nunmehr von Laurent Fabius geführten Regierung. Auf diese Weise hoffte sie, wieder ein eigenes Profil als Linkspartei zu gewinnen, was, wie die folgenden Wahlergebnisse zeigten, deutlich misslang.

Bei den Präsidentschaftswahlen vom Mai 1988 stellte sie mit ihrem Fraktionsvorsitzenden André Lajoinie einen eigenen Kandidaten gegen Mitterrand auf, der es nur auf 6,8 % der Stimmen brachte. 1995 erhielt der neue Generalsekretär Robert Hue bei den Präsidentschaftswahlen 8,6 % der Stimmen, und 2002 waren es gerade noch 3,4 %. Auch bei den Wahlen zur Nationalversammlung war der Niedergang unaufhaltsam. 2002 fiel ihr Stimmenanteil sogar unter 5 %.

Der Niedergang der Kommunistischen Partei ist auch eine Folge eines allgemeinen Niedergangs der Ideologien, der seinerseits wieder auf tief greifende Strukturveränderungen zurückzuführen ist, wie den Substanzverlust der traditionellen Arbeiterschaft und das Erstarken der Dienstleistungsgesellschaft. Und schließlich hat der Zusammenbruch der Sowjetunion Anfang der 90er Jahre, der weltweit zu einem Bedeutungsverlust der kommunistischen Parteien beitrug, die Kommunistische Partei Frankreichs in ihrer Bedeutung reduziert.

Trotz dieses Niedergangs wäre es aber ein Irrtum, die Kommunistische Partei völlig abzuschreiben. Die KPF hat, nach eigenen Angaben, noch ca. 140.000 Mitglieder und ist auch heute noch die Partei mit dem effizientesten Apparat und einer gut ausgebauten Parteiorganisation, an deren Spitze 22 Jahre lang, von 1972 bis 1994, Georges Marchais als Generalsekretär stand. Danach wurde die Partei von Robert Hue und seit 2001 von Marie-George Buffet als *Secrétaire nationale* geführt.

Noch immer stellt sie zahlreiche Bürgermeister und sitzt in den Gemeinderäten und Regionalräten. Und schließlich hat die KPF über die kommunistisch orientierte Gewerkschaft CGT einen direkten Zugang zu einem großen Teil der Arbeiterschaft.

Die Sozialistische Partei (Parti socialiste – PS)

Den bemerkenswertesten Aufstieg unter den französischen Parteien hatte seit Beginn der 70er Jahre sicher die Sozialistische Partei zu verzeichnen. Nach den Parlamentswahlen von 1981 stellte sie zwölf Jahre lang die größte Parlamentsfraktion und, mit einer zweijährigen Unterbrechung, auch die Regierung. Und nur zwei Jahre nach dem Sieg von Jacques Chirac in den Präsidentschaftswahlen von 1995 siegte sie in den Parlamentswahlen und stellte erneut den Regierungschef. Dabei ist sie in der heutigen Form erst im Jahre 1971 entstanden.

Unter der IV. Republik erlebte die damalige Sozialistische Partei SFIO unter Führung von Guy Mollet einen unaufhaltsamen Abstieg. War sie unmittelbar nach dem Kriege bei Wahlen noch auf über 20 % der Stimmen gekommen, so bewegte sie sich in der Folgezeit meist um 15 % herum und musste so die Führerschaft auf der Linken der Kommunistischen Partei überlassen. Dies lag auch daran, dass die SFIO sich zwar als eine marxistische Partei verstand, ihre politische Praxis jedoch von Opportunismus geprägt war und z. B. auch den kolonialistischen Algerienkrieg rechtfertigte.

Nach der Rückkehr General de Gaulles an die Macht erlitt sie einen weiteren Einbruch und kam 1962 nur noch auf 12,5 % der Stimmen. Da die SFIO die Rückkehr General de Gaulles an die Macht mit ermöglicht hatte und Guy Mollet im Juni 1958 sogar in die Regierung de Gaulles eintrat, kam es zur Abspaltung des linken Flügels, der sich über einige Umwege dann im PSU wiederfand oder sich in den verschiedenen politischen Clubs sammelte. Bereits 1959 schloss sich die SFIO jedoch der Opposition an, was ihren weiteren Abstieg nicht verhinderte.

Angesichts der Veränderung der Parteienlandschaft durch das Auftreten der gaullistischen Partei, die auch massiv in das Wählerreservoir der sozialistischen Partei eindrang, sowie der präsidentiellen Ausrichtung des politischen Systems der V. Republik bemühte sich die SFIO um eine Zusammenarbeit mit den anderen, nichtkommunistischen Parteien der Linken. Eine große *Fédération démocrate socialiste* unter Einschluss der christlich-demokratischen MRP, wie sie vom damaligen Marseiller Bürgermeister und führenden SFIO-Mitglied Gaston Defferre angestrebt wurde, kam jedoch nicht zustande. In den Präsidentschaftswahlen von 1965 unterstützten die Linksparteien, einschließlich der Kommunisten, dann die Kandidatur von François Mitterrand, der selbst nicht aus der SFIO kam. In der IV. Republik war er der Parteiführer der aus der Résistance hervorgegangenen *Union démocratique et socialiste de la Résistance* (UDSR) und leitete nunmehr die *Convention des institutions républicaines* (CIR), einen politischen Club, der 1965 aus dem Zusammenschluss mehrerer linker Gruppierungen hervorgegangen war.

Auf Initiative von François Mitterrand und der politischen Clubs kam es im September 1965 schließlich in der *Fédération de la gauche démocrate et socialiste* (FGDS) zu einer Allianz der nichtkommu-

nistischen Linksparteien. Den Vorsitz übernahm François Mitterrand. Die FGDS umfasste die SFIO, die UDSR, die Radikalsozialisten sowie die *Convention des institutions républicaines* und andere
politische Clubs. Zu ihren wichtigsten Maßnahmen gehörten die
Absprache von Einheitskandidaturen bei den Wahlen und Wahlabsprachen für den 2. Wahlgang mit Parteien, die der *Fédération* nicht
angehörten, also insbesondere der Kommunistischen Partei. So
wurden hier die ersten Weichen für das Volksfrontbündnis von
1972 gestellt.

Nur drei Jahre nach ihrer Gründung scheiterte die FGDS. In den
Wahlen von 1968 erlitt sie eine schwere Niederlage und löste sich
daraufhin praktisch auf. Bei den Präsidentschaftswahlen von 1969
gelang es der Linken nicht mehr, sich auf einen Einheitskandidaten
zu verständigen. Gaston Defferre kandidierte daraufhin für die
SFIO und erhielt gerade noch 5 % der Stimmen, während der kommunistische Kandidat Jacques Duclos es auf immerhin über 21 %
der Stimmen brachte.

Dieser Niedergang der SFIO erforderte eine Reform der Partei.
Sie erfolgte 1969 durch den Zusammenschluss der SFIO mit einigen
sozialistischen Clubs, insbesondere der *Union des clubs pour le
renouveau de la gauche* von Alain Savary, der auch Erster Sekretär
der Partei wurde, und die Umbenennung der Partei in *Nouveau
Parti socialiste*.

Die wirkliche Geburtsstunde der heutigen Sozialistischen Partei
schlug jedoch auf dem Parteikongress von Epinay-sur-Seine im
Juni 1971, auf dem sich die *Convention des institutions républicaines* von François Mitterrand der Neuen Sozialistischen Partei
anschloss, die sich nunmehr in *Parti socialiste* umbenannte. Zu
ihrem Ersten Sekretär wurde François Mitterrand gewählt, dem es
in der Folgezeit gelang, die Partei zu einem dynamischen Instrument des politischen Kampfes umzubauen. Er griff die Politik der
Linksunion wieder auf und schloss mit der Kommunistischen Partei 1972 das Bündnis des *Programme commun*. 1974 verfehlte er
nur knapp den Sieg bei den Präsidentschaftswahlen. 1978 überflü-
gelte die Sozialistische Partei erstmals die Kommunistische Partei
bei den Parlamentswahlen (24,7 % gegenüber 20,6 %) und wurde
damit nicht nur die erste Partei der Linken, sondern auch die
stärkste Partei Frankreichs überhaupt. 1981 schließlich wurde Mitterrand zum Präsidenten der Republik gewählt, und in den darauf

folgenden Parlamentswahlen gelang der Sozialistischen Partei ein triumphaler Sieg mit 37,5 % der Stimmen und beinahe 60 % der Parlamentssitze, was jedoch Ergebnis des Wahlrechts und der Spaltung der bürgerlichen Rechten war. Dieses Ergebnis erzielte sie nochmals 1988, nach der Wiederwahl von François Mitterrand zum Staatspräsidenten. Seither liegen ihre Ergebnisse bei Parlamentswahlen zwischen 20 und 25 %.

Die Sozialistische Partei Frankreichs ist in vielerlei Hinsicht nicht mit der Sozialdemokratischen Partei Deutschlands zu vergleichen. Sie ist weder organisch gewachsen wie die SPD, noch verfügt sie über enge Bindungen zur Gewerkschaftsbewegung und damit über eine entsprechende Verankerung in der Arbeiterschaft.

Die unterschiedlichen Wurzeln der heutigen Sozialistischen Partei und ihre programmatische Differenziertheit, die damit zusammenhängt, zeigen sich auch in den verschiedenen Gruppen innerhalb der Partei, den sog. *courants*. Dies wird deutlich bei den jährlichen Parteitagen *(congrès annuels)*, auf denen die Mitglieder des Exekutivbüros über Listen nach dem Verhältniswahlrecht gewählt werden. Die Zahl und die programmatische Orientierung der *courants* wechseln im Laufe der Zeit. Meist bilden sie sich um Persönlichkeiten, die um die Führung der Partei ringen. So gab es früher u. a. die *courants* von François Mitterrand, Pierre Mauroy, Michel Rocard. Heute werden sie von François Hollande, Laurent Fabius und dem Vertreter der Linken, Henri Emmanuelli, angeführt.

Erster Sekretär der Sozialistischen Partei war von 1971 bis zu seiner Wahl zum Präsidenten der Republik im Jahre 1981 François Mitterrand. Sein Nachfolger wurde Lionel Jospin, der 1988 von Pierre Mauroy abgelöst wurde. Dessen Nachfolger wurde 1992 Laurent Fabius.

Die verheerende Niederlage der Sozialistischen Partei in den Wahlen von 1993 führte zu einer tiefen Krise, in deren Verlauf Laurent Fabius als Erster Sekretär abgelöst und durch eine provisorische Parteiführung unter Michel Rocard ersetzt wurde.

Bereits im Juni 1994 wählte die Partei dann Henri Emmanuelli zum neuen Ersten Sekretär. Und nur ein Jahr später erfolgte der spektakuläre Wiederaufstieg der Partei durch Lionel Jospin, der vorübergehend die Parteiführung verlassen hatte und sich 1995 als Präsidentschaftskandidat durchsetzen konnte. Zur allgemeinen

Überraschung ging er als Sieger aus dem 1. Wahlgang hervor, was ihn als unumstrittene Führungspersönlichkeit der Partei bestätigte, auch wenn er im 2. Wahlgang Jacques Chirac unterlag. Im Oktober 1995 wurde er dann konsequenterweise auch zum Ersten Sekretär gewählt. Nach dem Wahlsieg der Sozialistischen Partei in den Parlamentswahlen vom Juni 1997 wurde er schließlich Premierminister. Sein Nachfolger als Erster Sekretär der Sozialistischen Partei wurde François Hollande, der in diesem Amt auch nach dem Debakel der Präsidentschaft- und Parlamentswahlen von 2002 blieb.

Sonstige Parteien der Linken

Der Vollständigkeit halber müssen hier zwei kleine Linksparteien und die Grünen erwähnt werden. Sie spielen auf Grund der meist knappen Mehrheitsverhältnisse in der Nationalversammlung und dank des Wahlrechts eine nicht geringe Rolle. Außerdem leisten sie einen wesentlichen Beitrag zur politischen Debatte in Frankreich.

Die linken Radikalsozialisten des *Parti radical de gauche* haben sich 1972 vom traditionellen *Parti républicain radical et radical socialiste* getrennt, als sich die Parteien der Mitte zwischen dem Linksbündnis des *Programme commun* und dem Bündnis der Mitte, dem *Mouvement réformateur*, entscheiden mussten. Zunächst nannten sie sich *Mouvement des radicaux de gauche*, dann *Parti radical socialiste*. 1998 nahmen sie schließlich den jetzigen Namen an. Im engen Bündnis mit der Sozialistischen Partei kann sie regelmäßig etwa 10 Abgeordnetenmandate erringen. Daneben war sie in den Linksregierungen seit 1981 stets mit zwei bis drei Ministern vertreten. Die wichtigsten Persönlichkeiten der linken Radikalsozialisten seit 1972 waren Robert Fabre, Michel Crépeau (Kandidat bei den Präsidentschaftswahlen von 1981 mit 2,2 % der Stimmen), Michel Doubin, Roger-Gérard Schwartzenberg, Jean-Michel Baylet, Bernard Kouchner und seit 1996 Jean-Michel Baylet.

Eine weitere interessante Gruppe ist das *Mouvement républicain et citoyen* (MRC). Es war 1993 von zwei früheren Politikern der Sozialistischen Partei, Jean-Pierre Chevènement und Max Gallo, gegründet worden und bildete früher einen *Courant* der Sozialistischen Partei. Anlass für die Gründung einer eigenen Partei waren der Kampf gegen den Maastricht-Vertrag und die Verteidigung sozialistischer Ideale angesichts der von Jean-Pierre Chevènement als bedrohlich empfundenen liberalen Orientierung der Sozialistischen Partei. Die Bedeutung des MRC drückt sich weniger in den bei Wahlen errungenen Stimmenzahlen aus – seit 2002 ist sie im Parlament nicht mehr vertreten –, sondern im Erhalt der jakobinischen Linken und ihrer Einbindung in das Linksbündnis. Das MRC besteht aber vor allem dank der Persönlichkeit von Jean-Pierre Chevènement, mehrfach Minister in den Linksregierungen zwischen 1981 und 1991. 1993 hatte er zwar die Sozialistische Partei verlassen, trat aber 1997 als Innenminister in die Regierung Jospin ein. 2002 kandidierte er bei den Präsidentschaftswahlen und erhielt 5,3 % der Stimmen. Sie fehlten Lionel Jospin, um in die Stichwahl zu gelangen. Zusammen mit diesen 5,3 % hätte Jospin sogar mehr Stimmen erhalten als Chirac.

Bei allen Präsidentschaftswahlen seit 1974 waren auch Kandidaten der Grünen – *les verts* oder *les écologistes* – angetreten, ohne allerdings größere Stimmenzahlen auf sich vereinigen zu können. Ihr Kandidat René Dumont brachte es 1974 auf nur 1,3 % der Stimmen, Brice Lalonde 1981 auf 3,92 %, Antoine Waechter 1988 auf 3,78 %, Dominique Voynet 1995 auf 3,3 % und Noël Mamère auf 5,25 %.

In Wahlen zur Nationalversammlung traten sie erstmalig 1978 an und erhielten 2,1 % der Stimmen. Danach sank ihre Resonanz bei den Wählern und erreichte 1988 mit 0,35 % ihren niedrigsten Stand. 1993 brachte dann einen steilen Anstieg der Stimmen mit über 7 % für alle grünen bzw. ökologischen Gruppierungen. Der eigentliche Durchbruch erfolgte jedoch bei den Wahlen 1997, als sie mit der Sozialistischen Partei erstmalig ein Wahlbündnis eingingen und damit acht Mandate erobern konnten. Die Grünen waren damit erstmals im Parlament vertreten, und die Parteivorsitzende Dominique Voynet trat als Ministerin für Raumordnung und Umwelt in die Regierung ein. Bei den Parlamentswahlen von 2002 erzielten sie im 1. Wahlgang 4,51 % der Stimmen und, dank der Wahlabsprachen mit der Sozialistischen Partei, noch 3 Mandate. Ein Problem der Grünen ist, dass es keine einheitliche grüne Partei, sondern daneben zahlreiche Dissidentengruppen gibt. Bei den Wahlen von 2002 erhielten sie zusammen knapp 1,2 %.

Auch in Frankreich werden Umweltfragen verstärkt wahrgenommen. Dennoch bestehen hierbei im Vergleich zu Deutschland sehr große Unterschiede. So besteht gegenüber der Kernenergie in

Frankreich eine weit größere Akzeptanz, und die Demonstrationen gegen Castor-Transporte in Deutschland stoßen eher auf Unverständnis. In der Bevölkerung besteht eben immer noch die grundsätzliche Überzeugung, dass die Lösung all dieser Probleme Sache des Staates sei.

Die Parteien der Mitte

Das Parteienbündnis *Union pour la démocratie française* – UDF Wie wir gesehen haben, wird das Parteiensystem sehr stark vom präsidialen Charakter der Verfassung geprägt. Die Parteien gruppieren sich zur präsidialen Mehrheit, die ihrerseits von der Partei des Präsidenten geführt wird. Bis 1974 befanden sich die Parteien der Mitte in der Opposition zur gaullistischen Regierung, was jedoch nicht ohne Zerreißproben und Abspaltungen (wie der Giscardisten 1962 und einer zentristischen Gruppe 1969) verlief.

Mit dem Sieg Valéry Giscard d'Estaings bei den Präsidentschaftswahlen im Jahre 1974 hatte nunmehr ein Mann das höchste Amt im Staate inne, der selbst aus der rechten Mitte kam. Dies musste sich natürlich auch auf das Parteiengefüge auswirken.

Das damalige Parteienbündnis der Mitte, das *Mouvement réformateur*, bestand aus dem *Centre des démocrates sociaux* von Jean Lecanuet und dem *Parti radical* unter Führung von Jean-Jacques Servan-Schreiber. 1978 verbanden sich beide mit der Partei Giscard d'Estaings, dem *Parti républicain*, zu einer neuen Koalition der Mitte, der *Union pour la démocratie française* (UDF). Vorbild für diese Bezeichnung war ein Buch, das Giscard d'Estaing zwei Jahre zuvor veröffentlicht hatte und den Titel trug: *La Démocratie française*. Zu dieser Parteienunion stießen dann noch kleinere Parteien und Clubs sowie (angeblich) 20 000 direkte Mitglieder, die der UDF also nicht über eine der sie bildenden Parteien angehörten.

Mit der UDF wollte sich Giscard d'Estaing eine eigene Präsidialpartei bzw. -gruppierung schaffen, die ein Gegengewicht gegen seinen mächtigen Koalitionspartner, das gaullistische *Rassemblement pour la République* (RPR) von Jacques Chirac, bilden konnte. Gleichzeitig hoffte er, aus dieser Gruppierung eine große liberal-konservative Partei der Mitte zu formen, was ihm jedoch nicht gelang. Die einzelnen Parteien der UDF behielten vielmehr ihre Autonomie, und nach der Wahlniederlage Giscard d'Estaings im Jahre 1981 zeigten sich auch sehr bald Risse in diesem Bündnis. Nach den Parlamentswahlen von 1988 bildeten die Abgeordneten des *Centre des démocrates sociaux* eine eigene Fraktion, die *Union du centre*, und zu den Europawahlen vom Juni 1989 lehnten sie sogar die Beteiligung an einer gemeinsamen Liste RPR-UDF ab und präsentierten eine eigene Liste.

1993 traten sie dann wieder mit dem gaullistischen RPR unter der Bezeichnung *Union pour la France* zu den Wahlen an. Gemeinsam errangen sie zwar einen erdrutschartigen Sieg und stellten mit dem RPR 80 % der Abgeordneten, der Zusammenhalt innerhalb der UDF wurde damit aber keinesfalls verstärkt. Die Rivalitäten der führenden Persönlichkeiten – Giscard d'Estaing, François Léotard, François Bayrou, Raymond Barre, Alain Madelin – machten eine Umwandlung des Parteienbündnisses in eine einzige Partei unmöglich.

Dies gelang erst 2002 mit der Gründung der *Union pour un mouvement populaire* – UMP. Die verschiedenen Gruppierungen der UDF schlossen sich mehrheitlich dieser neuen Formation der bürgerlichen Rechten an. Die wichtigste Gruppierung der UDF, die *Force démocrate*, die seit 1995 von François Bayrou geleitet wird, lehnte jedoch mehrheitlich eine Beteiligung an der UMP ab. Ebenso lehnte auch eine Minderheit von *Démocratie libérale* die Fusion mit der UMP ab und blieb als *Pôle républicain indépendant et libéral* innerhalb der UDF weiter bestehen. Die bürgerlichen Radikalsozialisten traten der UMP zwar formal bei, behielten jedoch ihre rechtliche Selbständigkeit. Die UDF besteht also weiterhin, wenn auch sehr geschwächt. *Démocratie libérale* sowie der *Parti populaire pour la démocratie française* lösten sich mit dem Beitritt zur UMP auf.

Interessant als Beispiel für die Wandlungen der Parteien ist hier die Entwicklung der einst von Valéry Giscard d'Estaing gegründeten Partei der *Républicains indépendants*. Lange Zeit war sie die größte Gruppe innerhalb der UDF und stellte nach den Wahlen von 1993 sogar 106 von 206 UDF-Abgeordneten. Bereits 1993 wurde die Partei jedoch durch eine vom Parteigründer selbst herbeigeführte Spaltung geschwächt. Giscard d'Estaing wandelte den von ihm gegründeten politischen Klub *Perspectives et réalités* zu einer Partei namens *Parti populaire pour la démocratie française* (PPDF) unter Führung des früheren Außenministers Hervé de

Charette um und schwächte damit nachhaltig seine frühere Partei. Nach dem unglücklichen Ausgang der Wahlen zur Nationalversammlung 1997 versuchte diese einen Neuanfang als entschieden liberale Partei unter Alain Madelin mit der neuen Bezeichnung *Démocratie libérale*. 2002 trat die Partei schließlich der UMP bei und löste sich auf. Dort traf sie wieder auf die früheren Dissidenten des PPDF, die sich ebenfalls der UMP angeschlossen und ihre Partei aufgelöst hatten.

Die UDF erhielt in den Wahlen seit 1978 stets etwa 15 bis 20 % der Stimmen und war damit zweitstärkste bürgerliche Gruppe hinter dem gaullistischen RPR. Mit der Abwanderung der meisten Parteien aus dem Bündnis und deren Vereinigung mit den Gaullisten im UMP verlor sie jedoch auch Rückhalt bei den Wählern und kam 2002 nur noch auf 5,3 % der Stimmen. Immerhin erhielt sie damit noch 27 Mandate und konnte so in der Nationalversammlung eine eigene Fraktion bilden. François Bayrou hat sich damit auch alle Handlungsfreiheit für die nächste Präsidentschaftswahl bewahrt.

Die Radikalsozialistische Partei – Le Parti radical

Der *Parti républicain radical et radical socialiste* wurde 1901 gegründet und ist damit formal die älteste Partei Frankreichs. Er nennt sich heute nur noch *Parti radical,* wobei es immer wieder zu Verwechslungen mit der linken Abspaltung der ursprünglichen Partei, dem *Parti radical de gauche,* kommt. Deshalb wird die Partei oft auch als *Parti radical «valoisien»* bezeichnet, da sich die Parteizentrale an der Place de Valois befindet.

Im Gegensatz zur deutschen Bedeutung des Begriffs «radikal» bezieht er sich in der politischen Geschichte Frankreichs auf die vom Bürgertum getragene (radikale) Ablehnung der aristokratischen Feudalherrschaft und den Kampf um die bürgerlichen Freiheiten. Der Radikalismus wurzelt also in der Französischen Revolution und sah sich stets als Verteidiger der republikanischen Staatsform. Gleichzeitig war er damit auch eine antiklerikale Bewegung, die für die Trennung von Kirche und Staat eintrat und diese 1905 verwirklichte. Seine große Zeit hatte der Radikalismus unter der III. Republik, insbesondere seit 1900, mit seinen bedeutendsten Vertretern Georges Clemenceau, Joseph Caillaux, Edouard Herriot und Edouard Daladier. Nach dem Kriege gelang es ihm nie mehr, an die frühere

Bedeutung anzuknüpfen, auch wenn er mehrmals den Ministerpräsidenten stellte, so u. a. durch Pierre Mendès-France, Edgar Faure und Félix Gaillard. Die Zeit der IV. Republik ist vor allem auch eine Zeit der Spaltungen des Radikalismus.

Wie die meisten liberalen Parteien, so wies auch die Radikalsozialistische Partei stets einen rechtsliberalen und einen linksliberalen Flügel auf. Entsprechend war sie in der Frage von Parteien- bzw. Regierungsbündnissen stets Zerreißproben ausgesetzt. 1965 verband sie sich mit der Sozialistischen Partei zur *Fédération de la gauche démocrate et socialiste.* Nach der Bildung des *Programme commun* zwischen PS und PCF im Jahre 1972 kam es bei den Radikalsozialisten zur Spaltung. Die linken Radikalsozialisten schlossen sich dem Linksbündnis an und bildeten eine eigene Partei, das *Mouvement des radicaux de gauche,* das sich heute *Parti radical de gauche* nennt (s. oben), während der neue Vorsitzende der Radikalsozialisten, der Publizist und Herausgeber des «Express», Jean-Jacques Servan-Schreiber, sie im *Mouvement réformateur* mit den anderen Parteien der Mitte verband. Nach der turbulenten Phase Servan-Schreibers, die 1975 endete, blieben die Radikalsozialisten im Parteienbündnis der Mitte und wurden Mitbegründer der *Union pour la démocratie française.* 2002 wurde die Radikale Partei Mitglied des UMP, löste sich jedoch formal nicht auf. Im Bündnis mit der UMP errang sie 2002 bei den Parlamentswahlen 9 Mandate.

Die Parteien der Rechten

Die Union pour un mouvement populaire – UMP Die UMP wurde im April 2002 als eine Vereinigung der bürgerlichen Parteien der Rechten gegründet. Ihre tragende Säule war das gaullistische *Rassemblement pour la république* (RPR). Die weiteren Gründungsparteien waren *Démocratie libérale*, die Radikalsozialistische Partei und Teile der UDF. Im Grunde ist die UMP jedoch die gaullistische Partei, ergänzt um kleinere Gruppen der bürgerlichen Mitte.

Seit dem Kriege hatte die gaullistische Partei oft den Namen gewechselt. De Gaulle hatte 1947 das *Rassemblement du peuple français* (RPF) gegründet und dieses 1953 aus dem Parlament zurückgezogen – ohne hierzu übrigens einen Parteitagsbeschluss herbeizuführen! Danach nannten sich die Gaullisten (ohne de Gaulle) *Républicains sociaux.* Nach der Rückkehr General de Gaulles an die Macht im Jahre 1958 gründeten mehrere gaullistische Gruppen (ohne Mitwirkung de Gaulles, der ja über den Parteien stehen wollte) die *Union pour la nouvelle république* (UNR). Sie verband sich 1967 mit der linksgaullistischen *Union démocratique du travail* (UDT) zur *Union pour la Ve république* (UD V^e). Ab 1968 änderte sie ihre Abkürzung um in UDR.

Die gaullistische Partei war ab 1958 die Partei des Präsidenten und hatte damit die Aufgabe, dessen Politik im Parlament zu vertreten und parlamentarisch abzusichern. Erst ab Ende 1967 begann die gaullistische Partei, auf Initiative des damaligen Premierministers Georges Pompidou landesweit eine wirkliche Parteiorganisation aufzubauen. Dies erleichterte das Überleben des Gaullismus nach dem Rücktritt General de Gaulles Ende April 1969. Der Gaullismus war nicht mehr nur eine charismatische Führerbewegung, er hatte sich als Partei etabliert. Dies wurde allerdings dadurch erleichtert, dass die höchsten Staatsämter weiterhin in der Hand von Gaullisten waren, auch wenn Georges Pompidou nicht zu den historischen Gaullisten gezählt werden kann. Erst mit dem Verlust des zentralen Amtes im Staat, dem des Präsidenten der Republik nach dem Tode Pompidous und der Wahl Valéry Giscard d'Estaings im Jahre 1974, geriet der Gaullismus in Gefahr, auseinander zu fallen. Diese Gefahr wurde noch größer, als nach dem Rücktritt Jacques Chiracs vom Amt des Premierministers im August 1976 auch das zweitwichtigste Staatsamt in die Hände eines Zentristen fiel. Die gaullistische Partei hatte sich stets als die Staatspartei der V. Republik schlechthin verstanden, und es schien sehr unwahrscheinlich, dass sie als eine ganz «normale» Partei würde überleben können.

Es ist das Verdienst Jacques Chiracs, dem Gaullismus wieder Dynamik verliehen und die Partei vor dem Auseinanderbrechen bewahrt zu haben. Er hatte während seiner Amtszeit als Premierminister und gleichzeitig Generalsekretär der UDR die Truppen gesammelt und sich als Parteiführer durchgesetzt. Um den Neubeginn des Gaullismus zu dokumentieren, änderte er auch die Parteibezeichnung um in *Rassemblement pour la république* (RPR), eine Bezeichnung, die sehr stark an jene des RPF de Gaulles erinnert. Chirac baute in der Folgezeit die Parteiorganisation der RPR weiter aus und machte sie zu einer modernen Massenpartei.

Parteiführer von der Gründung bis zu seiner Wahl zum Präsidenten der Republik im Jahre 1995 war Jacques Chirac, der 1977 zum Bürgermeister von Paris gewählt wurde. Damit hatte er zwar ein bedeutendes öffentliches Amt errungen, bei den Präsidentschaftswahlen blieb ihm jedoch zunächst zweimal der Erfolg versagt. 1981 kandidierte er gegen den amtierenden Präsidenten Valéry Giscard d'Estaing und erzielte mit 18 % der Stimmen nur das drittbeste Ergebnis (gegenüber 28,3 % für Giscard d'Estaing). 1988 fand er im Zentristen Raymond Barre einen Gegenkandidaten, den er im 1. Wahlgang überrunden konnte. Im 2. Wahlgang unterlag er jedoch dem amtierenden Präsidenten François Mitterrand deutlich mit 46 zu 54 % der Stimmen. Erst 1997 gelang ihm der Erfolg im 2. Wahlgang gegen Lionel Jospin, allerdings überraschend knapp mit nur 52,6 zu 47,4 %. Im Jahre 2002 wurde er dann mit einem Rekordergebnis von 82,21 % der Stimmen wieder gewählt – da er als Gegenkandidaten den Rechtsextremen Jean-Marie Le Pen hatte. Dabei war er im 1. Wahlgang nur auf 19,88 % der Stimmen gekommen.

In den Parlamentswahlen war der Gaullismus insofern erfolgreicher, als er seine Position als stärkste Partei des bürgerlichen Lagers stets verteidigen konnte. Nach den Wahlen von 1986, aus denen die bürgerlichen Parteien als Sieger hervorgingen, ernannte Präsident Mitterrand deshalb auch Jacques Chirac zum Premierminister der *Cohabitation*. 1988 war dann das RPR zwar wiederum die stärkste Partei des bürgerlichen Lagers, die Sozialistische Partei hatte jedoch die Wahlen gewonnen und stellte wieder den Premierminister (s. o.). 1993 war das RPR triumphaler Wahlsieger und errang 258 Mandate. Zusammen mit der UDF (206 Mandate) verfügte das bürgerliche Lager über eine Mehrheit von 80 % der Sitze in der Nationalversammlung – nach zusammen gerade mal 40 % der Stimmen im 1. Wahlgang. Das Amt des Premierministers übernahm diesmal jedoch nicht Jacques Chirac, sondern Edouard Balladur, der frühere Wirtschafts- und Finanzminister, da sich Chirac auf die Präsidentschaftswahlen von 1995 konzentrieren wollte. Nach der Wahl von Jacques Chirac zum Präsidenten der Republik übernahm Alain Juppé sowohl das Amt des Premierministers als auch das des Präsidenten des RPR. Juppé stand stets treu zu Chirac, auch als es durch die Kandidatur Balladurs zu einer Zerreißprobe innerhalb des RPR gekommen war.

Zu einem Debakel für Chirac wurde die Parlamentsauflösung im Frühjahr 1997, die zu einer Niederlage für die Gaullisten und die

Zentristen in den Wahlen vom Mai/Juni 1997 führte. Obwohl die Rechte insgesamt 53 % der Stimmen erhalten hatte, errang sie weniger Mandate als die Linke, die insgesamt auf 47 % der Stimmen kam, aber dennoch eine regierungsfähige Mehrheit erhielt. Hier wirkte sich das Wahlrecht aus, da die 15 % der Stimmen für den *Front national* für die Regierungsparteien verloren waren. Für eine komplette Legislaturperiode von fünf Jahren war Chirac zu einer *Cohabitation* mit der Sozialistischen Partei gezwungen.

Alain Juppé verlor nicht nur das Amt des Premierministers, sondern trat auch als RPR-Präsident zurück. Zum neuen Parteivorsitzenden wurde der frühere Parlamentspräsident Philippe Séguin gewählt, der nicht in derselben Weise Jacques Chirac verpflichtet war wie sein Vorgänger Juppé, sondern in europapolitischen Fragen im Gegensatz zu ihm stand. Chirac hatte also nicht nur eine blamable Niederlage einstecken müssen, sondern auch die Kontrolle über seine Schöpfung, das *Rassemblement pour la république,* verloren. Bereits im April 1999 trat Séguin im Eklat als Parteivorsitzender wieder zurück. Interimistisch wurde die Partei daraufhin vom Generalsekretär Nicolas Sarkozy geführt, bis im Dezember desselben Jahres Michèle Alliot-Marie zur Vorsitzenden gewählt wurde.

Nach der Wiederwahl von Jacques Chirac zum Präsidenten im Mai 2002 und im Hinblick auf die Parlamentswahlen vom Juni 2002 beschlossen dann die Parteien der bürgerlichen Mitte und Rechten – allerdings ohne die Anhänger von François Bayrou –, mit gemeinsamen Listen anzutreten. Ihre Bezeichnung: *Union pour la majorité présidentielle* – UMP. Der Zusammenschluss der Parteien war damit vorgegeben und wurde auf einem Gründungskongress im November 2002 auch vollzogen. Der Einfachheit halber wurde das Parteienkürzel UMP beibehalten und hierfür die Bezeichnung *Union pour un mouvement populaire* gewählt. Parteienbezeichnungen brauchen in Frankreich ja nicht unbedingt einen Inhalt zu transportieren. Zum Parteivorsitzenden wurde Alain Juppé gewählt, der allerdings im Juli 2004 wegen seiner Verurteilung im Zusammenhang mit den fiktiven Beschäftigungen von Parteifreunden im Pariser Rathaus, als er Budgetdirektor der Stadtverwaltung war, zurücktreten musste. Zu seinem Nachfolger wurde Nicolas Sarkozy gewählt, der aus seinen Ambitionen, 2007 die Nachfolge Jacques Chiracs als Staatspräsident anzutreten, nie einen Hehl machte. Ein solchermaßen offen zur Schau getragener Ehrgeiz entspricht nicht der politischen Kultur Frankreichs, wie auch Sarkozy selbst nicht das typische Produkt der französischen Eliteausbildung ist. Seine kommunikativen Fähigkeiten, sein Ehrgeiz und seine Zielstrebigkeit bei der Umsetzung von politischen Zielen machten ihn jedoch zu einem der populärsten Politiker Frankreichs.

Heute von Gaullismus zu sprechen, ist etwas schwierig, und es ist fraglich, ob man von einem Gaullismus ohne de Gaulle wirklich sprechen kann. In den 80er Jahren wurde die gaullistische Partei immer mehr zu einer «normalen» liberal-konservativen Partei, deren «gaullistische» Programmatik immer undeutlicher wurde – und wohl auch werden musste, da der Gaullismus erstens sehr schwer zu definieren ist und es zweitens im zeitlichen Ablauf mehrere Ausprägungen des Gaullismus gab. Der Gaullismus eines Charles de Gaulle und der eines Jacques Chirac sind nur schwer miteinander zu vergleichen.

Wie also ist der Gaullismus programmatisch einzuordnen? Es ist zunächst sehr schwierig, ihn in das traditionelle Rechts-Links-Schema des Parteienspektrums einzuordnen, ist er doch in manchen wirtschafts- und sozialpolitischen Programmpunkten eher der Linken zuzuordnen, während seine Vorstellungen von einem starken Staat und einer direkt vom Volk legitimierten Regierung eher an die bonapartistische Rechte erinnern. Dass der Gaullismus aber auch linksrepublikanische Traditionen in sich aufgenommen hat, zeigen u. a. die Mitwirkung André Malraux' und anderer Vertreter der Linken sowie die Zusammenarbeit de Gaulles mit der Kommunistischen Partei über das Kriegsende hinaus. Schließlich darf auch nicht vergessen werden, dass de Gaulle 1940 als Rebell gegen die traditionellen konservativen Eliten Frankreichs in die Geschichte eintrat.

Vielleicht liegt aber der große Erfolg de Gaulles u. a. gerade darin begründet, dass er die wichtigsten Entwicklungslinien der politischen Ideengeschichte Frankreichs zur Synthese vereinigt hat: die vorrevolutionären, monarchischen Elemente der Selbstdarstellung des Staates und der Herausgehobenheit von dessen höchsten Repräsentanten, die jakobinischen und die bürgerlichen Traditionen der Revolution von 1789 sowie die bonapartistischen Vorstellungen der plebiszitären Demokratie.

Ein wichtiges Element für das Verständnis des Gaullismus bleibt die historische Erfahrung der Jahre von 1940 bis 1945, in denen nicht nur die «Grandeur», sondern auch die Existenz der französischen Nation selbst bedroht war. Dieser Kampf für den «Rang» Frankreichs und seine «Grandeur» sind auch heute noch wichtige Elemente des Gaullismus, die nirgendwo so eindringlich formuliert sind wie im ersten Kapitel der Kriegsmemoiren de Gaulles. Es beginnt mit dem Satz: *«Toute ma vie, je me suis fait une certaine idée de la France»* – «Mein ganzes Leben habe ich mir eine bestimmte Vorstellung von Frankreich gemacht» – und endet mit dem pathetischen Ausruf: *«Bref, à mon sens, la France ne peut être la France sans la Grandeur»* – «Kurzum, Frankreich kann nicht Frankreich sein ohne die ‹Grandeur›!»

Die Politik nationaler Unabhängigkeit, die Betonung der Rolle Frankreichs in der Welt und der «Grandeur» und das Verfassungssystem der V. Republik sind Allgemeingut fast aller Parteien Frankreichs geworden, und selbst François Mitterrands Außenpolitik orientierte sich an den Ideen und am Vorbild de Gaulles. So bewahrheitet sich der Satz de Gaulles: *«Tout le monde est, a été ou sera gaulliste»* – «Jeder ist, war oder wird einmal Gaullist sein».

Das Centre national des indépendants et paysans

In der IV. Republik und in den Anfangsjahren der V. Republik war das *Centre national des indépendants et paysans,* kurz die *Indépendants,* eine der stärksten politischen Kräfte in Frankreich. Mit Antoine Pinay, dem früheren Ministerpräsidenten und Finanzminister (1958) in der Regierung de Gaulles, und René Coty, dem letzten Staatspräsidenten der IV. Republik, wiesen sie zwei herausragende Persönlichkeiten auf. Bei den Wahlen zur Nationalversammlung im November 1958 hatten sie über 22 % der Stimmen erhalten, gegenüber nur 20,4 % für die gaullistische UNR. Bereits 1962 zerfielen sie jedoch in der Frage der Zusammenarbeit mit de Gaulle, insbesondere wegen dessen Algerienpolitik und der Verfassungsänderung über die Direktwahl des Präsidenten der Republik. Bei den Wahlen vom November 1962 fielen sie auf einen Stimmenanteil von 13 % und 27 Abgeordnete zurück, nachdem sie zuvor noch 127 Abgeordnete gestellt hatten. Ein Teil der *Indépendants* suchte die Zusammenarbeit mit den Gaullisten – wie Valéry Giscard d'Estaing –, der andere Teil verband sich mit dem *Mouve-*

ment républicain populaire zu einer Wahlallianz. Der Niedergang der *Indépendants* war damit jedoch nicht mehr aufzuhalten. Die Mehrheit der Franzosen billigte die Algerienpolitik de Gaulles und das politische System der V. Republik. Das bürgerliche Frankreich schloss sich dem Gaullismus oder dem Zentrum an. Die alte konservative Partei hatte ihren Platz im Parteienspektrum verloren.

Heute sind die *Indépendants* nur noch sporadisch durch einzelne Abgeordnete in der Nationalversammlung vertreten. Zeitweise war sie mit dem *Mouvement pour la France* (siehe unten) verbunden; heute ist sie mit der UMP assoziiert. Als stärker im ländlichen Frankreich verwurzelte Partei stellt sie jedoch einige Senatoren, *Conseillers généraux* und Mitglieder von Gemeinderäten. In den größeren Städten haben sie jedoch ihren Einfluss weitgehend verloren.

Im Zusammenhang mit dem Maastricht-Vertrag entstand eine kleine Gruppe um einen ehemaligen UDF-Abgeordneten: das *Mouvement pour la France* von Philippe de Villiers. Einziges politisches Ziel des Marquis aus der Vendée ist letztlich der Kampf gegen eine weitere Aufgabe von nationalen Souveränitätsrechten im Zusammenhang mit der europäischen Integration. Bei den Präsidentschaftswahlen von 1995 erhielt er immerhin 4,7 % der Stimmen, trat aber 2002 nicht wieder an. In den Parlamentswahlen von 1997 und 2002 errang das *Mouvement pour la France* jeweils zwei Mandate. Während einiger Zeit hatte es auch ein prominentes Mitglied in seinen Reihen: Charles de Gaulle, den Enkel des Generals, der später sich dem rechtsextremen *Front national* anschloss.

Einige Aufmerksamkeit erlangte die Partei im Zusammenhang mit den Europawahlen von 1999. De Villiers verbündete sich mit dem ehemaligen Innenminister und Uralt-Gaullisten Charles Pasqua zum Bündnis des *Rassemblement pour la France* – RPF. (Das Kürzel erinnerte an das von de Gaulle 1947 gegründete *Rassemblement du peuple français*, RPF, an dessen Gründung Pasqua ebenfalls beteiligt gewesen war!) Gemeinsam errangen sie bei den Europawahlen über 13 % der Stimmen und 13 Mandate. Ein Jahr später brach das Bündnis jedoch bereits wieder auseinander. Der RPF wandelte sich in *Rassemblement* um, und Pasqua wurde schließlich zum *Sénateur* gewählt.

Die extreme Rechte

Mit Erschrecken vernahmen große Teile der französischen Öffentlichkeit die Ergebnisse der Wahlen zum Europaparlament im Juni 1984. Der rechtsextremistische *Front national* des Jean-Marie Le Pen hatte 11 % der Stimmen erzielt und entsandte damit 10 Abgeordnete nach Straßburg. Bei den Wahlen zur Nationalversammlung 1986 erhielt er 9,7 % der Stimmen und – dank des einmalig angewandten Mehrheitswahlrechts – 35 Mandate. Bis dahin war der Rechtsextremismus in Frankreich eine marginale Erscheinung gewesen. Abgesehen von der Poujade-Bewegung, die in den Wahlen im Jahre 1956 11,6 % der Stimmen erzielt hatte und bald danach wieder auseinander fiel, kamen rechtsextreme Parteien in den Wahlen meist auf weniger als 1 % der Stimmen. Seit 1984 bestätigte sich jedoch der Erfolg des *Front national* in Wahlen auf allen Ebenen. Bei den Kantonalwahlen 1985 erhielt er 8,7 % der Stimmen und 1994 9,9 %. Die Kommunalwahlen von 1995 zeigten einen deutlichen Stimmenzuwachs, wodurch der FN sogar die Bürgermeister in drei größeren Städten stellen konnte: Toulon, Marignane und Orange. Bei den Wahlen zur Nationalversammlung erhielt er 1988 wieder 9,65 %, 1993 dann 12,5 %, 1997 sogar 15,1 % und 2002 12,7 %. Bei den Präsidentschaftswahlen von 1988 kam Le Pen auf 14,4 % und 1995 auf 15 % der Stimmen. Der Höhepunkt der Entwicklung war bei den Präsidentschaftswahlen von 2002 erreicht, als Jean-Marie Le Pen mit 16,9 % der abgegebenen Stimmen das zweitbeste Ergebnis erzielte und in die Stichwahl gegen Jacques Chirac kam. Dort erhielt er dann sogar 17,8 %.

Die lange Abwesenheit rechtsextremer Parteien in der Politik ließ die antirepublikanischen, faschistischen und antisemitischen Strömungen vergessen, die im Frankreich der 30er Jahre auf ein positiveres Echo stießen als in den meisten anderen Ländern Westeuropas und im Vichy-Regime schließlich, zumindest teilweise, ihren Ausdruck fanden. Auch wenn der *Front national* nicht als eine Nachfolgeeinrichtung der faschistischen Parteien dieser Zeit angesehen werden kann, so wurzelt er mit seinem Antisemitismus, der Fremdenfeindlichkeit und dem Hang zum autoritären Staat doch in diesem Denken.

Besonders erfolgreich ist der Rechtsextremismus in Regionen mit einem hohen Anteil an nordafrikanischen Gastarbeitern, wo eine Furcht vor Überfremdung herrscht, sowie in Gebieten, in denen viele sog. *Pieds noirs* leben, also die ehemaligen Algerienfranzosen. Die Hochburgen des *Front national* liegen deshalb in der Pariser Region und in den Departements der Mittelmeerküste. Seltsamerweise ist der *Front national* auch im Elsass sehr erfolgreich, wo Le Pen im 1. Wahlgang der Präsidentschaftswahlen von 1995 und 2002 mit knapp unter 25 % der Stimmen alle anderen Kandidaten hinter sich ließ!

Wenn der *Front national* in der Nationalversammlung 1997 dennoch nur einen Sitz und in den Wahlen von 2002 keinen Sitz erobern konnte, so liegt dies daran, dass sich im 2. Wahlgang die übrigen Parteien gegen ihn verbündeten. Gleichzeitig konnte er jedoch das Zünglein an der Waage spielen und entsprechende Wahlempfehlungen für den 2. Wahlgang aussprechen, womit er auch politischen Einfluss ausübte. Wäre in den beiden Wahlen nach dem Verhältniswahlrecht gewählt worden, hätte der *Front national* 1997 etwa 90 und 2002 etwa 65 Mandate errungen.

Der *Front national* wurde 1972 von Jean-Marie Le Pen, der bereits 1956 für die rechtsextreme Poujade-Bewegung in die Nationalversammlung gewählt worden war, gegründet. 1958 konnte er sein Mandat, nunmehr als Vertreter der *Indépendants*, verteidigen, verlor es jedoch 1962. Obwohl leidenschaftlicher Anhänger der «Algérie française», schloss er sich der terroristischen OAS nicht an. 1965 unterstützte er den rechten Präsidentschaftskandidaten Jean-Louis Tixier-Vignancourt. Nach mehreren gescheiterten Versuchen einer Organisation des Rechtsextremismus gelang es Le Pen 1972 schließlich, mit dem *Front national* die zerstreuten Anhänger früherer rechtsextremer Gruppen zu sammeln. Der *Front national* gibt seine Mitgliederzahl heute mit 60.000 an.

Der *Front national* hat häufig mit inneren Konflikten zu kämpfen. So verließen mehrere Mandatsträger die Partei, und 1998 kam es zur Spaltung, als mit Bruno Mégret die Nr. 2 der Partei den *Front national* verließ und seine eigene Partei gründete, das *Mouvement national républicain*. Bei den Präsidentschaftswahlen von 2002 errang Mégret 2,3 % der Stimmen und bei den Parlamentswahlen desselben Jahres 1,1 %.

V. Interessengruppen und Gewerkschaften

1. Besonderheiten des französischen Verbandswesens

Bei der Frage, wie im politischen System Frankreichs Entscheidungen zustande kommen, muss auch die Bedeutung der Interessengruppen, und hier insbesondere der Gewerkschaften und der Arbeitgeber- bzw. Industrieverbände, analysiert werden. Welche Stellung haben sie im politischen System, welchen Einfluss üben sie auf die politischen Parteien aus, wie bringen sie die Interessen ihrer Mitglieder in den Arbeitsbeziehungen zur Geltung?

Zunächst ein Blick in die Geschichte. 1791, während der Großen Revolution, verbot die Verfassunggebende Versammlung per Gesetz in der «*Loi Allarde*» zunächst die Handwerkerzünfte und in der «*Loi Le Chapelier*» schließlich jede Form der Koalitionsbildung, da diese das freie Spiel der wirtschaftlichen Kräfte beeinträchtigen würde. So heißt es in Artikel 1: «Die Beseitigung aller Arten von Vereinigungen von Bürgern desselben Standes oder desselben Berufs ist eines der Grundprinzipien der französischen Verfassung, und es ist verboten, sie wieder zu errichten, unter welchem Vorwand und in welcher Form auch immer.»

Bei dieser Gesetzgebung ging es also zunächst darum, das Zunftwesen zu beseitigen und die freie Berufswahl zu ermöglichen. Es ging aber auch um die auf dem Denken Jean-Jacques Rousseaus basierende Überzeugung, dass die «*Volonté générale*» nur dann zur Geltung kommen könne, wenn sie nicht durch intermediäre Gruppen verfälscht würde und jeder Mensch unbeeinflusst von Gruppeninteressen denken und handeln könnte. In diesem individualistischen Denken wurzelt bis heute das allgemeine Misstrauen gegenüber dem Verbandswesen, und es ist einer der Gründe für seine allgemeine organisatorische Schwäche.

Die «*Loi Le Chapelier*» blieb über ein Jahrhundert lang in Kraft und galt gar als ein Ausdruck der Prinzipien von 1789. Erst 1901 wurde durch das bis heute gültige Gesetz die Vereinsbildung allgemein ermöglicht, nachdem die Bildung von Gewerkschaften und von Arbeitgeberverbänden bereits 1884 auf Grund einer Gesetzesvorlage des damaligen Innenministers und späteren Ministerpräsidenten, des Radikalsozialisten Pierre Waldeck-Rousseau, per Gesetz ermöglicht worden war.

Die Bildung von Interessenverbänden war damit aus der Illegalität herausgetreten, sie sah sich aber noch lange Zeit dem Verdacht ausgesetzt, die Fragmentierung der Gesellschaft zu fördern und die Verwirklichung der *Egalité* zu behindern. Dies betraf selbst das Vereinswesen, dessen Bedeutung für die Sozialisation der Bürger der Staat erst in den vergangenen zwei bis drei Jahrzehnten erkannt hat und jetzt nachdrücklich fördert. 1983 wurde auf Initiative des Staates sogar ein Nationalrat für das Vereinswesen (*Conseil national de la vie associative*) geschaffen, der als Bindeglied zwischen dem Vereinswesen und den Ministerien dienen soll. Zuletzt zeigte sich die Notwendigkeit der Förderung des Vereinswesens bei den Unruhen im Herbst 2005, als man neben der Gettoisierung der Jugendlichen aus Einwandererfamilien in tristen Vorstädten und ihrer prekären wirtschaftlichen Situation auch ihre Bindungslosigkeit als eine der Ursachen für die Unruhen erkannte. Nicht umsonst trägt das zuständige Ministerium seit einiger Zeit die Bezeichnung *Ministère de la jeunesse, des sports et de la vie associative* – Ministerium für Jugend, Sport und Vereinswesen. Nach seinen Informationen gibt es heute etwa 1 Million Vereine mit insgesamt 21 Millionen Mitgliedern und 1,5 Millionen fest angestellten Mitarbeitern. Gerade in den sozial benachteiligten Gebieten sollen sie in der Zukunft eine wichtigere Rolle spielen.

Bei den Interessenverbänden, die im politisch-wirtschaftlichen Bereich tätig sind, zeigt sich der Einfluss des Zentralismus auf der einen und der Ideologisierung der Gesellschaft auf der anderen Seite. Regionale Verbände verfügen kaum über einen Einfluss, wenn sie nicht auch in Paris präsent sind, sich also zu Spitzenverbänden zusammenschließen. Dazu kommen die geringe Neigung zur Mitwirkung in Verbänden und die schon im Parteiensystem festgestellte Tendenz zur Ideologisierung und die damit zusammenhängenden Schwierigkeiten, sich größeren Organisationen unterzuordnen. Auch bei der Vertretung von Interessen einer sozialen Gruppe oder einer Berufsgruppe können wir feststellen, dass diese nur selten mit einer einzigen Organisation auftreten und dass die häufig ideologisch rivalisierenden Gruppen zueinander in heftige Konkurrenz treten. Dies wird besonders deutlich bei den Agrarverbänden und dem französischen Gewerkschaftswesen.

2. Die Agrarverbände

Auch wenn Frankreich sich in den vergangenen Jahrzehnten zu einem dynamischen und modernen Industriestaat entwickelt hat, verfügt es über den stärksten Agrarsektor der Europäischen Union und ist der größte EU-Exporteur von Agrarprodukten. Es verfügt über die mit Abstand größte landwirtschaftlich genutzte Fläche in der EU, erreicht die höchste Wertschöpfung, und nur in Italien sind noch mehr Menschen in der Landwirtschaft beschäftigt. Deshalb ist der Agrarsektor für die französische Politik stets ein sehr sensibles Feld, zumal nicht nur die Zahl der Landwirte von Bedeutung ist, sondern auch die große Zahl der im ländlichen Raum lebenden Menschen. Das Landwirtschaftsministerium gehört deshalb zu den wichtigsten einer Regierung, und man findet unter den früheren Amtsinhabern die großen Namen der französischen Politik wie Jacques Chirac, Michel Rocard, Edith Cresson und Edgar Faure. Die Landwirtschaft hat für Frankreich auch eine große Identität stiftende Bedeutung, gehört doch die Qualität der Küche zu den wichtigsten Elementen französischer Kultur.

So ist es nur nahe liegend, dass die Agrarverbände in Frankreich eine große Rolle spielen. Nirgendwo in Europa stellen sie eine so mächtige Lobby dar, und im Konfliktfalle schrecken sie auch nicht vor gewalttätigen Aktionen zurück. Sie beschränken sich dabei nicht nur auf die reine Interessenvertretung im Rahmen der gemeinsamen Agrarpolitik der Europäischen Union, sondern mischen sich auch in die politische Debatte um die Globalisierung und ihre Auswirkungen auf die Landwirtschaft sowie den Kampf gegen gentechnisch veränderte Pflanzen ein. Der bekannteste Vertreter dieser Richtung ist Joseph Bové, der 1987 an der Gründung eines Agrarverbandes mitwirkte und durch spektakuläre Aktionen zu einer der populärsten Figuren in Frankreich wurde.

Im Gegensatz zu Deutschland, das nur einen Bauernverband

kennt, gibt es Frankreich mehrere landwirtschaftliche Interessen-verbände. Ebenso wie die Gewerkschaften gehören sie verschie-denen ideologischen Richtungen an und unterscheiden sich auch in der Form ihrer Militanz.

Der bedeutendste und auch älteste Verband ist die 1946 gegrün-dete FNSEA *(Fédération nationale des syndicats d'exploitants agri-coles)*. Sie ist in allen Departements und Regionen mit eigenen Organisationsstrukturen vertreten, verfügt über 38 Fachverbände nach Produktionssektor und vertritt etwa zwei Drittel aller Land-wirte. Die FNSEA ist aus der 1929 gegründeten *Jeunesse agricole catholique* hervorgegangen und eher konservativ ausgerichtet. Sie arbeitet eng mit dem *Centre national des jeunes agriculteurs* (CNJA) zusammen, einem 1957 gegründeten Verband junger Landwirte. Auch in der französischen Politik spielt die FNSEA eine große Rolle, unterhält sie doch stets enge Beziehungen zum Landwirt-schaftsministerium und stellte auch schon den Landwirtschaftsmi-nister. Ebenso übt sie über den Dachverband der Landwirtschafts-kammern, die *Assemblée permanente des chambres d'agricultu*re (APCA), einen großen Einfluss aus.

Neben der FNSEA ist die *Confédération paysanne* der be-kannteste Verband, dies auch dank seines zeitweiligen Sprechers Joseph Bové. Der Verband ist 1987 aus der Fusion zweier linksge-richteter Verbände, der *Confédération nationale des syndicats de travailleurs paysans* (CNSTP) und der *Fédération nationale des syndicats paysans* (FNSP), hervorgegangen. Sie sieht ihre Hauptauf-gabe im Kampf gegen die industrielle Agrarproduktion und für eine umweltfreundliche Produktion sowie die Förderung einer bäuerlichen Landwirtschaft. Bei Wahlen zu den Landwirtschafts-kammern im Jahre 2001 erzielte sie 28 % der Stimmen und wurde so zum zweitgrößten Landwirtschaftsverband Frankreichs. Sie ist auch in allen Departements Frankreichs vertreten.

Das *Mouvement de défense des exploitants familiaux* (MODEF) wurde 1959 gegründet und steht der Kommunistischen Partei nahe. Es bildet meist mit der *Confédération paysanne* eine Aktionsein-heit.

So zeigt das Verbandswesen der Landwirtschaft eine ähnliche Fragmentierung wie das Gewerkschaftswesen. Aber auch in der Zersplitterung übt es einen großen Einfluss auf die Politik aus, denn keine Regierung kann es sich erlauben, gegen die Landwirte Politik zu betreiben. Das erfahren auch die Partner Frankreichs in der EU immer wieder, wenn es um die Subventionierung der Landwirtschaft im Rahmen der gemeinsamen Agrarpolitik geht.

3. Die Gewerkschaften

Erste Zusammenschlüsse der Arbeiter zur Verteidigung ihrer Interessen waren bereits in den 30er Jahren des 19. Jahrhunderts zunächst auf lokaler Ebene in Form von «Gesellschaften für gegenseitige Hilfe», den sog. *Mutuelles,* erfolgt. Durch sie sollten soziale Bedürfnisse der Arbeiter abgesichert werden und später der Lohnausfall bei Streiks ausgeglichen werden. Die Revolution vom Februar 1848, die im Wesentlichen von den Pariser Arbeitern getragen wurde, brachte dann für kurze Zeit eine Beteiligung von «linken» Politikern wie Louis Blanc an der Regierung, die das Recht auf Arbeit postulierten und hierfür Nationalwerkstätten *(ateliers nationaux)* einrichteten. Bereits im Juni wurden sie aber wieder geschlossen, da sich ihre Einrichtung für den Staat als ruinös erwiesen hatte.

Die blutige Niederschlagung des Aufstandes der Arbeiter im Juni 1848 und die Etablierung des Kaiserreichs durch Napoléon III. konnten jedoch das Aufkommen der Arbeiterbewegung nicht bremsen, zumal auch Frankreich nunmehr eine verstärkte Industrialisierung kannte. 1864 erhielten die Arbeiter schließlich das Streikrecht, aber erst 1884, in der III. Republik, wurde die Bildung von Gewerkschaften erlaubt, nachdem in den Jahren zuvor bereits eine halblegale Gewerkschaftsbewegung entstanden war. Diese nach Branchen organisierten Gewerkschaften schlossen sich 1886 in der *Fédération nationale des syndicats ouvriers* zusammen. Die treibende Kraft hierbei war Jules Guesde, der 1882 den marxistisch orientierten *Parti ouvrier français* gegründet hatte.

Zur gleichen Zeit waren auf Initiative von Fernand Pelloutier die *Bourses du travail* gegründet worden, die sich 1892 landesweit in einer *Fédération des bourses du travail* zusammenschlossen. Ihre Aufgabe sahen sie nicht nur in der Führung des Arbeitskampfes, sondern in einer umfassenden Betreuung der Arbeiter. Sie kümmerten sich um Lebens- und Altersversicherungen, um Unfallschutz, die Bildung und Ausbildung ihrer Mitglieder und natürlich um die

Verteidigung der Interessen ihrer Mitglieder im Arbeitskampf. Im Gegensatz zur anderen *Fédération* war sie nicht branchenbezogen, sondern auf lokaler Ebene branchenübergreifend organisiert. Vor allem aber lehnte sie die enge Zusammenarbeit mit einer politischen Partei ab und vertrat in ihrer Programmatik die Ideen des Anarchosyndikalismus. In den kommenden Jahrzehnten repräsentierte diese Richtung das stärkste Element der Gewerkschaftsbewegung, und neben dem Marxismus und dem Reformismus wurde sie zu einer der tragenden Säulen, aber auch einem der trennenden Elemente der französischen Gewerkschaftsbewegung.

1895 vereinigten sich beide Gewerkschaftsbünde auf einem Kongress in Limoges zur *Confédération générale du travail* – CGT. Der Zusammenschluss war jedoch sehr lose, und die beiden Organisationen blieben bestehen. Erst 1902, ein Jahr nach dem Tod von Fernand Pelloutier, wurde auf dem Kongress von Montpellier die *Fédération des bourses du travail* aufgelöst und eine zentrale Organisation geschaffen. Zum ersten Generalsekretär wurde Victor Griffuelhes gewählt; die Redaktion der Parteizeitung *La voix du peuple* übernahm Émile Pouget, der ebenso wie Griffuelhes aus der revolutionären Gewerkschaftsbewegung kam.

Die starke anarchosyndikalistische Strömung setzte sich auch bei der Definition ihrer ideologischen Ausrichtung auf dem Kongress von Amiens 1906 durch, auf dem die *Charte d'Amiens* verabschiedet wurde. Neben dem Kampf um eine permanente Verbesserung der Lage der Arbeiter ist der Klassenkampf das zentrale Anliegen der Gewerkschaft. Dieser wird durch die «direkte Aktion» *(action directe)* wie Fabrikbesetzungen und Generalstreik geführt. In diesem Kampf lehnen sie jede Verbindung mit politischen Parteien oder dem Staat selbst ab. Ziel ist die Verwirklichung einer Gesellschaftsordnung, «in der die Produzenten des gesellschaftlichen Reichtums sich selbst verwalten. Der Anarchosyndikalismus distanziert sich deshalb gleichermaßen von sozialdemokratischen wie parteikommunistischen Mustern, die der politischen Sphäre und staatlichem Handeln bei der Transformation der Gesellschaft Priorität beimessen» (P. Jansen u. a., Gewerkschaften in Frankreich, Frankfurt/New York 1985, S. 258).

Wie die sozialistischen Parteien, so war auch die Gewerkschaftsbewegung den ideologischen Auseinandersetzungen hinsichtlich des richtigen Weges zur Verwirklichung der klassenlosen Gesellschaft ausgesetzt. Zu den in der CGT bereits bestehenden Richtungen des marxistischen Staatssozialismus und dem Anarchosyndikalismus trat nur eine weitere Richtung: die des Reformismus. Dieser war einerseits durch die Sozialgesetzgebung des Staates gefördert worden, andererseits bot er realistischere Perspektiven zur Verbesserung der Situation der Arbeiterklasse als das Warten auf die Revolution. So wurde auch in der Gewerkschaftsbewegung der Reformismus eine immer stärkere Strömung. Hinzu kam die *Union sacrée* während des Ersten Weltkriegs, in der die politischen Konflikte, ähnlich dem «Burgfrieden» im deutschen Kaiserreich, für die Dauer des Krieges aufgehoben wurden und sozialistische Politiker in die Regierung eintraten. Auch der Generalsekretär der CGT, Léon Jouhaux, schloss sich diesem Burgfrieden an, nachdem er und die CGT bis zuletzt gegen den Krieg demonstriert hatten.

Der weitere Kriegsverlauf mit Meutereien und allgemeiner Kriegsmüdigkeit führte zu tiefen Spannungen innerhalb der Gewerkschaftsbewegung. Als dann in Folge der bolschewistischen Oktoberrevolution die sozialistischen Parteien auseinander brachen, kam es auch zur Spaltung der Gewerkschaftsbewegung. Zwischenzeitlich hatte die reformistische Tendenz die Mehrheit erlangt. Ziel war nicht mehr die Übernahme der Produktionsmittel durch die Gewerkschaften, sondern die Nationalisierung derselben und damit ihre Partizipierung an ihnen. Als im Dezember 1921 auf dem Kongress von Tours die Mehrheit der Sozialistischen Partei beschloss, sich der von Lenin gegründeten III. Internationalen anzuschließen, und die Kommunistische Partei gründete, kam es auch in der CGT zur Spaltung. Hier blieb allerdings der reformistische Flügel in der Mehrheit, so dass eine Minderheit die Gewerkschaft verließ und die CGTU *(Confédération général du travail unitaire)* gründete, die der Kommunistischen Partei nahe stand. Zahlreiche ihrer Mitglieder traten der Partei bei und akzeptieren so auch die führende Rolle der Partei im Klassenkampf, die nach Lenin der Gewerkschaft die Rolle des «Transmissionsriemens der Parteiarbeit» zuwies.

Die verbliebene CGT war nun mehrheitlich eine reformistische Gewerkschaft, zumal 1926 die Anarchosyndikalisten sie verließen und die CGT-SR *(syndicaliste révolutionnaire)* gründeten, die sich Ende des Zweiten Weltkrieges aber wieder auflöste. Ihre Mitglieder schlossen sich mehrheitlich der CGT an.

In den folgenden Jahren folgte auch die Gewerkschaftsbewegung allen ideologischen Entwicklungen der sozialistischen bzw. kommunistischen Bewegungen. Angesichts des Aufstieg des Faschismus in den dreißiger Jahren und vor allem des Spanischen Bürgerkriegs näherten sich CGT und CGTU wieder an, und zusammen mit der Bildung der Volksfrontregierung führten beide Gewerkschaften im März 1936 in Toulouse einen gemeinsamen Kongress durch, auf dem sie die Wiedervereinigung beschlossen. Die Einheit zerbrach aber bereits mit dem Hitler-Stalin-Pakt 1939, in dessen Folge die kommunistischen Mitglieder aus der CGT ausgeschlossen wurden. In dem von Marschall Pétain diktatorisch geführten Vichy-Regime der *Collaboration* mit Hitler-Deutschland war für Gewerkschaften kein Platz. Trotz einiger Bemühungen, sich mit dem Regime zu arrangieren, wurden sie verboten, was sie in den Untergrund zwang. Der deutsche Angriff auf die Sowjetunion führte dann zu einer Annäherung zwischen den beiden Tendenzen innerhalb der CGT und einer aktiven Beteiligung am Widerstand gegen Deutschland. Zusammen mit der illegalen Kommunistischen Partei wurden sie zu einer der tragenden Säulen der *Résistance.*

In der Illegalität befand sich auch die 1919 gegründete christliche Gewerkschaft *Confédération française des travailleurs chrétiens* – CFTC. Sie war aus dem bereits 1887 gegründeten *Syndicat des employés du commerce et de l'industrie* – SECI – hervorgegangen und stützte sich auf die katholische Sozziallehre. In ihren Statuten berief sie sich auch ausdrücklich auf die 1881 veröffentlichte Sozialenzyklika Rerum Novarum von Papst Leo XIII. Auch sie trat dem *Conseil national de la Résistance* bei.

Die CFTC vertrat in ihrer Mehrheit die Ideen eines sozialen Korporatismus, also einer Sozialpartnerschaft zwischen Unternehmern und Arbeitern, wie er in der katholischen Kirche vertreten wurde. Gleichzeitig sah sie sich aber auch als Interessenvertreterin der Arbeiterschaft in den Auseinandersetzungen mit den Arbeitgebern, wobei sie den Streik als Mittel des Arbeitskampfes nicht ausschloss. In der Gewerkschaft bestand auch stets eine Strömung, die sich nicht nur als Interessenvertreter der Arbeiterschaft ansah, sondern auf eine Veränderung der wirtschaftlichen und sozialen Verhältnisse hinarbeiten wollte. Sie forderte gleichzeitig die völlige Trennung von gewerkschaftlicher und politischer Arbeit, womit es auch keine Verbindung zum christdemokratisch orientierten *Mouvement républicain populaire* geben konnte.

Schaubild 4: Die Entwicklung der Gewerkschaftsbünde

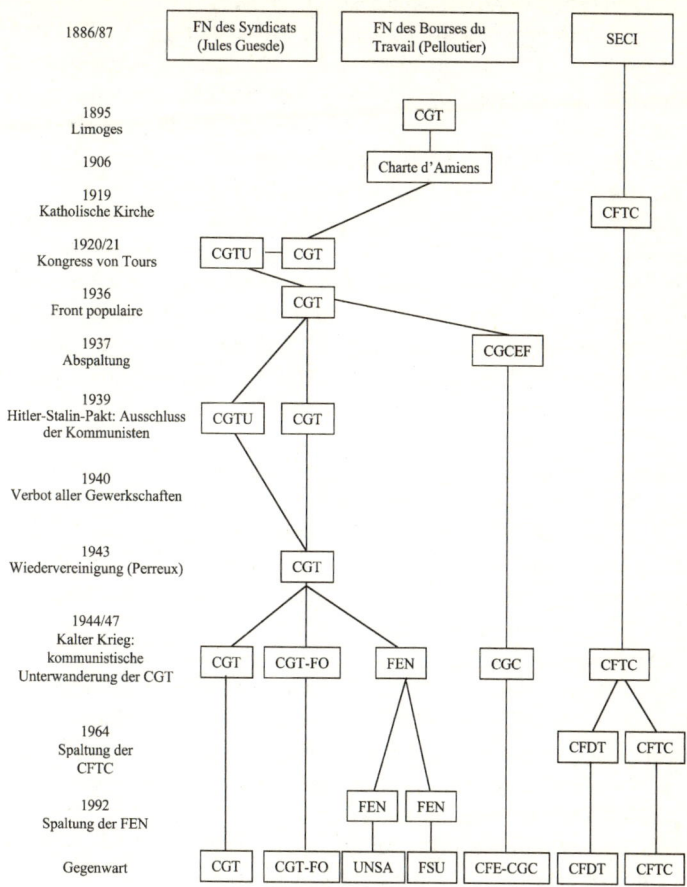

Quelle: P. Jansen/G. Kiersch, in: S. Mielke (Hrsg.), Internationales Gewerkschaftshandbuch, Opladen 1983, S. 444, aktualisiert durch den Autor.

In der Folgezeit trennte sich die Gewerkschaft immer mehr von der katholischen Soziallehre, strich den Bezug auf diese auch in ihren Statuten und beschloss 1964 schließlich, den Begriff «christlich» ganz aufzugeben. Sie benannte sich um in *Confédération française démocratique du travail* – CFDT. Ihre neue Program-

165

matik baute auf der Arbeiterselbstverwaltung, der *autogestion*, auf. Durch sie sollten die kapitalistische Ausbeutung des Menschen beseitigt und eine selbstbestimmte Gesellschaft geschaffen werden. Auch die Übernahme der Produktionsmittel durch den Staat, also deren Verstaatlichung, schuf nur eine bürokratische Herrschaft und beseitigte nicht die Fremdbestimmung des Menschen. Dies geschieht erst durch die Arbeiterselbstverwaltung, durch die eine Transformation der Gesellschaft möglich wird.

Im Frankreich der 70er Jahre stand das Projekt der CFDT über die Arbeiterselbstverwaltung im Zentrum der sozialpolitischen Debatte und faszinierte vor allem die Intellektuellen der Zeit nach 1968. Und kaum ein Projekt regte dermaßen ihre Phantasie an wie der Fall des Uhrenherstellers LIP in Besançon, der 1973 von den Arbeitern besetzt und in dem das Modell der Arbeiterselbstverwaltung praktiziert wurde. Dies verhinderte allerdings nicht die Schließung des Unternehmens vier Jahre später.

Jedenfalls ist es der CFDT gelungen, in den 70er Jahren nach der CGT zur bedeutendsten Gewerkschaft zu werden. Angemerkt sei hier auch, dass die Vertreter der christlichen Soziallehre bei der Namensänderung 1964 beschlossen, die ursprüngliche christliche Gewerkschaft unter dem Namen CFTC *«maintenue»* (aufrechterhalten) weiter bestehen zu lassen.

Doch zurück zur Situation der beiden anderen Gewerkschaften, der CGT und der CGTU, während des Krieges. Nachdem der Grund für ihre Trennung mit dem Ende des Hitler-Stalin-Pakts weggefallen war, schlossen sich beide Gewerkschaften im Untergrund wieder zusammen und besiegelten 1943 in den *Accords de Perreux* ihre Wiedervereinigung. Nunmehr waren jedoch die kommunistischen Mitglieder in der Mehrheit, was nach Ausbruch des Kalten Krieges 1947 zu einer erneuten Spaltung führte.

1946 hatte die CGT auf ihrem Kongress beschlossen, die gleichzeitige Übernahme von führenden Positionen in der Gewerkschaft und einer Partei zuzulassen, was sich angesichts der Mehrheiten in der Gewerkschaft auf die Kommunistische Partei bezog. Daraufhin verließ der historische Gewerkschaftsführer Léon Jouhaux die nun mehrheitlich kommunistisch orientierte CGT und gründete die *Confédération générale du travail – Force ouvrière*, kurz CGT-FO. In ihren Statuten legte sie ihre «völlige Unabhängigkeit gegenüber Arbeitgebern, Regierungen, Parteien, politischen Gruppierungen und Sammlungsbewegungen ... und ihre unwiderrufliche Gegnerschaft gegenüber jedem Einfluss von außen auf die Gewerkschaftsbewegung» fest. Programmatisch orientierte sie sich am Reformismus, lehnte aber jede Zusammenarbeit mit einer Partei, in diesem Falle also der sozialistischen SFIO, ab. Während also die Kommunistische Partei einen starken Partner in der Gewerkschaftsbewegung besitzt, trifft dies auf die Sozialistische Partei nicht zu. Diese Situation bestimmt bis heute den unterschiedlichen Einfluss der Parteien auf die Arbeiterschaft. Auch wenn die Kommunistische Partei in Wahlen schwach abschneidet, so verfügt sie doch noch über einen beträchtlichen politischen Einfluss durch die enge Bindung zur CGT.

Gleichzeitig mit dieser Spaltung der CGT verließen 1947 die Lehrer die Gewerkschaft und gründeten mit der *Fédération de l'éducation nationale* – FEN – einen eigenen Dachverband. Nach tiefen ideologischen Konflikten brach er 1992 auseinander und teilte sich in mehrere einzelne Gewerkschaften auf, die reformistisch orientierte *Union nationale des syndicats autonomes* (UNSA) und die linkssozialistische *Fédération syndicale unitaire* (FSU), die 20 Einzelgewerkschaften auf dem Gebiet des Unterrichts- und Bildungswesens, der Forschung und der Kultur umfasst.

Noch vor Ende des Krieges, im Oktober 1944, war bereits eine weitere Gewerkschaft gegründet worden, die *Confédération générale des cadres* – CGC. Sie umfasste die «cadres», also Angestellte, die Führungsaufgaben im Unternehmen haben. (Sie sind jedoch keine «leitenden Angestellten» im Sinne des deutschen Betriebsverfassungsgesetzes!) Am ehesten ähnelte sie der früheren Deutschen Angestelltengewerkschaft – DAG. 1981 änderte sie ihren Namen in *Confédération française de l'encadrement* CGC. Damit wollte sie ihre Basis um Techniker, Meister und Ingenieure und solche, die es werden wollen, verbreitern.

Frankreich kennt heute also fünf Gewerkschaften, die als repräsentativ angesehen werden: CGT, CGT-FO, CFDT, CFTC und CFE-CGC. Hinzu kommen die beiden Lehrergewerkschaften UNSA und FSU. Außerdem gibt es noch einige andere, kleinere Gewerkschaftsbünde verschiedenster ideologischer Orientierung, die wir hier vernachlässigen müssen, wie die anarchosyndikalistische *Confédération nationale du travail* (CNT) oder die Gewerkschaften der *Union syndicale Solidaires,* in der die Aktionsgruppen *Solidaires, Unitaires, Démocratiques* (SUD) zusammengefasst sind.

Im Gegensatz zu Deutschland kennt Frankreich also keine Einheitsgewerkschaft oder einen dominierenden Gewerkschaftsbund. Vielmehr bestehen fünf branchenübergreifende Gewerkschaften, die Partner bei Tarifgesprächen sind, aber unterschiedlichen ideologischen Richtungen angehören. Hinzu kommen noch die zwei ebenfalls national repräsentativen Lehrergewerkschaften. Das Gewerkschaftswesen reflektiert also den Pluralismus des Parteiensystems, was hinsichtlich seiner operativen Möglichkeiten und seines Einflusses zu einer deutlichen Schwächung führt.

Zusammenfassend seien hier die wichtigsten Gewerkschaften kurz dargestellt:

Tabelle 6: Die Gewerkschaftsbünde im Überblick

Name	Gründungs-jahr	Mitglieder (in 1000)	Tendenz
CGT *Confédération générale du travail*	1895	700.000	kommunistisch
CGT-*Force ouvrière*	1947	300.000	reformistisch
CFDT *Confédération française démocratique du travail*	1964	848.000	sozialistisch / «autogestion»
CFTC *Confédération française des travailleurs chrétiens*	1919/64	135.000	christlich, reformistisch
CFE-CGC *Confédération française de générale de cadres*	1944	140.000	reformistisch, Vertreter der Angestellten
UNSA *Union nationale des Syndicats*	1948/1993	300.000	reformistisch

Name	Gründungs-jahr	Mitglieder (in 1000)	Tendenz
FSU *Fédération syndicale uni-taire Autonomes*	1948/1993	180.000	linkssozialis-tisch

Anmerkung: Die Mitgliederzahlen beruhen auf Angaben der Gewerkschaften.

Zu dieser Schwächung durch Zersplitterung kommt noch der ohnehin geringe Organisationsgrad der Gewerkschaftsbewegung. Von den abhängig Beschäftigten sind in Frankreich gerade mal 9 % gewerkschaftlich organisiert, so wenige wie sonst nirgendwo in Europa. Zum Vergleich: In Deutschland sind es 20 %, in Großbritannien 29 % und in den skandinavischen Ländern über 70 %. Die wenigen Gewerkschaftsmitglieder in Frankreich teilen sich also auf ein halbes Dutzend Gewerkschaftsbünde auf. Dies führt zu den aus Tabelle 6 hervorgehenden geringen Mitgliederzahlen (Zahlen zum Organisationsgrad der Gewerkschaften vom Institut der deutschen Wirtschaft, August 2005).

Die *Confédération générale du travail* – CGT ist auch heute noch die bedeutendste Gewerkschaft Frankreichs, auch wenn sie etwas weniger Mitglieder als die CFDT aufweist, nachdem sie Mitte der 70er Jahre noch 2,4 Millionen Mitglieder aufweisen konnte. Seit der Spaltung im Jahre 1947 pflegte sie enge Beziehungen zur Kommunistischen Partei, in deren Politbüro auch die CGT mit ihren führenden Persönlichkeiten vertreten war. In diesem Punkte folgt sie also nicht der *Charte d'Amiens* aus dem Jahre 1906, die jede Zusammenarbeit mit einer politischen Partei untersagte. Seit Mitte der 90er Jahre geht die CGT jedoch auf Distanz zur Kommunistischen Partei. Zu ihren bedeutendsten Generalsekretären gehörten Benoît Frachon (Generalsekretär von 1944–1967), Georges Séguy (1967–1982) und Henri Krasucki (1982–1992). Seit 1999 wird die CGT von Bernard Thibaut geführt.

Die *CGT-Force ouvrière* (FO) betont die Distanz zu den politischen Parteien. In ihrer Programmatik ist sie reformistisch mit einigen anarchosyndikalistischen Elementen, und vor allem ist sie antikommunistisch. Sie bekämpft die Privatisierung staatlicher Unternehmen und die Reform des Systems der sozialen Sicherheit.

Ihre größte Anhängerschaft rekrutiert sie im öffentlichen Dienst. Ihr legendärer Generalsekretär war von 1948 bis 1954 Léon Jouhaux, der bereits von 1909 bis 1940 Generalsekretär der CGT war und 1951 den Friedensnobelpreis erhielt. Andere bedeutende Generalsekretäre waren André Bergeron (1963–1988) und Marc Blondel (1989–2004). Seither wird die Gewerkschaft von Jean-Claude Mailly geführt.

Die CFDT machte, wie erwähnt, eine tiefgreifende Entwicklung durch, wenn man sie mit der Gewerkschaft vergleicht, aus der sie hervorgegangen ist, der CFTC. Von ihren christlich-sozialen Ursprüngen entwickelte sie sich zu einer neuen Form der Gewerkschaft, die anarchosyndikalistische Elemente mit radikaldemokratischen Ideen der *autogestion* verbindet. Die CFDT gibt sich dem technologischen Wandel aufgeschlossen und versucht, auch auf die Fragen der Globalisierung neue Antworten zu geben. Zwar dominiert nach Auffassung der CFDT die Konfliktkultur die Vertragskultur, Ziel der Gewerkschaft müsse es jedoch sein, zu konstruktiven Kompromissen zu gelangen. Auch bei der Diskussion um eine Reform der Sozialsysteme zeigt sich die CFDT weit aufgeschlossener als die anderen Gewerkschaften. Diese undogmatischen Positionen und das moderne Auftreten trugen sicher auch zur Popularität der CFDT bei. Immerhin ist es ihr gelungen, in der Mitgliederzahl die CGT zu überholen. Von 1971 bis 1988 wurde die CFDT von dem brillanten Intellektuellen Edmond Maire geführt. Sein Nachfolger als Generalsekretär wurde Jean Kaspar, 1992 wurde mit Nicole Notat erstmals eine Frau an die Spitze einer Gewerkschaft gewählt. Sie übte ihr Amt bis 2002 aus. Seither leitet François Chérèque die Gewerkschaft.

Die relative Stärke der Gewerkschaften

Wie dargestellt, ist der Organisationsgrad der französischen Gewerkschaften im internationalen Vergleich mit ca. 9 % sehr niedrig, was aber nicht unbedingt auf einen geringen Einfluss hindeutet. Unabhängig davon zeigt sich ihre relative Stärke in den Wahlen zu den *Comités d'entreprises* (nicht ganz vergleichbar mit Betriebsratswahlen in Deutschland) und den Wahlen zu den Arbeitsschiedsgerichten *(Conseils de Prud'hommes)*.

Wie aus Tabelle 7 hervorgeht, ist die Bedeutung der CGT in den vergangenen vierzig Jahren deutlich zurückgegangen. Ihr Anteil an den Stimmen fiel von über 50 % auf etwas über 20 %, womit sie gleichauf liegt mit der CFDT, während *Force ouvrière* ihren dritten Platz behauptet. Zusammen erhalten die repräsentativen Gewerkschaften etwa 70 % der Stimmen. Bemerkenswert ist ferner der Anteil der Stimmen für nicht gewerkschaftlich organisierte Kandidaten, der sich bei über 20 % stabilisiert hat. Da die Wahlbeteiligung stets bei über 60 % liegt, geben die Zahlen den wirklichen Einfluss der Gewerkschaften im Unternehmen wieder.

Tabelle 7: Stimmenanteile bei Betriebsratswahlen (in %)

	1966	1980	1990	2000	2002	2003
CGT	50,8	36,5	24,9	24,4	24,3	22,1
CFDT	19,1	21,3	19,9	22,9	22,1	22,6
FO	8,0	11,0	12,8	12,4	12,4	12,6
CFTC	2,4	2,9	3,6	5,3	5,5	6,7
CGC	4,2	6,0	5,6	5,7	5,6	6,6
Andere	3,5	5,0	6,0	7,4	8,4	6,1
Nichtorganisierte	12,0	16,8	23,9	21,9	21,7	23,2

Quelle: DARES, Ministère de l'emploi, de la cohésion sociale et du logement, Premières informations

Ähnlich ist die Situation bei den Wahlen zu den *Conseil de Prud'hommes*, den Arbeitsschiedsgerichten der ersten Instanz, die alle fünf Jahre paritätisch von Arbeitgebern und Arbeitnehmern besetzt werden. Bei den Wahlen ist zwar die Beteiligung mit etwas mehr als 30 % sehr niedrig, die Kräfteverhältnisse der Gewerkschaften sind jedoch ähnlich wie bei den Betriebsratswahlen. So kam die CGT bei den Wahlen von 2002 auf 32,1 %, die CFDT auf 25,2 %, die FO auf 18,3 %, die CFTC auf 9,7 % und die CFE-CGC auf 7 % (Zahlen aus: La documentation française, Januar 2003).

Auch hier zeigt sich also die Schwäche des französischen Gewerkschaftswesens: Bei einem geringen Organisationsgrad verteilen sich die Mitglieder auf mehrere Gewerkschaftsbünde, die nur über geringe Finanzmittel verfügen und ideologisch tief gespalten sind. Sie verfügen auch nicht über enge Beziehungen zu den Parteien, von der CGT abgesehen, und haben so einen relativ geringen Einfluss auf die parlamentarische Arbeit. Diese Ablehnung der Verbindung mit den Parteien gehört aber gerade zu einem bestimmenden Merkmal des Gewerkschaftswesens seit der *Charte d'Amiens* aus dem Jahre 1906.

Diese Schwäche zeigt sich auch bei der Vertretung von Arbeitnehmerinteressen und in Tarifauseinandersetzungen. Die französischen Gewerkschaften lehnen die deutsche Form der Mitbestimmung entschieden ab, da diese eine Zusammenarbeit mit dem Gegner bedeuten würde. Auch auf Betriebsebene verfügen die Gewerkschaften über die *Comités d'entreprises* oder die Personalvertreter *(délégues du personnel)* nicht dieselben Einflussmöglichkeiten wie die deutschen Gewerkschaften, da in Frankreich das Management bzw. der «Patron» über eine stärkere Stellung verfügt.

4. Die Arbeitgeber: das «Patronat»

Der 1946 gegründete Arbeitgeberverband Frankreichs, der gleichzeitig auch Industrieverband ist, hat 1998 seinen Namen geändert in *Mouvement des entreprises de France* (Medef), eine etwas außergewöhnliche Bezeichnung für einen Arbeitgeberverband, weist doch der Begriff *Mouvement* eher auf eine politische Bewegung hin. Bis dahin hieß der Verband *Conseil national du patronat français* (CNPF), eine Bezeichnung, die als antiquiert empfunden wurde, aber durchaus den Geist in den Arbeitsbeziehungen widerspiegelte. Der CNPF seinerseits war Nachfolgeorganisation der 1919 gegründeten *Confédération générale de la production française,* der sich 1936 in *Confédération générale du patronat français* umbenannt hatte.

Der Begriff *«patron»* kommt vom lateinischen «pater» (Vater) bzw. «patronus» (Schutzheiliger) und ist kaum direkt übersetzbar. Der «patron» ist sowohl Unternehmer *(entrepreneur)* als auch Arbeitgeber *(employeur).*

Das Begriffspaar «Unternehmer» und «Patron» bezeichnet unterschiedliche Vorstellungswelten, die auf die unterschiedliche Wirtschafts- und Sozialgeschichte Deutschlands und Frankreichs zurückzuführen sind. Die französische Sprache verfügt wie die deutsche über mehrere Bezeichnungen für die Eigentümer von Produktionsmitteln. Während aber in der deutschen Sprache zwischen dem «Unternehmer» und dem «Arbeitgeber» im sozial- und tarifpolitischen Kontext unterschieden wird, werden in Frankreich die beiden Funktionen im *patron* zusammengefasst. Dies erinnert an die bis heute bestehende Dominanz des Familienbetriebes und die damit verbundenen Wertvorstellungen des unternehmerischen Paternalismus als Ideologie der sozialen Fürsorge (liberaler oder autoritärer Art) gegenüber den Arbeitern. Im Unterschied zum (deutschen) Unternehmer definiert sich also der *«patron»* nicht primär über seine ökonomische Funktion, sondern über sein Autoritätsverhältnis, eben als «Chef» – und dies nicht nur in Familienbetrieben, sondern auch in Großunternehmen.

Das Medef ist der größte und am besten organisierte Unternehmensverband Frankreichs. Er hat mehr als 750.000 Mitgliedsfirmen, von denen 70 % weniger als 50 Beschäftigte haben. Der Verband ist die Dachorganisation von 85 Fachverbänden, die nach Branchen bzw. Tätigkeiten organisiert sind. Daneben bestehen 155 Vertretungen auf regionaler oder lokaler Ebene. Seit 2005 wird der Verband mit Laurence Parisot erstmalig von einer Frau geleitet. Sie wurde Nachfolgerin von Ernest-Antoine Seillière, der seit 1997 an der Spitze des Verbandes stand und ihn in die neue Struktur mit der neuen Bezeichnung überführte.

Für den CNPF bedeutete die Zeit der Linksregierungen unter Präsident Mitterrand und der von Lionel Jospin geführten Linksregierung der *Cohabition* eine große Herausforderung. Der Verband versuchte den Dialog aufrechtzuerhalten, was ihm auch gelang, indem verstaatlichte Unternehmen im Verband gehalten werden konnten. 1997 trat jedoch ihr damaliger Vorsitzender Jean Gandois unter Protest von seinem Amt zurück, als unter der Regierung Jospin die 35-Stunden-Woche eingeführt wurde.

Der CNPF erlebte 1982 in der Folge der Machtübernahme durch François Mitterrand eine Abspaltung durch den konservativen Flügel, der sich als *Association française des entreprises privées* konstituierte. Er spielt jedoch allenfalls als Lobby und Ideengeber konservativer Unternehmer eine Rolle.

Der andere wichtige Unternehmensverband ist die Vertretung der klein- und mittelständischen Unternehmen, die *Confédération générale des petites et moyennes entreprises* – CGPME. Sie wurde 1944 von Léon Gingembre gegründet und kennt drei Unterverbände jeweils für Handel, Industrie und Dienstleistungen. In der von Klein-unternehmen geprägten Wirtschaft Frankreichs spielt der Verband eine große Rolle, vertritt er doch 1,675 Millionen Unternehmen, die etwa 88 % der Beschäftigten der Privatwirtschaft repräsentieren. Nach den Statistiken des INSEE *(Institut national de la statistique et des études économiques – Tableaux de l'économie française 2005– 2006)* waren Anfang 2004 von den 2,568 Millionen Unternehmen (ohne landwirtschaftliche Betriebe und Finanzinstitute) 56 % Fa-milienunternehmen ohne abhängig Beschäftigte, 93 % hatten we-niger als 10 Beschäftigte und nur 0,2 %, also 5.060 Betriebe, mehr als 250 Beschäftigte.

Traditionell sind kleine und mittlere Unternehmen also typisch für die französische Wirtschaft, weshalb ihre Verbände stets über einen großen Einfluss verfügten und sich in Krisenzeiten auch durch spektakuläre Protestaktionen bemerkbar machten. Bekannt geworden ist hier besonders die von Pierre Poujade in den 50er Jah-ren geschaffene Protestbewegung *Union de défense des commerçants et artisans* (UDCA), die am Ende des Jahrzehnts allerdings wieder verschwand. 1968 wurde eine weitere Organisation zur Verteidigung der Interessen kleiner und mittlerer Unternehmen gegründet, das CID-UNATI *(Comité d'information de défense – Union nationale des travailleurs indépendants).* Nach eigenen Angaben vertritt sie 200.000 Kleinunternehmen mit bis zu 20 Beschäftigten. Auch die-ser Verband kannte in der Vergangenheit einige Spaltungen, er ist jedoch als einziger repräsentativer Verband bestehen geblieben.

5. Die Arbeitsbeziehungen

Frankreich kennt kein System der Tarifautonomie wie Deutsch-land, wo der Staat sich aus den Tarifverhandlungen zwischen Arbeit-gebern und Gewerkschaften heraushält. Dies liegt zunächst an der größeren Rolle des Staates bei der Lenkung der Wirtschaft, die auf das französische Modell der *«planification»* zurückzuführen ist, und, zumindest in der Vergangenheit, am hohen Anteil des verstaatlichten Sektors, bei dem der Staat ohnehin Vertragspartei war. In Frankreich spielte der Staat immer eine größere Rolle im Wirtschaftsleben, vom Merkantilismus eines Jean-Baptiste Colbert über die National-werkstätten 1848 bis hin zu den umfangreichen Verstaatlichungen nach dem Zweiten Weltkrieg. Dem Staat fiel auch die Aufgabe zu, die *«fraternité»* zu verwirklichen, also die wirtschaftliche Ausbeutung des Menschen durch den Menschen zu verhindern.

Die staatlichen Gestaltungsmöglichkeiten der Verhandlungs- und Vertragspolitik gehen aber weit über diesen Bereich hinaus. Sie reichen von den verfassungsrechtlichen Möglichkeiten einer Regelung der Lohn- und Arbeitsbedingungen auf dem Verordnungswege über die Bestimmung der Mindestlöhne, die Möglichkeit der Verhängung eines Lohn- und Preisstopps bis hin zu informellen Eingriffen, bei denen der Staat Vermittler ernennt.

Angesichts des zersplitterten und vom Klassenkampf geprägten Gewerkschaftswesens sind Tarifverhandlungen natürlich schwieriger als in einem System, das auf dem Prinzip der Mitbestimmung und der Partnerschaft von Kapital und Arbeit aufbaut. Auf der anderen Seite vertritt die Arbeitgeberseite paternalistische Ideen, die nicht immer mit einer modernen Wirtschaftsorganisation in Einklang zu bringen sind. Wenn aber in Verhandlungen die Gegenseite nicht respektiert wird, können kaum sachbezogene Beziehungen gedeihen.

Der gewerkschaftliche Pluralismus wurde durch das Kollektivvertragsgesetz von 1950, mit dem auch der Mindestlohn eingeführt wurde, formal anerkannt. Damit wurde gleichzeitig ein verdecktes staatliches Anerkennungsverfahren eingeführt, denn Kollektivverträge wurden nur dann anerkannt, wenn sie von mindestens *einer* repräsentativen Gewerkschaft unterzeichnet wurden. Allerdings sind sie auch nur für die Gewerkschaften bindend, die sie unterzeichnet haben. Auch die Linksregierungen der vergangenen zwanzig Jahre haben dieses System nicht grundlegend geändert. Sie haben vielmehr den Gewerkschaftspluralismus ausdrücklich als einen Eckpfeiler der industriellen Demokratie befürwortet. Eine Folge davon ist auch, dass im Falle des Scheiterns von Tarifverhandlungen der Staat mittels eines Gesetzes oder auf dem Verordnungswege die entsprechenden Bestimmungen festlegen kann.

Die begrenzte Fähigkeit und Bereitschaft der Tarifparteien zu (autonomen) kollektiven Beziehungen und die damit verbundene Dominanz des Staates in den Arbeitsbeziehungen weisen dem Tarifsystem eine Nebenrolle zu und führen zu einem Vorrang des Konflikts bzw. einer Betonung des Streiks. Die Streiks ermöglichen es, die Kräfteverhältnisse besser einzuschätzen und die Eröffnung von Verhandlungen zu erzwingen. Sie werden somit zur Vorstufe von Verhandlungen und dienen weniger zur Unterstützung blockierter Verhandlungen.

Entgegen manchem Vorurteil liegt Frankreich aber in der internationalen Streikstatistik nur im Mittelfeld. Wie aus Tabelle 7 hervorgeht, schwankt die Zahl der Streiktage pro 1.000 Beschäftigten zwischen 30 und 97 und liegt damit weit unter den Vergleichszahlen von Italien oder Spanien, aber dennoch deutlich vor Deutschland.

Tabelle 8: Streiktage pro 1000 Beschäftigte in der Industrie und im Dienstleistungssektor

Land	1985–1989	1990–1994	1994–2003
Frankreich	57	30	97
BR Deutschland	2	23	4
Großbritannien	180	37	24
Italien	300	240	119
Spanien	647	492	234
Niederlande	9	16	21
USA	86	43	44
Kanada	424	231	186
Japan	5	3	1

Quelle: ILO, OECD, Institut der deutschen Wirtschaft, idw, 17.11.2005

Das Streikrecht ist in Frankreich ein subjektives Recht. Deshalb ist auch der (nicht gewerkschaftlich ausgerufene oder organisierte) «wilde» Streik rechtmäßig. Alle Kollektivstreitigkeiten müssen einem Schlichtungsverfahren unterworfen werden. Scheitert die Schlichtung, kann der Streitfall einem Vermittlungs- oder einem Schiedsverfahren unterworfen werden. Beide sind freiwillig. Ein Streik muss, um gesetzlich anerkannt zu werden, ein an die Ausübung des Berufes gebundenes Ziel verfolgen. Trotzdem wird nicht jeder «politische», gegen den Staat gerichtete Streik als illegal betrachtet.

Neben den instrumentellen Streiks zur Durchsetzung von Interessen, die einer vertraglichen Regelung zugänglich sind, spielen in Frankreich politische «Demonstrationsstreiks», meist in Form von Aktionstagen, eine große Rolle. Sie sollen, im Rahmen spektakulärer Massenmobilisierungen, Druck auf Regierung und Parlament ausüben. Wenn die Streikaktionen im Allgemeinen nur von kurzer Dauer sind, so liegt dies auch daran, dass die französischen Gewerkschaften nicht über gefüllte Streikkassen verfügen, mit denen sie die Lohnausfälle der Arbeitnehmer ausgleichen können.

Die Betriebsebene

Einen großen Teil ihres Einflusses verdanken die Gewerkschaften der Präsenz in betrieblichen und überbetrieblichen Gremien. Dabei steht dem Dualismus der betrieblichen Interessenvertretung in der Bundesrepublik (Gewerkschaft und gewählter Betriebsrat) in Frankreich ein dreigliedriges System gegenüber: Belegschaftsdelegierte *(délégués du personnel)*, Betriebsausschüsse *(comités d'entreprise)*, Gewerkschaftsdelegierte *(délégués syndicaux)*. Ihre heutigen Zuständigkeiten erhielten sie in den «Auroux-Gesetzen» *(lois Auroux)* im Jahre 1982, ein Jahr nach der Wahl François Mitterrands zum Präsidenten der Republik.

Die beiden erstgenannten Organe sind gewählte Körperschaften, während die Gewerkschaftsdelegierten von den Gewerkschaftssektionen des Betriebs *(sections syndicales)* benannt werden. Unternehmen mit mehr als 50 Lohnabhängigen haben einen Gewerkschaftsdelegierten; ihre Zahl steigt bis auf fünf in Unternehmen mit mehr als 10 000 Beschäftigten. In Unternehmen mit weniger als 50 Beschäftigten können die Funktionen des *délégué du personnel* und des *délégué syndical* in Personalunion wahrgenommen werden. In Unternehmen mit weniger als 300 Beschäftigten ist der *délégué syndical* von Rechts wegen Gewerkschaftsvertreter im *comité d'entreprise*.

Die unterschiedlichen Funktionen der drei Organe betrieblicher Interessenvertretung schlagen sich auch in der Zusammensetzung nieder. Der *délégué du personnel* ist ausschließlich Vertreter der Lohnabhängigen, während das *comité d'entreprise* ein gemischtes Organ ist, in dem der Unternehmens- bzw. Betriebsleiter den Vorsitz innehat.

Die *délégués du personnel* sind Kontroll- und Beschwerdeorgan und müssen in allen Betrieben mit mehr als neun Lohnabhängigen gewählt werden. Ihre Zahl schwankt zwischen 1 und 46 (bei Betrieben mit mehr als 10 000 Beschäftigten).

Das *comité d'entreprise* ist Informations- und Konsultativorgan.

Es muss in Unternehmen mit mehr als 50 Lohnabhängigen gebildet werden und setzt sich aus bis zu 15 Mitgliedern zusammen. Seine Aufgabe ist die Koordination mit der Unternehmensleitung mit dem Ziel der Steigerung von Produktion und Produktivität, weshalb die Unternehmensleitung auch den Vorsitz führt. Die Gewerkschaften erhalten über dieses Organ Zugang zu Informationen und sind deshalb an einer Mitarbeit interessiert. Daneben fallen in seine Zuständigkeit die Abkommen über die Form der Gewinnbeteiligung, die Personalpolitik, die Arbeitsbedingungen, die Arbeitszeitordnung, die betriebliche Aus- und Weiterbildung und die betrieblichen Sozialleistungen; hier sind die Zuständigkeiten des *comité d'entreprise* am ausgeprägtesten, hier üben sie Kontroll-, Mitverwaltungs- und, was die sozialen Einrichtungen des Unternehmens betrifft, auch Selbstverwaltungsrechte aus.

Dank der Auroux-Gesetze darf der Betriebsausschuss auch externe Experten konsultieren, die vom Unternehmen zu finanzieren sind. In Unternehmen mit mehr als 1000 Beschäftigten wird ein Wirtschaftsausschuss gebildet *(commission économique)*. In Konzernen gibt es eine Vertretung in der Muttergesellschaft, den Konzernausschuss *(comité de groupe)*.

Zwischen der Unternehmensleitung und den Gewerkschaftssektionen finden jährlich Verhandlungen über Reallöhne, Arbeitszeit und Arbeitszeitgestaltung statt. Kommt eine Einigung nicht zustande, kann die Unternehmensleitung einseitig Maßnahmen treffen. Gegen diese steht jedoch den Mehrheitsgewerkschaften (mit mehr als 50 % Stimmenanteil bei den letzten Betriebsausschusswahlen) ein Vetorecht zu.

Schließlich wurden mit den Auroux-Gesetzen die Ausschüsse für Hygiene, Arbeitssicherheit und Arbeitsbedingungen *(comités d'hygiène, de sécurité et des conditions de travail)* geschaffen. Sie setzen sich aus Vertretern der Betriebsleitung, Mitgliedern des Betriebsausschusses und Belegschaftsdelegierten zusammen. In allen Fragen der Arbeitsbedingungen verfügen sie über erweiterte Informations- und Konsultationsrechte und im Falle akuter Gefahr über Interventionsrechte.

Finanziert wird die Arbeit der *comités d'entreprise* durch die Unternehmen. Wie die *délégués du personnel* unterliegen auch die Mitglieder der *comités d'entreprise* einem besonderen Kündigungsschutz.

Die Gewerkschaftssektionen *(sections syndicales)* wurden bereits 1968 in der Folge der Maiunruhen geschaffen. Sie nehmen allgemeine gewerkschaftliche Aufgaben im Unternehmen wahr und können in Betrieben mit mindestens 50 Lohnabhängigen von den als repräsentativ anerkannten Gewerkschaften gebildet werden. Seit ihrer Einrichtung haben sie sich zu einem zentralen Instrument innerbetrieblicher Interessenvertretung entwickelt. Ein Problem besteht jedoch auch hier in der Zersplitterung des Gewerkschaftswesens und ihrem geringen Organisationsgrad.

Das deutsche Modell der Mitbestimmung lehnen die Gewerkschaften ab. Versuche, ein solches Modell in Frankreich einzuführen, stießen auf vehementen Widerstand sowohl der Gewerkschaften als auch der Arbeitgeberverbände. Geblieben ist die Einführung einer Sozialbilanz *(bilan social),* mit der die Unternehmensleitung dem Betriebsausschuss *(comité d'entreprise)* einmal jährlich alle wesentlichen Informationen über die wirtschaftliche und soziale Lage des Unternehmens präsentieren muss. Dies beinhaltet u. a. die Beschäftigungssituation, das Lohnsystem, die Sicherheits- und Hygienebedingungen und Fragen der Aus- und Weiterbildung.

Ausgebaut wurde 1983 auch die Arbeitnehmervertretung in den Entscheidungsgremien der staatlichen und staatlich kontrollierten Unternehmen *(secteur public).* Sie ist nunmehr drittelparitätisch geregelt. Neben den Vertretern des Staates sitzen in den Aufsichts- und Verwaltungsräten zu je einem Drittel «Fachleute» (Verbraucher- und gesamtgesellschaftliche Interessenvertreter) und von der Belegschaft gewählte Vertreter. Im privaten Sektor blieb es jedoch bei der bisherigen Regelung, wonach bis zu vier von den Beschäftigten gewählte Vertreter an den Sitzungen des Aufsichtsrats bzw. Verwaltungsrats der Aktiengesellschaften mit beratender Stimme teilnehmen. In diesem Bereich der Mitbestimmung bleibt das französische Recht also weit hinter den deutschen Bestimmungen zurück. Dies auch deshalb, weil das deutsche System von den französischen Gewerkschaften gar nicht angestrebt wird.

VI. Das Bildungswesen

Bei der Frage, wer Frankreich regiert und wie es regiert wird, wie also die Funktionseliten von Staatsverwaltung, Politik und Wirtschaft gebildet werden, kommt dem Bildungswesen eine große Bedeutung zu. Nun ist dies in allen Gesellschaften der Fall, in Frankreich spielt das Bildungswesen hierbei jedoch eine entscheidende Rolle. Welche Hochschule jemand besucht hat – wobei es wichtig ist, vorher das «richtige» Gymnasium besucht zu haben –, entscheidet über den weiteren Lebensweg. Einige Karrieren in der Staatsverwaltung sind Absolventen bestimmter Hochschulen vorbehalten, und auch in einigen Großunternehmen ist es üblich, dass die Führungspositionen den Absolventen eines kleinen Kreises von Hochschulen vorbehalten sind. Dass jemand allein über eine kaufmännische Lehre oder gar eine Mechanikerlehre an die Spitze eines Großunternehmens gelangen kann, ist in Frankreich praktisch ausgeschlossen. Im Folgenden soll deshalb das Bildungssystem Frankreichs näher betrachtet werden.

1. Prinzipien des Bildungswesens

Das französische Schul- und Hochschulwesen war in den vergangenen hundert Jahren Gegenstand von zahlreichen Reformgesetzen bzw. Reformversuchen, die meist von tief greifenden innenpolitischen Auseinandersetzungen begleitet waren. Diese setzten sich auch in der IV. und V. Republik fort. So war die Krise vom Mai 1968 Anlass für eine Reform des Hochschulwesens, während ein erneuter Reformversuch seitens der Regierung im Herbst 1986 an einer landesweiten Demonstrationswelle von Schülern und Studenten scheiterte. Die Frage der Finanzierung des privaten Schulwesens hatte bereits 1951 und 1959 zu heftigen innenpolitischen Auseinandersetzungen geführt, und im Juli 1984 kam es zu Massendemonstrationen von Befürwortern und Gegnern des privaten (meist katholischen) Schulwesens, als die sozialistische Regierung einen

Gesetzesentwurf einbringen wollte, der eine stärkere staatliche Kontrolle des privaten Schulwesens vorsah. Sie musste ihn angesichts der Demonstrationen wieder zurückziehen.

Die Bedeutung des Bildungswesens (*education nationale*) für die Verwirklichung von Freiheit und Gleichheit findet auch ihren Niederschlag in der Präambel der Verfassung der IV. Republik, auf die in der Verfassung von 1958 ausdrücklich Bezug genommen wird. Darin heißt es: «Die Nation garantiert dem Kind und dem Erwachsenen den gleichen Zugang zu Bildung, Ausbildung und Kultur. Das unentgeltliche und laizistische öffentliche Bildungswesen ist eine Aufgabe des Staates.»

Das Erziehungswesen ist auf den folgenden Prinzipien aufgebaut:
- Es ist zentralistisch organisiert und untersteht dem Erziehungsministerium in Paris; die Zuständigkeit für den Bau und den Unterhalt der Gebäude wurde jedoch den Gebietskörperschaften übertragen;
- die Existenz privater Einrichtungen neben den öffentlichen wird zugelassen; das öffentliche Bildungswesen ist laizistisch; deshalb sind auch auffällige religiöse Symbole, wie das Kopftuch bei muslimischen Frauen, untersagt;
- der Zugang zu den öffentlichen Bildungseinrichtungen muss allen Bürgern gewährleistet werden; abgesehen von niedrigen Einschreibegebühren an den Universitäten, ist ihr Besuch gebührenfrei;
- aus Gründen der Gleichwertigkeit werden die Diplome (vom Abitur bis zum Universitätsdiplom) vom Staat verliehen. Diplome von privaten Hochschulen können vom Staat anerkannt werden.

In einem wichtigen Punkt unterscheidet sich das französische Bildungswesen grundlegend vom deutschen. Bei aller Betonung der *égalité* baut es auf den Prinzipien von Auslese und Elitebildung auf, und im Hochschulbereich wird weit stärker der Aspekt der Ausbildung als der der Bildung betont, was ganz besonders auf die sog. *Grandes écoles*, einen spezifisch französischen Typus von Elitehochschulen, zutrifft.

Die große Betonung der Elitebildung und der Autorität im französischen Schul- und Hochschulwesen findet Unterstützung nicht nur bei den Konservativen, sondern auch bei den Sozialisten: So ist für den früheren Erziehungsminister Jean-Pierre Chevènement (selbst Absolvent der Elitehochschule ENA) der «republikanische Elitismus eine zutiefst demokratische Forderung».

An der Spitze des gesamten Bildungswesens steht das *Ministère de l'éducation nationale*. Es gehört zu den angesehensten Ministerien und wird meist von einem der führenden Politiker des Landes geführt. Dies war so in der III., der IV. und auch in der V. Republik. Minister in den vergangenen Jahren waren u. a. Jean-Pierre Chevènement, Lionel Jospin und François Bayrou.

Dem Minister sind meist *Ministres délégués* oder Staatssekretäre zugeordnet, denen einzelne Bereiche des Ministeriums übertragen werden. Hinsichtlich seiner Verwaltung ist das Erziehungswesen in 35 *Académies* aufgeteilt, davon neun in Übersee. Mit Ausnahme von Paris und den überseeischen Gebieten umfassen sie jeweils mehrere Departements. An ihrer Spitze steht der vom Minister ernannte *Recteur*, der für das gesamte Erziehungswesen seiner Akademie, von den Kindergärten bis zu den Universitäten, zuständig ist und gleichzeitig das Amt des *Chancelier des universités*, also das des obersten Verwaltungsbeamten der Universitäten seiner Akademie, ausübt.

Mit den Dezentralisierungsgesetzen von 1982 und 1983 sind eine Reihe von Zuständigkeiten auf die Gebietskörperschaften übertragen worden. Diese beziehen sich im Wesentlichen auf den Bau und Umbau, die Erneuerung und Erweiterung sowie den Unterhalt der Gebäude. Was das Personal und die gesamte Regelung des Unterrichtswesens betrifft, so bleiben die Zuständigkeiten beim Staat, denn nach der Verfassung ist «das unentgeltliche und laizistische öffentliche Bildungswesen eine Aufgabe des Staates».

2. Das Primar- und Sekundarschulwesen

Das staatliche (und damit laizistische) Schulwesen mit Schulpflicht bis zum 13. Lebensjahr wurde unter Erziehungsminister Jules Ferry 1881 eingeführt. Gemäß der Forderung, allen Menschen freien Zugang zur Bildung zu gewährleisten, waren diese Schulen gebührenfrei. Auf die Gymnasien wurde die Gebührenfreiheit jedoch erst ab 1933 ausgedehnt. Seit 1967 besteht Schulpflicht bis zum 16. Lebensjahr.

Das Schulwesen ist wie folgt aufgebaut:
- Bereits ab dem zweiten Lebensjahr können Kinder in den Kindergarten *(école maternelle)* aufgenommen werden. Im Gegen-

satz zur Bundesrepublik erhalten nahezu alle Kinder einen Platz; es wird hier auch in viel stärkerem Maße eine Vorschulerziehung vermittelt, weshalb die Kindergärtnerinnen ausgebildete Lehrerinnen sind. Kindergärten gibt es bereits seit 1887.

– Schulpflichtig sind Kinder ab dem sechsten Lebensjahr. Sie besuchen dann fünf Jahre lang die Grundschule *(école élémentaire)* und wechseln mit etwa elf Jahren über in das *Collège,* einer vierjährigen, einheitlichen Sekundarschule, die 1975 mit der *«réforme Haby»* (des damaligen Erziehungsministers) an die Stelle des *collège d'enseignement secondaire* trat. Die erste Klasse ist die *«sixième»,* die letzte die *«troisième»,* da rückwärts gezählt wird. Mit einem Reformgesetz des Schulwesens 2005 wurde die Sekundarstufe noch stärker auf die Orientierung der Schüler hin strukturiert. Das erste Schuljahr gilt jetzt als *cycle d'adaptation,* die beiden folgenden sind der *cycle central,* und die *troisième* dient der Orientierung der Schüler.

Der Schulabschluss des *Collège* ist das *Diplôme national du brevet.* Die Schüler setzen dann ihre Schulausbildung entweder in einem klassischen Gymnasialzug fort oder orientieren sich mehr in Richtung einer Techniker- oder Berufsausbildung, um ein BT *(Brevêt de technicien)* oder ein CAP *(Certificat d'aptitude professionnel)* zu erwerben, das etwa dem Abschluss einer Lehre in Deutschland entspricht und danach zu einem berufsbezogenen Abitur führen kann *(Baccalauréat professionnel).* Hierbei muss jedoch angemerkt werden, dass eine Lehre bzw. deren Abschluss keinesfalls denselben Stellenwert besitzt wie in Deutschland, wo es für einen Abiturienten durchaus normal ist, vor dem Studium eine Lehre zu absolvieren. In Frankreich wäre dies undenkbar, denn der Erwerb eines CAP ist für diejenigen Absolventen des *Collège* gedacht, die für das Gymnasium nicht geeignet sind. Das Modell der dualen Ausbildung ist aber interessanterweise von den Hochschulen, und hier insbesondere den Wirtschaftshochschulen *(Grandes écoles de management),* aufgegriffen worden, wo das *apprentissage* heute fast schon zum festen Bestandteil des Ausbildungsprogramms geworden ist.

Das *Collège* als für alle Schüler einheitlicher Schultyp sollte dem Ziel der Chancengleichheit dienen. Deshalb ist in den beiden ersten Jahren der Lehrplan für alle gleich, und erst in den beiden letzten erfolgt eine Schwerpunktbildung. Ein größeres Maß an Chancengleichheit konnte aber auch durch das *Collège* nicht hergestellt wer-

Schaubild 5: Das Sekundarschulwesen in Frankreich

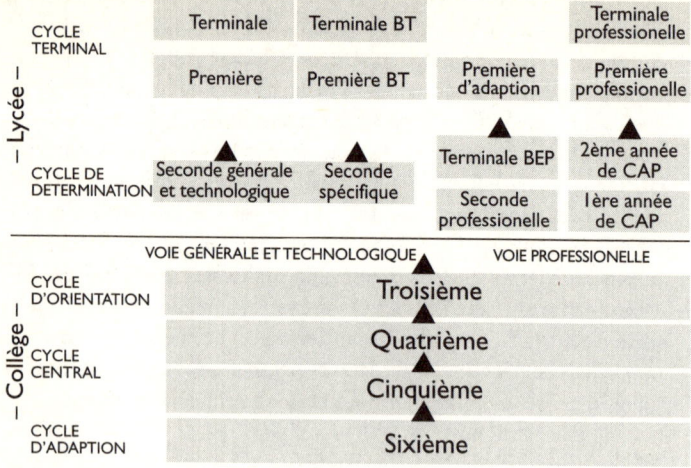

Quelle: Ministère de l'éducation nationale, Repères et références statistiques, édition 2003.

den. So führt die Orientierungsstufe zu einer Selektion, die auch schon das alte Gymnasium *(Lycée)* vorgenommen hatte.

Bei der Wahl des gymnasialen Zuges ist von großer Wichtigkeit, welche *«option»* gewählt werden kann, denn nur bestimmte Abiturzeugnisse ermöglichen den Zugang zu den Vorbereitungsklassen für die *Grandes écoles.* Die Vorbereitung auf diese Fächer erfolgt aber bereits auf dem *Collège.*

Die Gymnasien werden in zwei Gruppen eingeteilt: die eigentlichen Gymnasien *(Lycées générales et technologiques)* und die berufsbildenden Gymnasien, die *Lycées professionnels,* die nicht auf ein Universitätsstudium, sondern eine berufliche Tätigkeit hin ausbilden.

In den *Lycées professionnels* können Schüler des *Collège* ein CAP erwerben. Nach erfolgreichem Abschluss des *Collège* kann in einem zweijährigen Kurs an den *Lycées professionnels* auch ein *Brevet d'études professionnelles* (BEP) erworben werden. Die besten Absolventen haben die Möglichkeit, in die vorletzte Klasse des *«cycle long»* überzuwechseln und das technische Abitur zu erwerben.

Die *Lycées* umfassen drei Schuljahre (die *«seconde», «première»* und «*terminale*») und schließen entweder mit dem Abitur *(Bacca-lauréat)* oder einem *Brevet de technicien* ab, das eine theoretische und berufsbezogene Ausbildung abschließt.

Das Abitur kann in drei verschiedenen Formen erworben werden: als allgemeines, als technologisches oder als berufsbezogenes Abitur. Das wichtigste und von etwa 60 % aller Abiturienten abgelegte Abitur ist das *Baccalauréat général,* das wiederum in drei Versionen besteht: als literarisches («Bac L»), wirtschafts- und sozialwissenschaftliches («Bac ES») oder als naturwissenschaftliches Abitur («Bac S»). Letzteres, das *Baccalauréat scientifique,* ist die beste Voraussetzung für die Zulassung zu den meisten Vorbereitungsklassen der *Grandes écoles.*

2002 erwarben 493.000 junge Französinnen und Franzosen das Abitur. Dies entspricht etwa 61,8 % des Jahrgangs. Dieser Anteil ist deutlich höher als in Deutschland, wo er, einschließlich der Fachhochschulreife, bei 38 % liegt. Allerdings ist dieser Vergleich nicht wirklich zulässig. Denn der Anteil derjenigen Gymnasiasten, die in Frankreich das *Baccalauréat général* ablegen, liegt nur knapp über 30 %. Und praktisch nur dieses Abitur öffnet den Weg zur Universität bzw. zu den *Grandes écoles.* Von denjenigen, die ein *Baccalauréat technologique* ablegen, gelangen gerade mal 10 % an die Universität. Und an den *Grandes écoles* findet sich praktisch niemand mit einem *Baccalauréat professionnel.*

Noch anzumerken ist ferner, dass in Frankreich die Durchfallquote beim Abitur relativ hoch ist. 2002 hatten nur 78 % das Abitur bestanden. Auch die Noten sind sehr viel niedriger als in Deutschland. Die theoretisch der deutschen Note 1,0 entsprechenden 20 Punkte (von 20) werden in Frankreich praktisch nie vergeben, und nur knapp 5 % der Abiturienten erreichen einen Durchschnitt von 15 Punkten, was bei einer linearen Umrechnung der deutschen Note von 2,2 entsprechen würde.

Das private Schulwesen

Wie erwähnt, ist das private Schulwesen seit der Trennung von Kirche und Staat heftig umstritten. Zu 93 % handelt es sich hierbei um katholische Schulen. Den traditionell antiklerikalen Parteien der Linken ist vor allem ihre staatliche Finanzierung ein Dorn im Auge, denn seit der Verabschiedung der umstrittenen «*Loi Debré*» im

Jahre 1959 (der Erziehungsminister trat deswegen sogar zurück) erhalten die Privatschulen ebenfalls staatliche Mittel, deren Umfang von der jeweiligen Vertragsform mit dem Staat abhängt. Einer der Programmpunkte der Sozialistischen Partei war deshalb die Schaffung eines «einheitlichen, laizistischen nationalen Bildungssystems».

Nach dem Wahlsieg Mitterrands unternahm dessen Erziehungsminister Alain Savary einen Vorstoß mit dem Ziel einer verbesserten «Harmonisierung» des staatlichen und des privaten Sektors. Die Privatschulen sollten den Status von *«établissements d'intérêt public»* erhalten, der Status der Lehrer demjenigen der Lehrer an staatlichen Schulen angepasst und das Vertragswesen zwischen Staat und Privatschulen vereinfacht werden. Der Gesetzesentwurf wurde von Präsident Mitterrand jedoch im Juli 1984 wieder zurückgezogen, nachdem Massendemonstrationen der Befürworter privater Schulen, die im allgemeinen Sprachgebrauch *«écoles libres»* genannt werden, dokumentierten, dass das Gesetz in der Bevölkerung auf große Widerstände stieß. Der Erziehungsminister Alain Savary trat daraufhin zurück. Für dessen Nachfolger Jean-Pierre Chevènement blieb das Problem jedoch bestehen, denn «zu den Quellen des Laizismus zurückkehren heißt ... gegen die Ignoranz kämpfen». Die Konflikte des ausgehenden 19. Jahrhunderts über das Schulwesen stehen also auch heute noch auf der Tagesordnung der politischen Auseinandersetzung.

Im Schuljahr 2002/03 hatten die privaten Schulen des primären und sekundären Bereichs etwas mehr als 2 Millionen Schüler, was knapp 17 % der gesamten Schülerzahl entsprach.

3. Universitäten und Grandes écoles

Es gibt derzeit 93 Universitäten. An ihnen studieren ca. 1,425 Millionen Studenten (2003). An den anderen Hochschulen, auf die weiter unten eingegangen wird, sind nochmals knapp 600.000 Studenten eingeschrieben, was eine Studentenzahl von insgesamt 2 Millionen ergibt.

Bis zur Universitätsreform von 1968 (der *«Loi Edgar Faure»*) waren die Universitäten lediglich eine Art administrativer Überbau der relativ selbständigen Fakultäten. 1968 wurden diese aufgelöst und in *Unités d'enseignement et de recherche* (UER) gegliedert. Sie bildeten die Organisationseinheiten der neuen Universitäten, die teilweise aus den alten Universitäten hervorgingen, teilweise neu gegründet wurden. Gleichzeitig erhielten sie Selbstverwaltungsorgane, an denen auch die Studenten beteiligt wurden. Sie wählten die Direktoren der UER und den Präsidenten der Universität, die bis dahin von der Regierung ernannt worden waren. Ein neues Statut gab den Universitäten auch eine größere finanzielle Autonomie.

Nach dem Wahlsieg der Linken 1981 versuchte die Regierung, auch die *Grandes écoles* in ein vereinheitlichtes Hochschulsystem zu integrieren. Wegen der großen Unterschiede zwischen diesen beiden Hochschultypen und des heftigen Widerstands der *Grandes écoles* wurde dieses Vorhaben jedoch bald wieder fallen gelassen. Mit dem 1984 verabschiedeten Rahmengesetz (der «*Loi Savary*») wurden schließlich das Studium sowohl organisatorisch als auch inhaltlich reformiert, der Zugang zur Universität erleichtert und ein neues Universitätsstatut geschaffen, das sie zu «*établissements publics à caractère scientifique, culturel et professionnel*» machte. Sie erhielten damit eine erweiterte Autonomie in finanziellen Fragen und Gremien der akademischen Selbstverwaltung, darunter den *Conseil d'administration* als oberstes Organ, die von den verschiedenen Gruppen der Universität gewählt werden.

Die liberal-konservative Regierung von Jacques Chirac, die 1986 die sozialistische Regierung von Laurent Fabius ablöste, versuchte eine weitere Reform des Hochschulwesens. Die «*Loi Devaquet*», benannt nach dem damaligen Hochschulminister, sollte es den Universitäten ermöglichen, Zulassungsprüfungen einzuführen, Studiengebühren zu erheben und die staatlichen Diplome mehr und mehr durch Universitätsdiplome zu ersetzen. Außerdem sollten die Professoren in den Hochschulgremien wieder ein größeres Gewicht erhalten. Obwohl dies alles in den *Grandes écoles* längst die Regel ist, ließen sich diese Maßnahmen im Universitätsbereich nicht verwirklichen. Nach gewaltigen Demonstrationen der Schüler und Studenten, die an den Mai 1968 erinnerten und sogar ein Todesopfer forderten, musste die Regierung ihren Gesetzentwurf wieder zurückziehen.

Auf nationaler Ebene gibt es für den Hochschulbereich eine Reihe von beratenden Gremien. Die wichtigsten sind:
– der *Conseil supérieur de l'éducation nationale,* der zu allen

Maßnahmen im Bereich des Erziehungswesens gehört werden muss

– der *Conseil national de l'enseignement supérieur et de la recherche* (CNESER), der beratend bei der Planung des Hochschulwesens, bei der Beurteilung von Studiengängen im Hinblick auf die Verleihung nationaler Diplome und bei der Verteilung der Haushaltsmittel gehört werden muss. Er hat 90 Mitglieder und tagt unter Vorsitz des Erziehungsministers. In einigen Befugnissen ähnelt er dem Wissenschaftsrat der Bundesrepublik.

– die *Conférence des présidents d'universités,* die zu allen die Universitäten betreffenden Fragen Stellungnahmen abgeben kann. Im Gegensatz zur deutschen Hochschulrektorenkonferenz tagt auch dieses Gremium unter Vorsitz des Ministers, was den zentralistischen Geist der Republik widerspiegelt.

Für die Zulassung zum Studium ist, von einigen Ausnahmeregelungen abgesehen, das *Baccalauréat* erforderlich. Einen Numerus clausus wie in der Bundesrepublik gibt es offiziell nicht. Im Fach Medizin gibt es nach dem ersten Studienjahr jedoch eine Prüfung mit derselben Wirkung wie der Numerus clausus.

Das Studium an den Universitäten ist bislang – bis zur Umsetzung des «Bologna-Prozesses» im Jahre 2010 – in drei Abschnitte *(cycles)* eingeteilt, die jeweils mit einem nationalen Diplom abschließen. Der erste Zyklus *(1er cycle)* dauert zwei Jahre und schließt mit dem *Diplôme d'études universitaires générales* (DEUG) oder dem *Diplôme d'études universitaires scientifiques* (DEUST) ab. Der zweite Zyklus *(2e cycle)* dauert ebenfalls zwei Jahre. Nach dem ersten Jahr wird die *Licence* und nach dem zweiten (also insgesamt vier Studienjahren) die *Maîtrise* erworben. Sie ermöglicht die Zulassung zu den Postgraduiertenstudien des dritten Zyklus *(3e cycle),* der nach einem Jahr mit dem *Diplôme d'études approfondies* (DEA) abschließt und Voraussetzung für die Zulassung zum Promotionsstudium, das zum *Doctorat* führt, ist. Alternativ zum DEA kann auch ein *Diplôme d'études supérieures spécialisées* (DESS) erworben werden, das eine anwendungsbezogene Spezialisierung in einem bestimmten Fach vermittelt.

Bis zum Jahre 2010 sollen auch in Frankreich die bisherigen Diplome durch solche nach dem Bologna-Modell ersetzt werden. Danach wird nach drei Jahren die «*Licence*» als berufsqualifizierender Abschluss erlangt. Danach schließt sich ein zweijähriges Studium

Schaubild 6: Die Hochschulen und ihre Abschlüsse

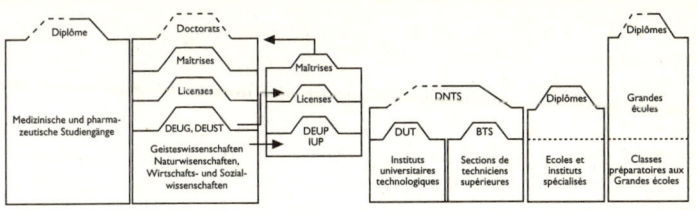

Quelle: Ministère de l'éducation nationale

zum Master an und danach eventuell ein dreijähriges Promotionsstudium zum Doktorgrad. Das neue Modell wird deshalb auch
abgekürzt als Bac+3+5+8 bzw. LMD bezeichnet: *Licence – Master –
Doctorat*. Bemerkenswert ist, dass der englische Begriff «Master»
übernommen wurde, nachdem man bislang mit französischen
Wortschöpfungen wie *Mastère* und *Mastaire* operierte.

Noch ein Hinweis zum Promotionsstudium. Im Jahre 2000 erfolgten in Frankreich insgesamt 16.650 Promotionen, davon 6.660
im Fach Medizin. Zum Vergleich: In der Bundesrepublik wurden im
selben Jahr 22.800 Doktorgrade verliehen, davon 7.600 in den medi-
zinischen Disziplinen. In den Wirtschaftswissenschaften waren es
in Frankreich 637 und in Deutschland über 1.000, wo die meisten
Promotionen im Fach Betriebswirtschaftslehre erfolgen und weniger in Volkswirtschaftslehre wie in Frankreich.

Ein wichtiger Unterschied liegt auch in der unterschiedlichen
Bedeutung des Doktorgrades. Während er in Deutschland Teil des
Namens ist und ein gewisses Sozialprestige verleiht, wird er in
Frankreich nur von Ärzten geführt. Wer als Nichtmediziner in Frankreich promoviert, plant damit meist eine Tätigkeit an der Universität oder in der Forschung, was so in Deutschland nicht der Fall
ist. Bemerkenswert ist auch, dass in den Schaubildern des Ministeriums das Diplom einer *Grande école* als einem Doktorgrad gleich-
wertig dargestellt wird, was wiederum der Realität entspricht, denn
der Abschluss einer der Elitehochschulen verleiht weit mehr Pre-
stige und eröffnet andere Karrierechancen als ein Doktortitel.

Abschließend seien hier noch drei Studienmöglichkeiten erwähnt,
die in der Bundesrepublik in dieser Form nicht existieren. An den
1965 eingerichteten 118 *Instituts universitaires de technologie* (IUT)

studierten 2003 etwa 113.500 Studenten. In einem zweijährigen praxisbezogenen Studium erhalten sie den berufsqualifizierenden Abschluss des *Diplôme universitaire de technologie* (DUT). Diesen erwarben 2003 insgesamt 48.000 Studenten.

Neben den IUT gibt es noch zwei Studienmöglichkeiten, die in einem Grenzbereich zwischen Schule und Hochschule liegen. An den *Sections de techniciens supérieures* (STS) einiger technischer Gymnasien (mit über 245.000 Studenten) kann nach dem Abitur in einem zweijährigen Kurs das *Brevet de technicien supérieur* (BTS) erworben werden. 2003 wurde dieses Diplom an 103.000 Kandidaten verliehen.

Und schließlich sind hier die *classes préparatoires aux Grandes écoles* zu erwähnen, für die es in Deutschland keine Entsprechung gibt und die wesentlicher Bestandteil des französischen Elitesystems sind. Sie gehören zum Hochschulbereich, obwohl der Unterricht an Gymnasien stattfindet. Dabei gibt es eine Rangfolge im Ansehen der Gymnasien, von denen einige besonders hohe «Erfolgsquoten» aufweisen können, wie das *Lycée Louis le Grand* oder das *Lycée Henri IV*, beide in Paris. Die *classes préparatoires* dauern zwei Jahre und öffnen die Tür zum «geschlossenen Sektor» des französischen Hochschulwesens, für den ein Auswahlwettbewerb, der *concours,* zu bestehen ist. Schon um zu einem solchen Vorbereitungskurs zugelassen zu werden, muss der Schüler das richtige Abitur abgelegt (meist das *Bac scientifique*) und dort überdurchschnittliche Ergebnisse erzielt haben. Nur etwa 10 % der Abiturienten werden so zugelassen. Ein ambitionierter Gymnasiast setzt deshalb alles daran, sehr gute schulische Leistungen zu erzielen, um zu einer der besten *classes préparatoires* zugelassen zu werden und dann an einer der renommierten *Grandes écoles* studieren zu können. Denn die Führungskräfte Frankreichs werden nicht an den Universitäten, sondern an den *Grandes écoles* ausgebildet, genauer: an sehr wenigen. Besteht ein Kandidat die Auswahlprüfung nicht, so kann er in der Regel an der Universität weiterstudieren, die ihm das Studium in den *classes préparatoires* als DEUG anerkennt. Im Schuljahr 2002/03 waren 72.000 Schüler in den *classes préparatoires* eingeschrieben, davon etwa 15 % an privaten Schulen.

Die Grandes écoles

Der Begriff «*Grande école*» ist nicht klar definiert. Man kann ihn lediglich auf die wenigen wirklichen Elitehochschulen oder aber auf eine Reihe anderer Hochschulen des außeruniversitären Bereichs beziehen. Unbestritten gehören dazu die 190 Hochschulen, die in der *Conférence des Grandes écoles* zusammengeschlossen sind, wobei eine der wichtigsten Voraussetzungen für die Zugehörigkeit ihre Autonomie, die mindestens 5-jährige Dauer des Studiums, dessen hohes Niveau und der Auswahlmodus über die *classes préparatoires* ist. 142 von ihnen sind *écoles d'ingénieurs* und 29 *écoles de management*. Bei einer weiten Auslegung des Begriffes können etwa 300 Hochschulen, darunter etwa 60 private, mit insgesamt 125 000 Studenten diesem Bereich zugeordnet werden. Etwa 64.000 von ihnen sind an Ingenieurschulen immatrikuliert und etwa 75.000 an den Wirtschaftshochschulen, davon wiederum 48.000 an solchen, die nach den *classes préparatoires* rekrutieren. Zur Erinnerung: Insgesamt gab es in Frankreich im Jahre 2003 etwa 2 Millionen Studenten.

Den *Grandes écoles* ist gemeinsam, dass die Zulassung zum Studium nicht allein auf Grund des *Baccalauréat*, sondern eines Auswahlwettbewerbs, des *concours,* erfolgt. Je höher das Ansehen der Hochschule, umso schwieriger die Zulassungsbedingungen. Normalerweise müssen sich die Kandidaten in den *classes préparatoires* zwei Jahre lang auf den *concours* vorbereiten oder bereits einen Hochschulabschluss vorweisen. Letzterer hat aber nicht denselben Stellenwert wie die *classes préparatoires*. So gilt auch bei den *Grandes écoles de management* das Vordiplom in Betriebswirtschaftslehre einer Universität weniger als die Vorbereitung durch die *classes préparatoires,* auch wenn dort keinerlei Wirtschaftsthemen behandelt wurden. Zwischen den Hochschulen besteht ein harter Konkurrenzkampf um die Positionen in den von den Fachzeitschriften regelmäßig veröffentlichten Ranglisten. Einige von ihnen sind in ihrer Führungsrolle allerdings unangefochten.

Im Gegensatz zu deutschen Universitäten sehen die *Grandes écoles* ihre Aufgabe in erster Linie in der praxisbezogenen Ausbildung und viel weniger in der Forschung. Weder wird hier also die Einheit von Forschung und Lehre angestrebt, noch widmen sie sich «in Einsamkeit und Freiheit» der reinen Idee der Wissenschaft, wie es Wilhelm von Humboldt (1767–1835) für die deutsche Universität anstrebte. Etwa 20 *Grandes écoles* haben in den vergangenen Jahren jedoch ihre Forschungstätigkeiten so stark ausgeweitet, dass an ihnen auch das Doktorat erworben werden kann. Dennoch ist die Forschung bei den meisten nicht das primäre Anliegen.

Die Direktoren der *Grandes écoles* werden von den Trägern der Hochschulen eingesetzt, die auch die innere Struktur der Hochschule und die Lehrinhalte bestimmen. Der Lehrbetrieb ist sehr streng organisiert bzw. verschult und lässt dem Studenten nur wenig Freiraum für eine individuelle Gestaltung seines Studiums. Eine Mitwirkung der Studenten in akademischen Gremien findet nur sehr eingeschränkt statt. Das Lehrpersonal besteht nur zu einem Teil aus hauptamtlichen Professoren. Besonderer Wert wird auf die Einbindung von Führungskräften aus der Praxis bzw. der Staats- und Wirtschaftsverwaltung gelegt. Studiengebühren werden an den staatlichen *Grandes écoles* nur in sehr unbedeutender Höhe oder gar nicht erhoben; an einigen erhalten die Studenten sogar ein Gehalt, wenn auch in geringer Höhe. An den privaten Hochschulen, wie den meist von den Industrie- und Handelskammern getragenen Wirtschaftshochschulen, müssen jedoch Studiengebühren bis zu 8.000 Euro im Jahr bezahlt werden.

Die größte Zahl der staatlichen *Grandes écoles* untersteht dem Erziehungsministerium. Je nach Fachgebiet können sie jedoch auch anderen Ministerien zugeordnet sein.

An der Spitze der bedeutendsten *Grandes écoles* im natur- und ingenieurwissenschaftlichen Bereich steht die *Ecole polytechnique*, kurz auch nur «X» genannt. Sie wurde 1794 gegründet und untersteht dem Verteidigungsministerium. Die Studenten (seit 1972 werden auch Frauen zum Studium zugelassen) sind gleichzeitig Reserveoffiziere und leisten hier einen einjährigen Wehrdienst ab. Das eigentliche Studium dauert dann nochmals zwei Jahre. Es ist sehr breit angelegt und will keine Spezialisten ausbilden. Während des Studiums sollen vielmehr die analytischen Fähigkeiten und Führungsqualitäten entwickelt werden, die die Absolventen befähigen, später verantwortungsvolle Aufgaben in der Staatsverwaltung und in Unternehmen des öffentlichen und privaten Sektors zu übernehmen. Die «X» lässt jährlich 500 Studienanfänger zu, darunter 100 Ausländer.

Die anderen bedeutenden *Grandes écoles* dieses Sektors sind die

1829 gegründete *Ecole centrale des arts et manufactures de Paris* (kurz: *Ecole centrale),* die jährlich 332 Studenten zulässt, die 1747 gegründete *Ecole nationale des ponts et chaussées* mit jährlich 260 Studienanfängern und die 1783 gegründete *Ecole nationale supérieure des mines de Paris,* die jährlich in ihren Studiengang zum Ingenieur etwa 120 Studenten aufnimmt. Daneben ist die *Ecole des mines* in einem Aufbaustudiengang für die Ausbildung der Mitglieder des *Corps des mines* zuständig, zu der Absolventen der führenden *Grandes écoles,* vor allem der *Ecole polytechnique,* zugelassen werden. Die Absolventen dieser Elitehochschule sind jedoch keine Bergbauingenieure, wie man in Deutschland oft lesen kann, sondern erhalten eine sehr breite mathematisch-naturwissenschaftliche und wirtschaftswissenschaftliche Ausbildung. Die Bezeichnung des Bergbaus im Namen erinnert lediglich an ihre ursprüngliche Aufgabe vor über 200 Jahren.

Neben diesen Top-Elitehochschulen gibt es noch über 100 ingenieurwissenschaftliche *Grandes écoles* mit den verschiedensten Spezialisierungen (Agronomie, Elektronik, Telekommunikation etc.), die teilweise ebenfalls ein sehr hohes Ansehen genießen. Alle diese Hochschulen sind relativ klein und haben meist weniger als 1000 Studenten. Allerdings bieten die meisten dieser Hochschulen noch andere Studiengänge an, die im Allgemeinen zu einem Master-Abschluss führen, so dass sie teilweise weit über 1.000 Studenten aufweisen. Dies trifft vor allem auf die Managementschulen zu.

Die geistes- und naturwissenschaftliche Elite Frankreichs wird an den vier *Ecoles normales supérieures,* unter denen natürlich die von Paris in der rue d'Ulm eine herausragende Stellung einnimmt, ausgebildet. Auch sie ist eine relativ kleine Hochschule und nimmt jährlich weniger als 200 Studierende auf. «Normaliens» sind bzw. waren die Politiker Jean Jaurès, Léon Blum, Edouard Herriot und Georges Pompidou, die Philosophen und Schriftsteller Jean-Paul Sartre, Henri Bergson und Jules Romains. Die Studierenden erhalten als Praktikanten der Verwaltung *(fonctionnaire-stagiaire)* ein monatliches Gehalt von 1.250 Euro und müssen nach Abschluss des Studiums dafür 10 Jahre im Staatsdienst arbeiten.

Die Führungskräfte der Privatwirtschaft werden, sofern sie nicht von der *Ecole polytechnique* oder einer der bedeutenden Ingenieurhochschulen kommen, an den wirtschaftswissenschaftlichen *Grandes écoles de management* ausgebildet. Mit zwei Ausnahmen, den Wirtschaftshochschulen IECS Strasbourg und ICN Nancy, gehören sie nicht zum universitären Sektor, sondern unterstehen meist den Industrie- und Handelskammern und sind teilweise privat finanziert. Die Zulassung erfolgt nach einem *concours,* auf den sich die Kandidaten ebenfalls zwei Jahre lang in den *classes préparatoires* vorbereiten. Das Studium selbst dauert dann drei Jahre. Die renommiertesten Hochschulen ist die in der Nähe von Paris gelegene *Ecole de hautes études commerciales* (HEC), gefolgt von den beiden anderen Pariser Hochschulen *Ecole supérieure de commerce de Paris* (ESCP-EAP) und *Ecole supérieure des sciences économiques et commerciales* (ESSEC) sowie die *Ecole de management de Lyon* (EM Lyon). Sie nehmen jährlich jeweils ca. 350–380 Studienanfänger auf.

Die übrigen Wirtschaftshochschulen Frankreichs, die meist die Bezeichnung *Ecole supérieure de commerce* – ESC – tragen, liegen in einem Wettstreit untereinander um das höchste Ansehen, und einigen von ihnen ist es gelungen, den Abstand zu den Pariser Hochschulen etwas zu reduzieren. Daneben gibt es noch eine Reihe anderer Hochschulen mit Zulassung unmittelbar nach dem Abitur und vierjährigem Studium, die dank ihrer Besonderheiten (wie integriertem Auslandsstudium) ebenfalls ein sehr hohes Ansehen genießen. Wie erwähnt, studieren an allen diesen etwa 30 Wirtschaftshochschulen insgesamt etwa 48.000 Studenten. Zum Vergleich: Die wirtschaftswissenschaftliche Fakultät der Universität Köln allein hat über 10.000 Studenten.

Die französischen Wirtschaftshochschulen haben in den vergangenen drei Jahrzehnten eine erstaunliche Entwicklung vollzogen. Waren sie in den 70er Jahren noch rein französische, eher beschauliche Handelshochschulen, die praktisch ausschließlich den grundständigen Studiengang für französische Bewerber anboten, so haben sie sich in den vergangenen Jahren zu internationalen Management Schools im angelsächsischen Stil entwickelt. Sie bieten heute zahlreiche, auch englischsprachige Studiengänge zum Master und insbesondere zum Master of Business Administration (MBA) an, und mehrere von ihnen erscheinen in internationalen Rankings in der Spitzengruppe. So sind in den verschiedenen weltweiten Master-Rankings der besten Business Schools stets vier oder fünf französische Hochschulen vertreten, während deutsche dort die extreme Ausnahme sind. Und unter den 25 besten europäischen Hochschulen, die Master- bzw. Diplomstudiengänge anbieten, waren im Ranking der *Financial Times* 2005 acht französische vertreten – angeführt von der HEC Paris, die auch insgesamt Platz 1 belegte –, aber nur eine einzige deutsche Universität.

Eine Sonderstellung unter den Elitehochschulen Frankreichs nimmt die *Ecole nationale d'administration* (ENA) ein, die direkt dem Premierminister untersteht und 1945 eingerichtet wurde. Sie bildet die Führungskräfte der *Grands corps de l'Etat* aus, also die des *Conseil d'Etat,* der *Cour des comptes,* der *Inspection générale des finances,* des *Corps diplomatique* und des *Corps préfectoral.* Die Zulassung der jährlich 90 Studienanfänger erfolgt über einen *concours* für drei Kategorien von Bewerbern: Am *Concours externe,* über den 45 Studienanfänger zugelassen werden, können Absolventen von *Grandes écoles* bzw. des *Institut d'études politiques* (IEP) von Paris teilnehmen (von denen annähernd 50 % aller zugelassenen Bewerber kommen); der *concours interne,* über den 36 Bewerber zugelassen werden, steht höheren Beamten mit mindestens 5-jähriger Dienstzeit offen, und aus einer Bewerbergruppe, die einige bestimmte öffentliche Ämter bekleideten, werden über einen *3e concours* 9 Bewerber zugelassen. Das Studium dauert 29 Monate, einschließlich eines Praktikums von 11 Monaten. Danach müssen sich die Absolventen für eine mindestens 10-jährige Tätigkeit im Staatsdienst verpflichten.

Die ENA-Absolventen sind heute in allen Leitungsorganen des Staates nicht nur präsent, sondern beherrschen sie. Wer auch immer die Regierung stellt, ob die Linke oder die Rechte, regiert wird Frankreich von den ENA-Absolventen. Auch die meisten Premierminister und Präsidenten verbindet derselbe ENA-Corpsgeist: Valéry Giscard d'Estaing, Jacques Chirac, Michel Rocard, Laurent Fabius, Edouard Balladur, Alain Juppé, Lionel Jospin und Dominique de Villepin. Weitere «*Enarques*» sind Jean-Pierre Chevènement, Jacques Attali, François Léotard, Philippe Séguin etc. Sie alle verbindet ein mehr oder weniger ähnlicher Werdegang: nach dem Abitur Absolvieren der *Classes préparatoires,* dann Besuch einer *Grande école,* dann Studium an der ENA. Im Alter von etwa 27 Jahren (wenn ein deutscher Universitätsabsolvent gerade sein Diplom erworben hat und sich damit im Wettbewerb mit über 200.000 anderen sieht) gehört er einer Elite von jährlich knapp 100 ENA-Absolventen an, denen im Verbund mit den etwa 1.000 Absolventen der anderen Elitehochschulen die Führung des Staates zufällt.

4. Die «Méritocratie»

Die *Grandes écoles* sind eines der bestimmenden Merkmale des französischen Gesellschaftssystems, das auf dem besagten «republikanischen Elitismus» aufgebaut ist. Danach soll das Land von denen regiert werden, die sich durch ihr Talent und ihre herausragenden intellektuellen Fähigkeiten auszeichnen, *«qui ont du mérite»*, daher der Begriff der *«Méritocratie»*. Den *Grandes écoles* fällt die Aufgabe zu, diese Fähigkeiten zum Wohle der Nation zu fördern. *«Pour la patrie, les sciences et la gloire»* – «für das Vaterland, die Wissenschaften und den Ruhm», so lautet denn auch die Devise der *Ecole polytechnique.* Der Staat schuf sich für die Erfüllung seiner Aufgaben in der Staatsverwaltung und im technischen Bereich die Hochschulen, in denen die Besten gefördert werden, um später Verantwortung im Staate zu übernehmen. Ähnliches trifft auf die Wirtschaft zu, die im Laufe des 19. Jahrhunderts begann, ihre eigenen Kaderschmieden zu schaffen.

Das Besondere an diesem System ist, dass allein der erfolgreiche Weg durch dieses Hochschulsystem eine Führungsposition im Staat garantiert. Und es gibt kaum ein anderes Bildungssystem, bei dem Leistungen im praktischen Berufsleben und soziale Kompetenz so in den Hintergrund treten gegenüber mathematischer Intelligenz und intellektueller Brillanz, die durch das Diplom einer Hochschule bestätigt wird – und dieses zeitlebens. Die Führungspersönlichkeiten Frankreichs in Staat und Wirtschaft gehören hinsichtlich Intelligenz und Stil sicher zu den eindrucksvollsten in Europa. Gleichzeitig entstand damit jedoch eine neue Form der Aristokratie, die aus diesen Elitehochschulen ihren Nachwuchs rekrutieren, und die häufig von den täglichen Problemen der Bevölkerung entfernt sind.

Wie jede Elite, so tendiert auch diese dazu, sich selbst zu reproduzieren. Dies zeigt sich im Zugang zu den *Grandes écoles*, dem «geschlossenen Sektor» des Hochschulwesens. Dies kann durchaus auch doppeldeutig verstanden werden, denn der Zugang zur Hochschule erfolgt nicht nur über den *concours*, sondern erfordert auch eine entsprechende Vorbereitung, die sich weitgehend nur Familien aus dem Bürgertum leisten können. So stammen 60 % der Studenten aus Familien der oberen Gesellschaftsschichten (leitende Angestellte, Freiberufler, Gymnasial- oder Hochschullehrer), die zusammen nur 20 % der Bevölkerung repräsentieren (Siehe Ergebnisse des Kolloquiums «Démocratie, Classes préparatoires et Grandes écoles» vom Mai 2003, im Literaturverzeichnis).

Und noch etwas anderes zeichnet das System aus: die Fusion der Eliten. Ein ENA-Absolvent kann nach zehn Jahren in der Staatsverwaltung in die Wirtschaft oder die Politik wechseln und danach wieder auf die frühere Position zurückkehren. So begegnen sich die Ehemaligen in den verschiedensten Bereichen der Gesellschaft.

Dieses System, und insbesondere die ENA, stehen häufig im Mittelpunkt der öffentlichen Auseinandersetzung um die richtige Bildung der Führungskräfte des Staates. Einer der schärfsten Analytiker der französischen Gesellschaft, der 1999 verstorbene Alain Peyrefitte, ehemals Minister unter General de Gaulle und Mitglied der *Académie française*, selbst Absolvent der *Ecole normale supérieure* und der ENA, schrieb in seinem Buch «Le Mal français» (Paris 1976, S. 320 f.) zu diesem Thema: «Die meisten Schüler der *Grandes écoles* lernen dort vor allem, dass sie durch das Überschreiten der heiligen Schwelle im Alter von 20 Jahren dazu ausersehen sind, sich an der Spitze der sozialen Pyramide niederzulassen.» Sie würden «Mandarine auf Lebenszeit», obwohl diese Hochschulen doch geschaffen wurden, um mehr Gleichheit oder wenigstens Gerechtigkeit zu verwirklichen.

Aber auch diese Kritik rührt wie all die anderen nicht an dem System, und auch in mehreren Generationen wird das Land von den brillantesten Absolventen dieser *Grandes écoles* regiert werden, die zu seiner Kultur gehören wie die Monumente der Größe Frankreichs.

VII. Das französische Gerichtswesen

1. Organisationsprinzipien

Neben der Legislative und der Exekutive ist nach Charles de Montesquieu die Judikative bzw. Jurisdiktion die dritte Gewalt im Staate. Ihre Aufgabe ist es, staatliche Willkür zu verhindern, weshalb sie von den beiden anderen Gewalten unabhängig sein muss. Dieses Prinzip wurde auch in die Erklärung der Menschen und Bürgerrechte vom 25. August 1789 aufgenommen, wo es in Artikel 16 heißt: «*Toute société dans laquelle la garantie des droits n'est pas assurée ni la séparation des pouvoirs déterminée, n'a point de Constitution.*» (Eine Gesellschaft, in der das Recht nicht garantiert und die Gewaltenteilung nicht festgelegt wird, hat keine Verfassung.) Eine Besonderheit der französischen Auffassung von Gewaltenteilung zeigte sich, als die Nationalversammlung im August 1790 festlegte, dass die Gesetzgebung nicht der Kontrolle durch die Gerichte unterliegt. Dies würde als ein Verstoß gegen das Prinzip der *Volonté générale* verstanden, als deren Ausdruck die Gesetzgebung zu verstehen war.

Dieser Grundsatz wurde mit der Einrichtung einer Verwaltungsgerichtsbarkeit 1799 modifiziert, denn damit wurde eine besondere Form der Kontrolle von Rechtsakten der Verwaltung geschaffen. Unter der Julimonarchie (1831) erhielt der von Napoleon I. geschaffene Staatsrat *(Conseil d'État)* dann auch richterliche Funktionen, die eine Kontrolle der Verwaltung ermöglichten. Der *Conseil d'Etat* ist noch heute das oberste französische Verwaltungsgericht Frankreichs.

Das französische Gerichtswesen kennt also zwei selbständige Bereiche:

1. die Verwaltungsgerichtsbarkeit *(justice administrative),* deren Grundlage das öffentliche Recht ist. Sie befindet über Streitigkeiten, die aufgrund der Ausübung hoheitlicher Rechte der Verwaltung oder zwischen Körperschaften der Verwaltung selbst entstehen;

2. die ordentlichen Gerichten *(juridictions judiciaires)*, die das Recht
auf zwei Gebieten anwenden, dem Privatrecht *(droit privé)* und
dem Strafrecht *(droit pénal)*. Daneben gibt es noch einige besondere Gerichte mit Spezialaufgaben.

Der Oberbegriff für alle Gerichte ist die *juridiction*, die niedrigen
Gerichte heißen *tribunaux*, die höheren *cours*. Die Urteile der *tribunaux* heißen *jugements*, die der *cours* (und des Staatsrats) dagegen *arrêts* (nicht zu verwechseln mit den *arrêtés*, den Verordnungen
eines Ministers, Präfekten oder Bürgermeisters).

Die Gerichtsbarkeit ist zweistufig; sie entscheidet in erster Instanz *(en première instance* oder *en premier ressort)* und über Beru-
fungen *(en appel)*.

2. Ordentliche Gerichte

Die «Magistrature»

Magistrat, ein Ausdruck, für den es im Deutschen kein Äquivalent
gibt, ist im Französischen der Oberbegriff für Richter und Staatsanwälte. Mit *Magistrature* bezeichnet man sowohl das Amt als auch
den Berufsstand der Richter und Staatsanwälte. Sie werden an der
Ecole nationale de la magistrature ausgebildet, von der aus auch die
Besetzung der Stellen an den Gerichten erfolgt. Innerhalb der *magistrature* unterscheidet man die *Magistrature debout* (Amt des
Staatsanwalts), auch *Parquet* oder *Ministère public* (Staatsanwaltschaft) genannt, und die *Magistrature assise* (Amt des Richters),
auch *Magistrature du siège*.

Die Staatsanwaltschaft besteht aus den *Avocats généraux* (Gene-
ralanwälten), den *Procureurs de la République* (Oberstaatsanwälten)
und den *Substituts* (Staatsanwälten). Sie werden von der Regierung
bzw. vom Justizministerium ernannt und abberufen.

Die Unabhängigkeit der Richter gegenüber der Exekutive folgt
aus dem Prinzip der Gewaltenteilung. Sie wird dadurch gewährleistet, dass die Richter unabsetzbar sind. Die Unabhängigkeit des
Richterstandes soll auch durch den Obersten Rat für den Richterstand *(Conseil supérieur de la magistrature)* gewährleistet werden.

Der Oberste Rat für den Richterstand wurde durch die Verfassung der IV. Republik von 1946 geschaffen. Er sollte die Unabhängigkeit des Richterstandes garantieren und wirkte deshalb bei der Ernennung von Richtern mit. Ferner war er Disziplinargericht für Amtsvergehen der Richter. Den Vorsitz führte der Staatspräsident; der Justizminister war von Amts wegen Mitglied. Von den übrigen Mitgliedern wurden vier von den Richtern und zwei von der Nationalversammlung gewählt, während zwei vom Staatspräsidenten ernannt wurden.

In die Verfassung von 1958 wurde der Rat übernommen, seine Zusammensetzung und seine Zuständigkeit erfuhren jedoch wesentliche Änderungen. Nunmehr wurden alle neun Mitglieder (neben dem Staatspräsidenten, der weiterhin den Vorsitz führte, und dem Justizminister, der stellvertretender Vorsitzender von Amts wegen war) vom Staatspräsidenten auf vier Jahre ernannt. Der Rat hatte auch nur bei der Ernennung der Richter am Kassationsgerichtshof und der Präsidenten der Berufungsgerichte *(Cours d'appel)* ein Vorschlagsrecht. Bei der Besetzung der übrigen Richterämter gab der Rat zu den Vorschlägen des Justizministers nur noch eine unverbindliche Stellungnahme ab. Die Unabhängigkeit des Richterstandes hatte damit gegenüber früher einige Einbußen erlitten.

Nach der Verfassungsreform vom Juli 1993 erhielt der *Conseil supérieur de la magistrature* wieder eine größere Unabhängigkeit gegenüber der Politik. Es wurden zwei getrennte Kammern geschaffen, die eine für den Richterstand und die andere für die Staatsanwaltschaft. Der Staatspräsident behält als Garant der Unabhängigkeit des Rechtswesens zwar weiterhin den Vorsitz des Rates, und sein Stellvertreter bleibt kraft seines Amtes der Justizminister, die Ernennung der Mitglieder erfolgt jedoch nicht mehr allein durch den Staatspräsidenten. Von den jeweils 10 Mitgliedern der beiden Kammern werden nunmehr 6 gewählt, je eines wird vom Staatspräsidenten und den Präsidenten der beiden Kammern ernannt, und eines wird vom *Conseil d'État* benannt.

Auch die Aufgaben des Rates wurden erweitert. So hat der Rat nunmehr auch ein Vorschlagsrecht für die Richter an den *Tribunaux de grande instance*, und für die Ernennung der übrigen Richter ist seine zustimmende Stellungnahme *(avis conforme)* erforderlich.

Beim Ernennungsverfahren für die Staatsanwälte gibt er eine Stellungnahme ab. In Disziplinarfragen für den Richterstand blieben seine Befugnisse unverändert.

Hilfsorgane der Justiz

Die Hilfsorgane *(auxiliaires de justice)* sind:
1. die *Avocats* und *Avoués* im Zivilprozess. Die *Avoués* nehmen als Prozessvertreter vor der *Cours d'appel* formelle Prozesshandlungen vor, z. B. Klageerhebung und Einreichung von Schriftsätzen. Sie plädieren jedoch nicht vor Gericht. Dies ist die Aufgabe der *Avocats,* die die Parteien vor Gericht vertreten (auch im Strafprozess). Der *Avoué* als Prozessvertreter entspricht also dem englischen *Solicitor,* der *Avocat* dem *Barrister.* Die Rechtsanwälte sind in der Anwaltskammer *(le barreau)* zusammengeschlossen, deren Vorsitzender, der *Bâtonnier,* für zwei Jahre von allen Mitgliedern der Anwaltskammer in geheimer Wahl gewählt wird.
2. die *huissiers de justice.* Sie nehmen die Funktion von Vollstreckungsbeamten bzw. Gerichtsvollziehern wahr. Ihnen obliegt die Vollstreckung der Urteile, die Zustellung von Klagen, Ladungen, aber auch die Feststellung von Schäden, z. B. nach einem Autounfall *(constat d'huissier).*
3. die Notare *(notaires).* Sie üben ihr Amt freiberuflich aus und werden vom Justizminister auf Lebenszeit ernannt.
4. die Urkundsbeamten *(greffiers).* Sie führen während der Verhandlungen Protokoll und schreiben die Urteile im Original nieder.

Die Zivilgerichtsbarkeit

Seit der Justizreform von 1958 gibt es in der Zivilgerichtsbarkeit folgende Gerichte: in erster Instanz das *Tribunal d'instance* und das *Tribunal de grande instance,* in zweiter Instanz die *Cours d'appel* als Berufungsgericht und in dritter Instanz für Revisionsanträge den Kassationsgerichtshof *(Cour de cassation).*

Insgesamt gibt es 473 *Tribunaux d'instance* (davon 11 in den überseeischen Gebieten), in jedem Arrondissement mindestens eines. Ihrer Funktion und Bedeutung nach sind sie vergleichbar mit den deutschen Amtsgerichten. Am *Tribunal d'instance* ist ein Einzelrichter *(juge unique)* tätig. Die Staatsanwaltschaft ist durch einen *substitut* vertreten. Es besteht kein Anwaltszwang. Die *Tribunaux d'instance* befinden in erster und letzter Instanz über Zivilstreitigkeiten mit einem Streitwert *(valeur litigieuse)* bis zu 10.000 Euro und im Falle von Streitfällen im Rahmen von Konsumentenkrediten bis zu 21.346,86 Euro.

Die 181 *Tribunaux de grande instance,* davon 6 in den überseeischen Gebieten, sind Kollegialgerichte mit meist drei Richtern. Ihr Sitz ist gewöhnlich der Hauptort *(chef-lieu)* des Departements. In Departements mit großer Bevölkerungszahl gibt es mehrere *Tribunaux de grande instance.* Sie befinden in erster und letzter Instanz über alle Zivilsachen, sofern sie nicht in die Zuständigkeit der *Tribunaux d'instance* fallen oder wegen des Streitgegenstandes ein besonderes Gericht (z. B. Handelsgericht) zuständig ist.

Die 35 *Cours d'appel,* davon 5 in den überseeischen Departements, zuzüglich 2 *Tribunaux supérieurs d'appel* in Miquelon und Mayotte, sowie der Kassationsgerichtshof sind sowohl für Zivil- als auch für Strafsachen zuständig. Sie werden im übernächsten Kapitel ausführlicher behandelt.

Die Strafgerichtsbarkeit

Das heutige Strafrecht basiert immer noch auf dem «Code Napoléon» aus dem Jahre 1810, auch wenn es seither mehrfach reformiert und den Erfordernissen der Zeit angepasst wurde. Als eine der letzten wichtigen Veränderungen ist hier die Abschaffung der Todesstrafe im Jahre 1981 zu erwähnen.

Das französische Strafrecht unterscheidet Übertretungen *(contraventions),* Vergehen *(délits)* und Verbrechen *(crimes).* (Das Wort *crime* wird in der Umgangssprache auch häufig mit «Mord» gleichgesetzt. Der Terminus in der Rechtssprache hierfür ist *assassinat.)*

Wie bei der Zivilgerichtsbarkeit gibt es auch bei der Strafgerichtsbarkeit drei Instanzen. Die Polizeigerichte *(tribunaux de police)* sind hierbei gleichbedeutend mit den *tribunaux d'instance* in strafrechtlicher Funktion. Sie ahnden Übertretungen *(contraventions)* und können Geldstrafen bis 1.500 Euro bzw. 3.000 Euro bei Wiederholungstätern verhängen.

Das *Tribunal de grande instance* ist gleichzeitig Sitz des *Tribunal correctionnel,* das für die Verfolgung von Vergehen *(délits)* zuständig ist und Gefängnisstrafen bis zu 10 Jahren (20 Jahre bei Wieder-holungstätern) sowie Geldstrafen verhängen kann.

Das Schwurgericht *(Cour d'assises)* ist für die Aburteilung von Verbrechen zuständig. Es besteht aus 3 Richtern der am nächsten gelegenen *Cour d'appel* sowie aus 9 Geschworenen *(jurés; Kollek-*tivbezeichnung: *le jury).* Für einen Schuldspruch *(verdict)* sind acht Stimmen erforderlich. Eine Berufung gegen das Urteil des Schwur-gerichts ist nicht möglich, dagegen Revisionsantrag *(pourvoi en cas-sation)* an den Kassationsgerichtshof.

Berufungsgerichte und Kassationsgerichtshof

Das Berufungsgericht *(Cour d'appel)* ist sowohl für Zivil- als auch für Strafsachen zuständig. Die Berufungsfrist beträgt zwei Monate nach Zustellung des Urteils. Das Berufungsgericht ist in zivilrecht-liches Verfahren für Berufungen gegen Urteile der *Tribunaux d'instance, Tribunaux de grande instance* sowie anderer Gerichte, z. B. der Arbeitsgerichte, Handelsgerichte, Sozialgerichte etc., zu-ständig. In strafrechtlichen Verfahren ist es zuständig für Beru-fungen gegen Urteile der *Tribunaux de police* und der *Tribunaux correctionnels.* Gegen Urteile der Schwurgerichte *(Cours d'assises)* ist keine Berufung, sondern nur Revision zulässig.

An den *Cours d'appel* sind für die einzelnen Arten von Verfahren Senate *(chambres)* eingerichtet, so z. B. für Arbeits- und Sozialver-fahren eine *Chambre sociale.* Eine wichtige Institution der *Cours d'appel* ist die sog. *Chambre d'accusation* (Anklagesenat), die die Aufsicht über die Untersuchungen der *Tribunaux d'instance* sowie der *Tribunaux correctionnels* ausübt. Die *Cours d'appel* sind gleich-zeitig Aufsichtsbehörde für die Strafvollzugsanstalten *(établisse-ments pénitentiaires).*

Der Kassationsgerichtshof *(Cour de cassation),* der seinen Sitz in Paris hat, ist die oberste Instanz der Justiz sowohl in Straf- als auch in Zivilsachen. Er soll der Wahrung der Rechtseinheit dienen und ist nur für Revisionsanträge *(pourvois en cassation),* nicht aber für Berufungen *(appels)* zuständig. Der Kassationsgerichtshof besteht aus 3 Zivil-, einem Handels-, einem Sozial- und einem Strafsenat. Die Staatsanwaltschaft beim Kassationsgerichtshof besteht aus dem *Procureur général* und seinen *Avocats généraux.* Der Kassationsge-richtshof hebt die Urteile auf *(«casse les jugements»),* wenn durch sie formelles Recht verletzt wurde, er nimmt nicht zur Sache Stellung, sondern nur zur jeweiligen gerichtlichen Entscheidung hierüber. Die aufgehobenen Urteile werden zu neuer Behandlung an ein anderes Gericht, das aber dieselben Aufgaben und dieselbe Rangordnung hat, verwiesen.

3. Die besonderen Gerichte

Hier seien einige der besonderen Gerichte *(juridiction spécialisée)* kurz genannt.

– Die Verwaltungsgerichtsbarkeit *(juridiction administrative)* ist zuständig für Streitigkeiten zwischen einer Privatperson und einer öffentlichen Verwaltung sowie bei Streitigkeiten zwischen öffentlichen Körperschaften. Sie wird ausgeübt von den 36 Verwaltungsgerichten *(Tribunaux administratifs)*, davon 8 in den überseeischen Gebieten, und dem Staatsrat *(Conseil d'Etat)*, dem wichtigsten und höchsten französischen Verwaltungsgericht. Berufungsgericht gegen Urteile der *Tribunaux administratifs* ist der *Conseil d'Etat.*

– die Handelsgerichtsbarkeit *(Justice commerciale)*: Während für Handelssachen in der Bundesrepublik die ordentlichen Gerichte zuständig sind, gibt es in Frankreich ein berufsständisches Handelsgericht *(Tribunal de commerce)*, dessen Mitglieder Kaufleute *(commerçants,* im weitesten Sinne des Handelsgesetzbuches) sind und die von den zuständigen Berufsverbänden für zwei bzw. drei Jahre (Vorsitzender und sog. *délégués consulaires)* gewählt werden. Die 191 Handelsgerichte entscheiden in erster und letzter Instanz über Handelssachen wie z.B. Scheck- und Wechselstreitigkeiten, Streitigkeiten zwischen Mitgliedern einer Handelsgesellschaft, deren Streitwert 4.000 Euro nicht übersteigt. Bei höheren Streitwerten ist Berufung an der *Cour d'appel* möglich.

– Die Arbeitsgerichtsbarkeit wird durch die 271 Arbeitsgerichte *(Conseils de prud'hommes)* ausgeübt. Sie sind für Rechtsstreitigkeiten aus dem Arbeitsrecht *(droit du travail)*, also zwischen Arbeitgebern und Arbeitnehmern, zuständig. Der *Conseil de prud'hommes* ist ein berufsständisches Gericht, das aus einer gleichen Zahl von Vertretern der Arbeitgeber und der Arbeitnehmer zusammengesetzt ist. Diese werden in direkter Verhältniswahl auf fünf Jahre gewählt, wobei die Kandidaten von den entsprechenden berufsständischen Organisationen vorgeschlagen werden. Jedes Arbeitsgericht besteht aus einer Schlichtungskammer *(Bureau de conciliation)*, vor die jeder Fall zunächst gebracht werden muss, und einer Entscheidungskammer *(Bureau de jugement)*, deren Entscheidungen mit absoluter Mehrheit der anwesenden Mitglieder gefällt werden. Berufungsinstanz der Arbeitsgerichte ist die *Cour d'appel,* Revision an der *Cour de cassation* ist möglich. Nicht zu verwechseln ist die französische *justice sociale* mit der deutschen Sozialgerichtsbarkeit, deren französische Entsprechung der *contentieux de la sécurité sociale* ist.

– Die Sozialgerichtsbarkeit wird durch die bei den *Tribunaux de grande instance* eingerichteten *Tribunaux des affaires de sécurité sociale* ausgeübt. Vorsitzender ist ein Richter des *Tribunal de grande instance,* daneben gibt es 2 Beisitzer (1 Arbeitnehmer, 1 Arbeitgeber). Sie sind für alle Streitigkeiten im Zusammenhang mit der Sozialversicherung *(sécurité sociale)* zuständig, z. B. den Grad der Arbeitsunfähigkeit nach Unfall oder Krankheit, Berufskrankheiten, Dauerinvalidität usw. Ihre Funktion entspricht somit der der Sozialgerichte in der Bundesrepublik.

– die Finanzgerichtsbarkeit *(juridiction financière)*: In Frankreich gehören nur der Oberste Rechnungshof *(Cour des comptes),* die regionalen Rechnungshöfe *(Chambres régionales des comptes)* und der Disziplinarhof für den Staatshaushalt *(Cour de discipline budgétaire et financière)* zur *juridiction financière,* während in der Bundesrepublik die Finanzgerichtsbarkeit die Finanzgerichte und den Bundesfinanzhof umfasst. Der Oberste Rechnungshof mit Sitz in Paris ist die Rechnungsprüfungsbehörde für die Haushalte der öffentlichen Verwaltung. Er besteht aus sog. *Auditeurs, Conseillers-référendaires* und *Conseillers-maîtres,* die durch Dekret ernannt werden und im Allgemeinen Absolventen der Elitehochschule ENA sind. Die Staatsanwaltschaft ist durch einen *Procureur général* und einen *Avocat général* vertreten. Gegen Entscheidungen des Rechnungshofes ist Berufung am *Conseil d'État* möglich. 1983 wurden die regionalen Rechnungshöfe eingerichtet, die in erster Instanz die Rechnungsführung der Gemeinden, Departements, Regionen und ihrer öffentlichen Einrichtungen *(établissements publics)* prüfen. Gegen ihre Entscheidungen ist Berufung am Obersten Rechnungshof möglich. Der Disziplinarhof für den Staatshaushalt *(Cour de discipline budgétaire et financière)* kann gegenüber Mitgliedern des öffentlichen Dienstes, die ihre Pflicht als Anordnungsbefugte für öffentliche Aufgaben *(ordonnateurs de dépenses publiques)* verletzt haben, Strafen aussprechen.

– Der sog. Hohe Gerichtshof *(Haute Cour de justice)* wurde mit der Verfassung von 1958 (Art. 67 und 68) eingerichtet. Er besteht aus 24 Richtern und 12 Ersatzmitgliedern *(suppléants)*, die jeweils zur Hälfte von der Nationalversammlung und vom Senat aus ihren Reihen gewählt werden. Der Hohe Gerichtshof ist zuständig für die Aburteilung des Staatspräsidenten, wenn sich dieser des Hochverrats schuldig gemacht hat. Zur Erhebung der Anklage müssen beide Kammern in öffentlicher Abstimmung und mit der Mehrheit ihrer Mitglieder einen entsprechenden Beschluss fassen. In der V. Republik brauchte der Hohe Gerichtshof bislang noch nicht tätig zu werden.

– Der mit der Verfassungsreform vom Juli 1993 neu geschaffene Gerichtshof der Republik *(Cour de justice de la République)* ist zuständig für die Aburteilung von Regierungsmitgliedern, die in Ausübung ihres Amtes ein Vergehen oder ein Verbrechen begehen. Für Vergehen und Verbrechen vor oder nach Ausübung des Amtes ist die ordentliche Gerichtsbarkeit zuständig. Das Verfahren vor diesem Gerichtshof wird im Wesentlichen von Richtern und Staatsanwälten bestimmt und nicht von den Parlamentariern. Dem Gerichtshof selbst gehören 12 Parlamentarier, die je zur Hälfte von der Nationalversammlung und vom Senat gewählt werden, sowie drei Richter des Kassationsgerichtshofes an. Den Vorsitz führt auch nicht ein Abgeordneter, sondern ein Richter.

Der *Cours de la justice de la République* musste erstmalig 1999 zusammentreten. Anlass war die Anklage gegen den früheren Premierminister Laurent Fabius, dessen damalige Sozialministerin Georgina Dufoix und einen ehemaligen Staatssekretär. Hierbei ging es um HIV-verseuchte Blutkonserven, die während der Amtszeit der Angeklagten weiter verwendet wurden, ohne sie auf eine mögliche Kontamination mit dem Aids-Virus zu testen. Nach Meinung der Anklage hatten die Politiker die Gefahr gekannt und dennoch nicht gehandelt. Der Prozess endete mit Freisprüchen für Fabius und Dufoix und einer eher symbolischen Verurteilung des Staatssekretärs.

VIII. Die Massenmedien

In Artikel XI der Erklärung der Menschenrechte von 1789 verkündete die Nationalversammlung feierlich: «Die freie Äußerung von Meinungen und Gedanken ist eines der kostbarsten Menschenrechte; jeder Bürger kann also frei sprechen, schreiben und drucken, vorbehaltlich seiner Verantwortlichkeit für den Missbrauch dieser Freiheit, in den vom Gesetz bestimmten Fällen.» Ohne eine vom Staat nicht manipulierte Öffentlichkeit bei politischen Entscheidungen und ohne die freie Meinungsäußerung hierüber kann es also keine Demokratie geben. Die Massenmedien stellen diese Öffentlichkeit erst her und artikulieren gleichzeitig die «öffentliche Meinung», die es aber in dieser Form gar nicht gibt. Deshalb benötigt dieser öffentliche Diskurs eine Vielfalt der Meinungsäußerungen und eine Unabhängigkeit vom Einfluss der politischen Machtträger.

Die Medien haben also zunächst eine Informationsfunktion; sie wirken sodann an der öffentlichen Meinungsbildung mit – was auch zur Manipulation derselben führen kann –, und sie sind schließlich ein Instrument der öffentlichen Kontrolle. Letzteres gewinnt umso mehr an Bedeutung, je schwächer die Kontrollfunktion des Parlaments entwickelt ist. Bei der Analyse des politischen Systems Frankreichs ist es deshalb wesentlich, die Rolle der Massenmedien zu untersuchen, wobei wir uns hier traditionell auf die Presse, den Hörfunk und das Fernsehen konzentrieren wollen.

1. Die Tages- und Wochenpresse

Das heutige Pressewesen ist zum größten Teil während des Krieges im Untergrund oder unmittelbar nach der Befreiung entstanden. Zunächst wurde das gesamte Rundfunk- und Pressewesen unter staatliche Kontrolle gestellt. Sodann erhielten Journalisten, die im Widerstand engagiert waren, Lizenzen zur Herausgabe von Zeitungen. So wurde die wichtigste französische Tageszeitung, die linksliberale *Le Monde,* im Dezember 1944 gegründet und trat die

Nachfolge der Zeitung *Le Temps* an, die sich während der Vichy-Zeit kompromittiert hatte. Die andere bedeutende nationale Zeitung, der konservative *Le Figaro,* war zwar schon 1826 gegründet worden, stellte jedoch ab 1942, nach der Besetzung ganz Frankreichs durch deutsche Truppen, ihr Erscheinen ein und erschien erst wieder nach der Befreiung Frankreichs, ab August 1944. Die dritte große Zeitung, die *Libération,* hat eine wechselvolle Geschichte. Sie wurde 1941 im Untergrund von der *Résistance* gegründet und erschien nach der Befreiung als Tageszeitung. 1964 stellte sie allerdings ihr Erscheinen ein und wurde erst 1973 als linke Tageszeitung von einigen Intellektuellen, unter ihnen auch Jean-Paul Sartre, neu gegründet. Seit einer Krise im Jahre 1981, als sie kurzfristig ihr Erscheinen einstellte, hat sie ihre linksextreme Vergangenheit hinter sich gelassen und ist eine viel gelesene, gemäßigt linksorientierte Tageszeitung geworden. Nach den Angaben des *Office de justification de la diffusion* – OJD (zu allen Zahlen siehe: www.ojd.com) hatte im Jahre 2004 *Le Monde* eine Auflage von 372.000, *Le Figaro* von 341.000 und *Libération* von 146.000 Exemplaren. Zum Vergleich: Nach Informationen des Zentralverbandes der Deutschen Werbewirtschaft (ZAW) hat die *Süddeutsche Zeitung* eine Auflage von 444.000 Exemplaren, die *Frankfurter Allgemeine Zeitung* von 376.000 und *Die Welt* von 244.000.

Neben diesen «nationalen» Zeitungen gibt es annähernd 60 Regionalzeitungen mit teilweise respektablen Auflagen wie *Les Dernières Nouvelles d'Alsace, Le Dauphiné libéré, Le Parisien, La Voix du Nord* oder die in einem Vorort von Rennes herausgegebene, auflagenstärkste französische Tageszeitung *Ouest France* mit 780.000 Exemplaren. Ferner sind hier die zahlreichen anderen Zeitungen der Meinungspresse wie die katholische *La Croix* (Auflage 102.000), die kommunistische *L'Humanité* (54.000), Wirtschaftszeitungen wie *Les Echos* (Auflage 142.000) oder Sportzeitungen wie *L'Équipe* (Auflage 358.000) zu nennen.

Die Unterschiede zum deutschen Pressewesen sind vielfältig (siehe hierzu auch die Publikationen von Isabelle Bourgeois im Literaturverzeichnis).

– In Frankreich kommen auf 1.000 Einwohner nur 150 Zeitungsexemplare, gegenüber 350 in Deutschland. Es werden also viel weniger Zeitungen gelesen als in Deutschland. Gibt es in Frankreich ca. 70 Tageszeitungen, sind es in Deutschland nach Aussagen des

Bundesverbandes Deutscher Zeitungsverleger 320. Dies entspricht einem allgemeinen Nord-Süd-Trend, nach dem im Norden Europas die Presse eine größere Bedeutung besitzt als im Süden.

– In Frankreich gibt es etwa 12 «nationale» Zeitungen, also eine Hauptstadtpresse wie *Le Monde*, *Le Figaro* und *Libération*, die in allen Städten Frankreichs verkauft wird, während die regionalen Zeitungen praktisch nur eine regionale Leserschaft haben. Deutschland hingegen kennt überregionale Tageszeitungen, die zwar regional verankert sind, aber in ganz Deutschland verkauft werden, wie die *FAZ* oder die *Süddeutsche*.

– Französische Zeitungen haben nur wenige Abonnenten und werden zu zwei Dritteln am Kiosk verkauft, während die Situation in Deutschland gerade umgekehrt ist: Zwei Drittel der verkauften Auflage gehen an Abonnenten. Dies liegt in Frankreich auch an einer Gesetzgebung, die das in Deutschland übliche Zeitungsaustragen praktisch verbietet und den Vertrieb der Zeitungen über die Kioske per Gesetz genossenschaftlich reglementiert. Dies hat vor allem zwei Konsequenzen: eine inhaltliche und eine finanzielle. Die französischen Zeitungen liefern sich einen harten Konkurrenzkampf am Kiosk, und Schlagzeilen müssen vor allem «verkaufen» und weniger informieren (I. Bourgeois), ein Phänomen, das man in Deutschland in ähnlicher Weise bei der Boulevardpresse beobachten kann. Allerdings gibt es in Frankreich keine Zeitung im Stil der *Bild-Zeitung*. In den 60er Jahren war das bekannteste Boulevardblatt *France Soir*, das heute eine Auflage von gerade noch 62.000 verkauft. Hinzu kommt, dass die Presse vor allem Meinungspresse ist: Nicht die Information, sondern der brillante Kommentar steht im Vordergrund. In finanzieller Hinsicht bedeutet die geringe Anzahl an Abonnenten eine große wirtschaftliche Unsicherheit, die noch durch das im Vergleich zu Deutschland um etwa die Hälfte geringere Aufkommen an Werbeeinnahmen verstärkt wird. Hinzu kommen noch die steigende Bedeutung von Gratiszeitungen und das Internet, durch die vor allem der Markt der Kleinanzeigen sich verringert. Ohne eine öffentliche Subventionierung der Tagespresse in Höhe von jährlich etwa 300 Millionen Euro wäre die wirtschaftliche Situation sicher noch schwieriger.

Die Wochenpresse besteht wie in Deutschland aus Nachrichtenmagazinen und einer Vielzahl von Spartenzeitschriften zu Mode, Sport,

Technik etc. Die bedeutendsten Nachrichtenmagazine sind *Le Nouvel Observateur* und *L'Express* mit jeweils 540.000 Exemplaren sowie *Le Point* mit einer Auflage von 400.000. Unter den 20 Wirtschaftsmagazinen sind zu erwähnen *Capital* mit einer Auflage von 376.000, *Challenges* (250.000), *L'Expansion* (166.000) und *Alternatives économiques* (109.000). Die größte Wochenzeitschrift ist immer noch die 1949 gegründete *Paris Match* mit einer Auflage von 730.000, gefolgt von *Figaro Magazine* (471.000).

Der größte Teil der Tages- und der Wochenpresse wird heute von industriellen Investoren beherrscht, die sich in den vergangenen Jahren besonders in Hörfunk und Fernsehen, aber auch bei den Printmedien engagiert haben. So erwarb der Flugzeugbauer Dassault den Verlag von Robert Hersant mit dem *Figaro*, *Figaro Magazine*, *L'Express*, *L'Expansion* und *L'Entreprise* sowie mehreren regionalen Zeitungen. Der Rüstungskonzern der Lagardère-Gruppe erwarb den Verlag Hachette mit *Paris Match*, zahlreichen weiteren Zeitschriften und mehreren Regionalzeitungen. Ihr vornehmliches Interesse gilt jedoch dem Hörfunk und dem Fernsehen (siehe weiter unten). Interessant ist, dass diese Übernahme von Massenmedien durch Industriekonzerne in Frankreich auf keine negativen Reaktionen stieß. Medienpolitik ist in Frankreich, so Isabelle Bourgeois, nicht nur Kultur-, sondern weit mehr Industriepolitik, und außerdem gibt es keine finanzkräftigen Medienkonzerne wie in Deutschland.

Eine Wochenzeitung bildet bei der Pressekonzentration eine Ausnahme: das 1915 gegründete Satireblatt *Le Canard enchaîné*, das seine völlige Unabhängigkeit bewahren konnte und von dem wöchentlich 400.000 Exemplare verkauft werden. Besonders bekannt ist die Zeitung für ihre originellen Wortspiele und die furchtlose Aufdeckung von öffentlichen Skandalen. Es ist genau genommen das einzige Blatt, das in Frankreich investigativen Journalismus betreibt.

2. Hörfunk und Fernsehen

Die tiefgreifendste Veränderung im Medienwesen nach dem Kriege erfuhren Hörfunk und Fernsehen. 1982 wurde mit dem Gesetz über die audiovisuelle Kommunikation das staatliche Monopol in diesem Sektor aufgehoben und der Rundfunk einer unabhängigen

Aufsichtsbehörde unterstellt, die heute die Bezeichnung *Conseil supérieur de l'audiovisuel* (CSA) trägt. Gleichzeitig wurden private Radiosender und ab 1986 auch private Fernsehsender zugelassen.

Noch stärker als das Pressewesen werden Hörfunk und Fernsehen heute von Industriegruppen, vor allem von Rüstungsunternehmen, Versorgungsunternehmen und Unternehmen des Bausektors, beherrscht. Dies steht im Gegensatz zu Deutschland, wo die privaten Fernsehsender von Pressekonzernen (Bertelsmann, WAZ, Springer) betrieben werden. Ein weiterer Unterschied zwischen den beiden Ländern ist, dass das Modell einer öffentlich-rechtlichen Rundfunkanstalt und ihrer Kontrolle durch die im Rundfunkrat vertretenen gesellschaftlich relevanten Gruppen in Frankreich unbekannt ist. Es kann deshalb nur staatliche oder private Anstalten geben. Die beiden staatlichen Rundfunkanstalten *Radio France* und *France Télévision* werden direkt vom Staat kontrolliert. Allerdings übt dieser lediglich die Rechtsaufsicht aus und greift nicht in die Gestaltung der Programme ein, wie das früher der Fall war. Die bekanntesten Sender von *Radio France* sind *France Inter, France Culture, France Musique* und *France Info*.

Heute gibt es in Frankreich sechs terrestrische nationale Fernsehsender, die von 75 % der Haushalte als einzige Sender empfangen werden:
- TV 1 (privat)
- France 2 (staatlich)
- France 3 (staatlich, mit regionalem Sendeanteil)
- Canal + (privates Pay-TV, codiert)
- France 5 / Arte (beide staatlich, die sich den Kanal teilen)
- M6 (privat)

Der Sender mit dem größten Zuschaueranteil (2005) ist TV 1 mit 32 %, gefolgt von France 2 (21 %) und France 3 (16 %) (Quelle: www.toutelatele.com). Daneben gibt es eine große Zahl von Satellitenprogrammen, die meist von privaten Medienunternehmen angeboten werden.

Die privaten Sender unterliegen der Aufsicht des *Conseil supérieur de l'audiovisuel* (CSA), der die Lizenzen zum Betreiben von privaten Hörfunk- oder Fernsehsendern erteilt und über die Einhaltung der Programmauflagen wacht.

Der Einstieg der Industrie in das Mediengeschäft erfolgte 1987 zunächst durch das Bauunternehmen *Bouygues*, das den Fernsehsen-

der TF 1 und mehrere Kabelprogramme erwarb. Aus dem Fernsehsender TF 1, der heute auch Marktführer bei den Werbeeinnahmen
ist, wurde bald ein mächtiger Medienkonzern, mit einem eigenen
Produktionsbetrieb und zahlreichen Satellitenprogrammen.

Anfang der 80er Jahre begann die damalige *Compagnie générale
des eaux,* ein 1853 gegründetes Unternehmen der Wasserversor-
gung, eine Diversifikationsstrategie, die 1983 zum Einstieg in das
Mediengeschäft führte. Sie beteiligte sich am Pay-TV-Sender *Canal
+* und an mehreren zur selben Gruppe gehörenden Satellitensen-
dern. Die Expansionsstrategie des 1998 in *Vivendi Universal* umge-
tauften Unternehmens im Medien- und Telekommunikationsbe-
reich führte allerdings 2002 an den Rand des Konkurses, so dass
mehrere Beteiligungen, wie die an der Nachrichtenagentur bzw.
dem Film- und Fernsehproduzenten Havas, verkauft werden mussten. *Vivendi* ist allerdings weiterhin an *Canal +* beteiligt.

Der Rüstungskonzern *Lagardère groupe* besitzt, neben den erwähnten Verlagen und Printmedien, den Radiosender Europe 1,
mehrere Satellitenprogramme sowie Pay-TV-Sender und ist als
Film- und Fernsehproduzent tätig.

Eine wichtige Rolle in der französischen Medienlandschaft spielt
auch die deutsch-luxemburgische RTL-Gruppe, an der Bertelsmann mehrheitlich beteiligt ist. Sie betreibt den beliebten Radiosender RTL und hält eine Mehrheitsbeteiligung am Fernsehsender
M6. Ein weiterer Radiosender soll hier erwähnt werden, weil er
zwischenzeitlich auch europaweit aktiv ist: *Radio NRJ*, gesprochen
én-er-gie. Unter dem Namen *Energy* ist der Sender auch in Deutschland auf UKW zu empfangen.

So europäisiert sich auch die französische Medienlandschaft.
Dies geschieht durch ausländische Beteiligungen an französischen
Sendern, wie auch durch die Übernahme von Programmen, die in
anderen Ländern unter den Namen «Wer wird Millionär» oder
«Big Brother» bekannt sind. Und schließlich werden neue Techno-
logien, wie das digitale Fernsehen, in nächster Zukunft zu weiteren
Veränderungen auf diesem Markt führen.

In der Anfangszeit der V. Republik waren Hörfunk und Fernsehen ausschließlich unter staatlicher Kontrolle. De Gaulle verstand
es vorzüglich, diese Medien für seine Politik des direkten Dialogs
mit den Bürgern einzusetzen. Es störte die Regierung deshalb wenig,
dass die Printmedien, die ohnehin einen geringeren Einfluss auf die

öffentliche Meinung ausübten, sich ihrer Kontrolle weitgehend entzogen. Heute ist der Einfluss der Regierung auf die Massenmedien insgesamt nur noch relativ gering, da durch die große Vielfalt von privaten Hörfunk- und Fernsehsendern eine politische Kontrolle kaum möglich ist. Hierbei muss auch angemerkt werden, dass kritische politische Sendungen im französischen Fernsehen nicht dieselbe Bedeutung haben wie in Deutschland. Auch wird nie die Bedeutung und Würde der Repräsentanten des Staates in Frage gestellt – auch nicht von privaten Sendern. Hält der Staatspräsident im Fernsehen eine Rede, so wird sie stets von der *Marseilleise* umrahmt.

Auswahlbibliographie

Die umfassendsten und aktuellsten Literaturhinweise finden sich in der Frankreich-Bibliothek des Deutsch-Französischen Instituts Ludwigsburg, im Internet unter: www.dfi.de. Das nachstehende Literaturverzeichnis gibt eine Auswahl der wichtigsten Veröffentlichungen und Quellen zu den Kapiteln dieses Bandes wieder. Die Quellen werden jeweils getrennt nach deutschen und französischen Titeln aufgeführt.

a. Aktuelle Informationen, Gesamtdarstellungen, Frankreichbeschreibungen

Adolf Kimmel, Henrik Uterwedde (Hrsgg.): Länderbericht Frankreich, Bundeszentrale für politische Bildung, Bonn 2005
Bundeszentrale für politische Bildung: Informationen zur politischen Bildung, Frankreich, Heft Nr. 285, Bonn 2004
Deutsch-französisches Institut: Frankreich-Jahrbuch, Opladen, (erscheint jährlich) und: dfi aktuell (erscheinen mehrmals im Jahr), auch elektronisch erhältlich
Gesellschaft für übernationale Zusammenarbeit: Dokumente, Zeitschrift für den deutsch-französischen Dialog, erscheint sechsmal jährlich im W. Bertelsmann Verlag
La Documentation française, 29, quai Voltaire, 75340 Paris Cédex 07: Einzeldarstellungen zu Staat, Wirtschaft und Gesellschaft; Zeitschriften wie: Cahiers français, Notes et études documentaires, Problèmes politiques et sociaux, Regards sur l'actualité etc.
Dominique et Michel Frémy: Quid, Paris, (ein umfassendes Nachschlagewerk, das jährlich in Neuauflage erscheint)

Stefan Grüner, Andreas Wirsching: Frankreich: Daten, Fakten, Dokumente, Tübingen 2003
Günther Haensch, Hans J. Tümmers: Frankreich – Politik, Gesellschaft, Wirtschaft, München 1998
Adolf Kimmel, Henrik Uterwedde (Hrsgg.): Länderbericht Frankreich: Geschichte, Politik, Wirtschaft Gesellschaft, Wiesbaden 2005 .
René Lasserre, Joachim Schild, Henrik Uterwedde, Frankreich – Politik, Wirtschaft, Gesellschaft, Opladen 1997

Alain Peyrefitte: Le mal français, Paris 1976; (deutsche Ausgabe: Was wird aus Frankreich?, Berlin 1978)
Alfred Pletsch, Hansjörg Dongus, Henrik Uterwedde: Frankreich. Geographie, Geschichte, Wirtschaft, Politik, Darmstadt 1997

b. Politische Geschichte

Jean Favier (Hrsg.): Geschichte Frankreichs in sechs Bänden, Stuttgart 1991
Pierre Gaxotte: La Révolution française, Paris 1987; deutsch: Die französische Revolution, Bergisch Gladbach 1987
Peter C. Hartmann: Geschichte Frankreichs , München 2003
Ernst Hinrichs (Hrsg.): Geschichte Frankreichs. Stuttgart 2002
Eberhard Jäckel: Frankreich in Hitlers Europa, Stuttgart 1966
Wilfried Loth: Geschichte Frankreichs im 20. Jahrhundert, Stuttgart 1995
Horst Möller, Jacques Morizet (Hrsgg.): Franzosen und Deutsche, Orte der gemeinsamen Geschichte, München 1996
Raymond Poidevin, Jacques Bariéty: Frankreich und Deutschland: Die Geschichte ihrer Beziehungen 1815–1975, München 1982
Wolfgang Schmale: Geschichte Frankreichs, Stuttgart 2000
Peter Schunck: Geschichte Frankreichs. Von Heinrich IV. bis zur Gegenwart, München/Zürich ²2004
Heinz-Otto Sieburg: Geschichte Frankreichs, Stuttgart 1989
Albert Soboul: Die große französische Revolution, Frankfurt 1988
Ernst Weisenfeld: Frankreichs Geschichte seit dem Krieg, München 1982

Jean-Pierre Azéma, Michel Winock: La Troisième République, Paris 1976
Jean-Jacques Becker: La France de 1914 à 1940, Paris 2005
Serge Berstein, Michel Winock (Hrsgg.): L'invention de la démocratie 1789-1914, Histoire de la France politique, Paris 2002
Jacques Chastenet: Histoire de la Troisième République, 3 Bände, Paris 1974
François Furet, Mona Ozouf (Hrsgg.): Le Siècle de l'avènement républicain, Paris 1993
Charles de Gaulle: Mémoires de Guerre, 3 Bände: L'appel, l'unité, le salut, Paris 1954, 1956, 1959
Charles de Gaulle: Mémoires d'espoir, 2 Bände: Le renouveau, l'effort, Paris 1970 und 1971
Charles de Gaulle: Discours et messages, 6 Bände, Paris 1970
Raymond Huard: La France contemporaine, identité et mutation de 1789 à nos jours, Paris 1982
Jacques Julliard: La IVe République, Paris 1968

Jean Lacouture: De Gaulle, 3 Bände: le rebelle, le politique, le souverain, Paris 1984–1986
Pierre Miquel: Histoire de la France, Paris 1976
François Mitterrand : De l'Allemagne, de la France, Paris 1996
Robert O. Paxton: La France de Vichy, Paris 1973
René Rémond: La Vie politique en France depuis 1789, Paris 1969.
Albert Soboul: La civilisation et la révolution française, 3 Bände, Paris 1983
Michel Winock (Hrsg): La France politique XIXe-XXe, Paris 1999

c. Staat, Verfassung und Politik

Internetseiten mit Informationen, Analysen und Texten zu den verschiedenen Themenberichen:

Verfassungen seit 1791, Verfassungsänderungen und Präsidentschaftswahlen: http://mjp.univ-perp.fr/france/france.htm
Fragen zur aktuellen Politik in Frankreich: http://francepolitique.free.fr/
Internetseite der Regierung: http://www.premier-ministre.gouv.fr/fr/
Verfassung, Rechtswesen: http://www.legifrance.gouv.fr
Die Nationalversammlung: http://www.assemblee-nationale.fr
Informationen und Statistiken zum Bildungswesen: http://www.education. gouv.fr/stateval/rers/rers2003.htm
Internetseite der französischen Botschaft: http://www.botschaft-frank-reich.de
Deutsch-französische Materialien für den Geschichts- und Geographieunter-richt, eine Internetseite mit zahlreichen Informationsmaterialien über Frankreich und Deutschland: http://www.deuframat.de

Alfred Grosser, François Goguel: Politik in Frankreich, Paderborn etc. 1980
Peter Claus Hartmann: Französische Verfassungsgeschichte der Neuzeit 1450–1980, Darmstadt 2003
Adolf Kimmel: Die Nationalversammlung in der V. französischen Republik, Köln 1983
Adolf Kimmel: Frankreichs republikanische Monarchie, Mythos und Realität, in: *Gerhard Hirscher/ Karl-Rudolf Korte (Hrsgg.):* Austieg und Fall von Regierungen, München 2001
Joachim Schild, Henrik Uterwedde (Hrsgg.): Frankreichs V. Republik: ein Regierungssystem im Wandel. Festschrift für Adolf Kimmel, Wiesbaden 2005
Reinhard Sparwasser: Zentralismus, Dezentralisation, Regionalismus und Föderalismus in Frankreich, Berlin 1986
Wolfram Vogel: Demokratie und Verfassung in der V. Republik, Frankreichs Weg zur Verfassungsstaatlichkeit, Opladen 2001

Serge Berstein (Hrsg.): Les cultures politiques en France, Paris, 2003

Alain Duhamel: Le désarroi français, Paris 2003

Pierre Avril: La Ve République, Histoire politique et constitutionnelle, Paris 1987

Paul Bernard: L'Etat républicain au service de la France, Paris 1988

Dominique Chagnaullaud: La vie politique en France, Paris 1993

Dominique Chagnaullaud, Jean-Louis Quermonne: Le gouvernement de la France sous la Ve République, Paris 1996

Pierre-Henri Chalvidan : Droit constitutionnel, Paris 1996

Jacques Chapsal: La vie politique sous la Ve République, 2 Bände, Paris 1993

Jean Charlot: Les partis politiques en France, Ministère des affaires étrangères, Paris 1992

Charles Debbasch, Jean-Marie Poutier: Les constitutions de la France, Paris 1996

Françoise Dreyfus, François d'Arcy: Les institutions politiques et administratives de la France, Paris 1993

Olivier Duhamel: Le pouvoir politique en France, Paris 1993

Maurice Duverger: La Monarchie républicaine, Paris 1974

Maurice Duverger: Constitutions et documents politiques, Paris 1996

Maurice Duverger: Le système politique français, Paris 1996

Jacques Godechot: Les Constitutions de la France, Paris 1995

Olivier Gohin: Institutions administratives, Paris 1995

Bernard de Gunten, Arlette Martin, Mauricette Niogret: Les institutions de la France, Paris 2004

Jean Massot: La Présidence de la République en France, La documentation française, Paris 1986

Didier Maus: La pratique institutionnelle de la Ve République, La documentation française (erscheint jährlich)

Jean-Luc Parodi: Institutions et vie politique sous la Vème République, La Documentation française, Paris 2003

Jean-Luc Parodi, Olivier Duhameli: La Constitution de la Cinquième République Paris 1988

Hugues Portelli: La politique en France sous la Ve République, Paris 1987

Jacques Rigaud, Xavier Delcros: Les institutions administratives françaises, Paris 1986

Jacques Rouvière: Les collectivités locales, Paris 1988

Jean Touchard: La gauche en France depuis 1900, Paris 1977

Jean Touchard: Le gaullisme, Paris 1978

d. Politische Parteien, Interessenverbände, Gewerkschaften

Peter Jansen u.a.: Gewerkschaften in Frankreich, Geschichte, Organisation, Programmatik, Frankfurt/New York 1986

Leo Kißler (Hrsg.): Industrielle Demokratie in Frankreich, die neuen Arbeitnehmer- und Gewerkschaftsrechte in Theorie und Praxis, Frankfurt/New York 1985

René Lasserre, Wolfgang Neumann, Robert Picht: Deutschland-Frankreich, Bausteine zum Systemvergleich, Band 2: Wirtschaft und soziale Beziehungen, Gerlingen 1981

Christine Pütz: Parteienwandel in Frankrech. Präsidentschaftswahlen und Parteien zwischen Tradition und Anpassung, Wiesbaden 2004

Sabine Ruß u.a. (Hrsg.): Parteien in Frankreich. Kontinuität und Wandel in der V. Republik, Opladen 2000

Ina Stephan: Aufbau und Wandel der Parti Socialiste in der Ära Mitterrand (1971-1995), Opladen 2001

Gilbert Ziebura (Hrsg): Wirtschaft und Gesellschaft in Frankreich seit 1789, Gütersloh 1975

Dominique Andalfatto (Hrsg.): Les syndicats en France, La documentations française, Paris 2004

Jean-Jacques Becker, Gilles Candar (Hrsgg.): Histoire des gauches en France, 2 Bände, Paris 2004

François Borella: Les partis politiques dans la France d'aujourd' hui, Paris 1990

Gérard Donnadieu, Jean Dubois: Réguler le social dans l'entreprise, crise ou mutation des relations sociales, Reuil-Malmaison 1996

Stanley Hoffmann: Sur la France, Paris 1976

Raymond Huard: La Naissance du parti politique en France, Paris 1996

Pierre Lévêque: Histoire des forces poltiques en France, 3 Bände, Paris 1969-1976

Dominique Labbé: La syndicalisation en France depuis 1945, Grenoble 1995

René Mouriaux: Le syndicalisme en France, Paris 2005

Michel Offerlé: Sociologie des groupes d'intérêt, Paris 1994

René Rémond: Les droites en France, Paris 2005

Jean-François Sirinelli: Les droites françaises de la révolution à nos jours, Paris 1992

e. Bildungswesen

Charlotte Lauer: Bildungspolitik in Frankreich, Zentrum für europäische Wirtschaftsforschung, Juli 2003, in: ftp://ftp.zew.de/pub/zew-docs/dp/dp0343.pdf

Jean-Louis Auduc: Le système éducatif français, Créteil, 2003

Colloque organisé par l'Union des Professeurs de Spéciales avec la partici-pation de la Conférence des Grandes Ecoles (C.G.E.) et les Associations de Professeurs de Classes Préparatoires aux Grandes Ecoles : Démocratie, Classes préparatoires et Grandes écoles, 16./17. Mai 2003, siehe: http://www.int-evry.fr/LIESSE/Democratie/Actes-DocumentFinal.pdf

Ministère de l'éducation nationale: Regards sur le système educatif français, im Internet: http://www.education.gouv.fr/stateval/regards/index.htm

Ministère de l'éducation nationale: Evaluation et statistiques, L'éducation na-tionale en chiffres 2003/2004 – édition 2004, im Internet: http://www.edu-cation.gouv.fr/stateval/grands_chiffres/gchif_e.htm

J. Minot: Deux siècles d'histoire de l'éducation nationale, ministère de l'éducation nationale 1986

Jean Minot: Histoire des universités françaises, Paris 1991

Christine Musselin: La longue marche des universités françaises, Paris 2001

Josette Soulas u.a.: La mise en place du LMD, rapport à monsieur le mi-nistre de l'éducation nationale, de l'enseignement supérieur et de la re-cherche à monsieur le ministre délégué à l'enseignement supérieur et à la recherche, N° 2005-031 Juin 2005, siehe Internetseite des Ministeriums: http://www.education.gouv.fr

Bernard Toulemonde: Le système éducatif en France, Paris : La Documen-tation française, 2003.- 192p.

f. Gerichtswesen

Das Gerichtswesen: http://www.justice.gouv.fr/justorg/justorg6b.htm

Das Rechtswesen: http://www.legifrance.gouv.fr

Conseil supérieur de la Magistrature: http://www.conseil-supérieur-magistra-ture.fr

René Chapus: Droit administratif général, 2 Bände, Paris 1999

Roger Perrot: Institutions judiciaires, Paris 2004

Geneviève Giudicelli-Delage: Institutions juridictionnelles, Paris 1993

Francis Kernaleguen: Institutions judiciaires, Paris 1994

g. Medien

Pierre Alberrt, Ursula Koch (Hrsgg.): Les médias et leur public en France et en Allemagne/Die Medien und ihr Publikum in Frankreich und in Deutschland, Paris 2003.

Isabelle Bourgeois: Medien, Industriepolitik für den Standort Frankreich, in: http://www.deufremat.de

Isabelle Bourgeois, Alfred Grosser: Frankreich. Eine komplexe Informationskultur. Der ‚brillante› Kommentar hat den Vorrang vor Fakten und Quellen, in: *Rudolf Gerhard, Hans-Wolfgang Freifer (Hrsgg.),* Wer die Medien bewacht. Medienfreiheit und ihre Grenzen im internationalen Vergleich, Gemeinschaftswerk der evangelischen Publizistik, Frankfurt a. M. 2000

Pierre Albert: La presse française, Paris, 2003

Claude Bellanger, Jacques Godechot (Hrsgg.): Histoire générale de la presse française, 5 Bände, 1969-1976

Philippe Bilger: Le droit de la presse, Paris 1990

Isabelle Bourgeois: Médias français et allemands, Convergences et divergences dans le contexte européen, in: Revue d'Allemagne et des pays de langue allemande: Tome 37, numéro 1, janvier-mars 2005

Chistian Brochand: Histoire générale de la Radio et de la Télévision en France - tome 1 et 2, La documentation française, Paris 1994

Gilles Delavaux: Un siècle de télévision, Dossiers de l'audiovisuel, Paris 2004

Personenregister